John Gray
Mars und Venus im Büro

JOHN GRAY
Mars & Venus im Büro

So verbessern Sie die Kommunikation mit Kollegen

Aus dem Amerikanischen
von Clemens Wilhelm

GOLDMANN VERLAG

Die amerikanische Originalausgabe erschien unter dem Titel
»Mars and Venus in the Workplace« bei HarperCollins, New York.

Umwelthinweis
Dieses Buch und der Schutzumschlag
wurden auf chlorfrei gebleichtem Papier gedruckt.
Die Einschrumpffolie (zum Schutz vor Verschmutzung)
ist aus umweltfreundlicher und recyclingfähiger PE-Folie.

1. Auflage
© 2003 der deutschsprachigen Ausgabe
Wilhelm Goldmann Verlag, München,
in der Verlagsgruppe Random House GmbH
© 2002 by John Gray Publications, Inc.
Satz: Uhl + Massopust, Aalen
Druck und Bindung: GGP Media, Pößneck
Printed in Germany
ISBN 3-442-30875-5
www.goldmann-verlag.de

Inhaltsverzeichnis

Einleitung 7

1 Mars und Venus am Arbeitsplatz 23

2 Verschiedene Sprachen 32

3 Mitteilen ist von der Venus, murren ist vom Mars 45

4 Herr Ich-mach-das-schon und das Büroverbesserungskomitee 72

5 Männer gehen in ihre Höhle, Frauen reden 98

6 Gefühle am Arbeitsplatz 118

7 Männer hören nicht zu... wirklich nicht? 139

8 Regeln sind vom Mars, Umgangsformen von der Venus 169

9 Grenzen ziehen 197

10 Stress durch emotionale Unterstützung begrenzen 230

11 Sich profilieren, sich gut verkaufen 257

12 Am Arbeitsplatz Punkte sammeln 285

13 Sich der Unterschiede bewusst sein 315

Danksagung 319

*Dieses Buch widme ich
in tiefer Liebe und Zuneigung
meiner Frau Bonnie Gray.
Ihre Liebe, Verletzlichkeit, Weisheit und
Verbundenheit haben mir geholfen, alles zu sein,
was ich zu sein vermag,
und anderen Menschen mitzuteilen,
was wir miteinander gelernt haben.*

Einleitung

Als ich vor zwanzig Jahren die Erkenntnisse entwickelte, die ich in meinem Buch *Männer sind anders. Frauen auch* dargestellt habe, stellte ich erstaunt fest, dass sich diese auch im Beruf bewährten. Innerhalb weniger Monate war meine Beratungspraxis nicht mehr nur halb gefüllt, sondern es gab lange Wartelisten. Und hierzu war nichts weiter erforderlich als eine kleine Veränderung. Ich hörte einfach auf, meinen Klientinnen sofort Lösungen anzubieten; statt dessen hörte ich ihnen länger zu und stellte ihnen mehr Fragen. Das war alles. Weil ich meinem instinktiven Hang widerstand, für jedes Problem auf der Stelle eine Lösung zu präsentieren, kamen plötzlich viel mehr Frauen in meine Praxis.

Ich fragte meine neuen Klientinnen, wie sie von mir gehört hatten. Ihre Antworten glichen sich erstaunlich: Sie hätten von einer Freundin gehört, dass ich »wirklich Anteil nahm«, und deshalb wollten sie auch zu mir kommen. Es war kaum zu glauben: Durch eine kleine Veränderung in meinem Kommunikationsverhalten war ich plötzlich jemand, der »wirklich Anteil nahm«. Und es war mir nicht bewusst, dass ich jemals nicht Anteil genommen hätte ...

Allerdings hatte ich dies bisher immer dadurch gezeigt, dass ich schnelle Lösungen anbot. Männer schätzten dies, aber bei meinen Klientinnen stellte ich fest, dass es ihnen lieber war, wenn ich mir mehr Zeit nahm, um ihre Probleme ausführlicher zu erkunden. Diese neue Erkenntnis half mir, die Unterstützung, die ich geben wollte, wirksamer zu vermitteln. Da ich jetzt besser darüber Bescheid wusste, wie sich Männer und Frauen eine Problemlösung vorstellen, konnte ich in einer angemesseneren Weise auf ihre Vorstellungen eingehen.

In meinem Buch *Männer sind anders. Frauen auch* ging es hauptsächlich um persönliche und Liebesbeziehungen, aber viele Menschen sagten mir, dass ihnen diese Ideen auch bei der Verbesserung ihrer Kommunikation am Arbeitsplatz geholfen hätten. Männer wie Frauen berichteten von erstaunlichen positiven Veränderungen, weil sie jetzt am Arbeitsplatz die Unterschiede zwischen den Geschlechtern verstanden. Weil mich so viele Menschen um weitere Informationen zu diesem Thema gebeten haben, habe ich jetzt die Grundgedanken aus dem oben genannten Buch im Hinblick auf die Anwendung in einem beruflichen Umfeld angepasst und überarbeitet.

Die Unterschiede zwischen Mann und Frau treten ja nicht nur in unseren persönlichen Beziehungen, sondern auch am Arbeitsplatz und im Geschäftsleben zutage. Vielleicht sind sie dort nicht immer so offensichtlich, aber es gibt sie, und sie werden oft falsch interpretiert. In einem Umfeld, in dem man es gewöhnt ist, seine persönlichen Empfindungen für sich zu behalten, kann es für alle Beteiligten außerordentlich vorteilhaft sein, die Gefühle, Gedanken, Wünsche und Bedürfnisse anderer besser und aufmerksamer wahrzunehmen.

―◄○►―

Vielleicht sind Geschlechtsunterschiede im beruflichen Umfeld nicht immer so offensichtlich, aber es gibt sie, und sie werden oft falsch interpretiert.

―◄○►―

Die in diesem Buch vorgelegten Erkenntnisse über die Grundsätze einer gelungenen Kommunikation gelten für alle am Arbeitsprozess Beteiligten, vom Firmenchef über die leitenden Angestellten bis zu den Sekretärinnen und Facharbeitern. Trotz oder gerade wegen der komplexen Strukturen der Arbeitswelt mit ihren Hierarchien, Teams, Abteilungen und Fachgruppen entscheidet letztlich die Kommunikation zwischen Männern und Frauen über den Erfolg einer Firma. In jedem Strukturelement des Arbeitsplatzes, von der Verwaltung über den Vertrieb bis zur

Produktentwicklung und zu den Dienstleistungen, verschafft ein besseres Verständnis von Männern und Frauen Einzelnen wie der ganzen Firma einen nicht zu unterschätzenden Wettbewerbsvorteil. Wer einmal erkannt hat, wie unterschiedlich Männer und Frauen am Arbeitsplatz kommunizieren und Probleme zu lösen versuchen, wird sehr viel leichter die Achtung, die Unterstützung und das Vertrauen gewinnen, das er oder sie verdient. Kleine, aber bedeutsame Veränderungen in der Art, wie man sich anderen gegenüber präsentiert und auf sie reagiert, führen zu erstaunlichen Ergebnissen.

Wer beim Baseball beidhändig schlagen kann, hat einen Vorteil gegenüber anderen, die auf eine Seite festgelegt sind. Ebenso kann man am Arbeitsplatz lernen, die ungeschriebenen Regeln und Werte von Männern und Frauen flexibel zu respektieren, und dadurch die Fähigkeit entwickeln, sein Verhalten jeweils geschickt anzupassen.

―◦―

Der Erfolg wächst mit der Fähigkeit, sich jeweils den Umständen geschickt anzupassen.

―◦―

Menschen am Arbeitsplatz sind oft so unterschiedlich, als ob sie von verschiedenen Planeten stammen würden. Ja, Männer sind vom Mars, Frauen von der Venus. Aber wenn man einmal über die Unterschiede Bescheid weiß, dann entdeckt man, dass diese nicht aufeinander prallen müssen, sondern zu einer harmonischen und fruchtbaren Zusammenarbeit genutzt werden können.

Allzu oft können oder wollen Männer nicht erkennen, welch wertvollen Beitrag Frauen am Arbeitsplatz leisten, während Frauen ihrerseits kein Vertrauen in die mögliche Unterstützung von Männern haben. Doch Differenzen bedeuten nicht zwangsläufig Spannungen und Auseinandersetzungen. Vielmehr können durch die bewusste Wahrnehmung der Unterschiede Achtung und Vertrauen zwischen Männern und Frauen wachsen, und dadurch wiederum kann das Klima am Arbeitsplatz auf allen Ebenen verbessert werden.

Mit dieser wichtigen Erkenntnis haben Männer und Frauen die Möglichkeit, durch einige wenige Anpassungen in ihrem Denken und Verhalten einander mit mehr Respekt zu begegnen und so die Unterstützung zu bekommen, die sie brauchen. Ohne ein wirklich tieferes Verständnis unserer Unterschiede werden wir weiterhin tun, was wir immer schon taten, und uns dadurch zwangsläufig immer wieder mit denselben Ergebnissen konfrontiert sehen. Gerade am Arbeitsplatz geben wir allzu oft anderen die Schuld, weil uns nicht bewusst ist, wie wir selbst zu unseren Problemen beitragen. Ohne eine klare Wahrnehmung, wie wir selbst unbewusst die Zusammenarbeit blockieren, können wir unser Verhalten nicht ändern und so die gewünschten Ergebnisse erreichen.

Der Weg zum Erfolg

Das Geheimnis erfolgreicher Menschen liegt darin, dass sie die Fähigkeit haben, zu verschiedenen Zeiten verschiedene Anteile ihrer Persönlichkeit auszudrücken, je nachdem, was im Augenblick für ihre Zielsetzungen wichtig ist. So liegt zum Beispiel der Unterschied zwischen großartigen und mittelmäßigen Schauspielern darin, dass die einen in ihrer Rolle authentische Empfindungen ausdrücken können, die anderen nicht. Gute Schauspieler können einen Teil von sich selbst ins Spiel bringen, der zu ihrer Rolle passt. In ganz ähnlicher Weise sollten wir auch am Arbeitsplatz in der Lage sein, denjenigen Teil von uns selbst zu zeigen, den wir in wechselnden Rollen brauchen. Eine geschärfte Wahrnehmung von Geschlechtsunterschieden trägt zu mehr Flexibilität bei, sodass man sich instinktiv in seinen Beziehungen angemessener verhält. Eine Voraussetzung für Erfolg ist die Fähigkeit, sich in seinem Umgang an die wechselnden Bedürfnisse anderer anpassen zu können.

Eine geschärfte Wahrnehmung von Geschlechtsunterschieden trägt zu mehr Flexibilität bei, sodass man sich instinktiv in seinen Beziehungen angemessener verhält.

Am Arbeitsplatz steht man in jeder Situation und bei jeder Interaktion vor der Notwendigkeit, sich jeweils in einer anderen Weise zu äußern. Was in dem einen Fall angemessen ist, muss in einem anderen nicht unbedingt ebenfalls richtig sein. Es wäre naiv und kontraproduktiv zu glauben, dass wir uns jederzeit und überall so geben können, wie wir eben sind. Natürlich gibt es Situationen, in denen wir ganz entspannt wir selbst sein können, aber ein andermal müssen wir unser Verhalten anpassen, um positiv anzukommen. Primadonnen sagen: »So bin ich eben, und ich werde mich nicht ändern«, aber ein echter Profi sagt: »Was kann ich für dich tun?« Und bringt dann denjenigen Teil seiner oder ihrer selbst zum Ausdruck, der im Moment den größten Erfolg verheißt. Es ist einfach eine Tatsache, dass wir alle in unserem Innern ein wenig »Marsianer« und »Venusianer« sind. Mit einem geschärften Bewusstsein für das im Augenblick Angebrachte können wir denjenigen Teil von uns selbst zum Einsatz bringen, der jeweils benötigt wird. So sorgen wir dafür, dass die eigenen Bedürfnisse zu Hause wie am Arbeitsplatz befriedigt werden.

Überlebenstraining

Wenn Männer in einer Arbeitspause oder auch in einer Besprechung unter sich sind, kann es für sie in Ordnung sein, anzügliche Witze zu machen oder sich über Fußball zu unterhalten, während dies in Gegenwart von Frauen unangemessen sein kann und in der Regel auch ist. Ebenso kann es für Frauen in Gegenwart von Männern gelegentlich das falsche Verhalten sein, Gefühle der Verletztheit zu äußern, zu weinen oder etwas über ihr Privatleben und ihre Beziehungen zu erzählen. Je mehr Männer und Frauen Seite an Seite arbeiten, desto notwendiger wird es zu klären, was angemessenes Verhalten ist. Wenn Männer und Frauen am Arbeitsplatz einfach sie selbst sind, können sie sich durch Verhalten, das auf ihrem eigenen »Planeten« vollkommen in Ordnung ist, beleidigt, frustriert oder ausgeschlossen fühlen. Ohne ein grundlegendes »Überlebenstraining« für den Aufenthalt auf einem anderen Planeten ist es allerdings fast unmöglich zu wissen, was im Austausch und in der Zusammenarbeit mit dem anderen Geschlecht angemessenes Verhalten ist. Selbst wenn man das Prinzip von »Mars und Venus« verstanden hat, gibt es noch kein Patentrezept für das richtige Verhalten. Manchmal muss ein Mann sorgfältig abwägen, was er zu einer Frau sagen kann, manchmal auch nicht. Ebenso kann eine Frau in manchen Situationen einfach sie selbst sein, während sie in anderen ihr Verhalten kontrollieren muss.

Angemessenes Handeln verlangt Intuition, Takt, Flexibilität und Klugheit. Zum Glück können wir mit einem geschärften Bewusstsein für die Unterschiede zwischen Männern und Frauen geeignete Fertigkeiten für die Anpassung unseres Verhaltens und unserer Reaktionen entwickeln. Haben wir einmal unsere Wahrnehmung geschult und gelernt, Männern und Frauen mit gleichem Respekt zu begegnen, dann brauchen wir uns nicht mehr zu verteidigen, wenn wir einen Fehler gemacht haben, sondern wissen, wie wir aus diesem Fehler lernen und unser Verhalten anpassen können. Umgekehrt sind wir bei Fehlern anderer nachsichtiger und mitfühlender, weil wir selbst erkannt haben, dass es oft nicht ganz einfach ist, beim Besuch eines anderen Planeten das eigene Verhalten anzupassen.

Als Sheryl, eine beliebte Radio-DJ, die verschiedenen Männer an ihrem Arbeitsplatz beschrieb, bezeichnete sie Jack als einen »fantastischen Chef«. Sie sagte: »Mit ihm kann ich reden wie mit einer Frau.« An ihrem Arbeitsplatz war es also angemessen, dass sie über ihre Gefühle, ihre Beziehungen und persönlichen Verhältnisse sprach. Jack hatte offensichtlich gelernt, verständnisvoll zuzuhören. Weil er sein Verhalten und seine Reaktionen angepasst hatte und sich Sheryl gegenüber respektvoll verhielt, hatte er ihre Loyalität und ihre Unterstützung gewonnen.

Tom, ein Außendienstmitarbeiter, nannte seine Chefin Karen »großartig«. Sie war wie ein Kumpel, denn er konnte mit ihr über alles reden. Er konnte sich anzügliche Witze erlauben, und sie war nicht beleidigt. Er konnte über Sport reden, und sie winkte nicht ab. Statt wie andere Frauen, die er kannte, sofort auf Distanz zu gehen, reagierte sie mit Interesse und einer Prise Humor.

Weil Karen fähig war, wie ein Kumpel zu reagieren, und weil Jack fähig war, so zuzuhören und zu kommunizieren, als wenn er von der Venus käme, hatten diese beiden einen beruflichen Vorteil. Natürlich kann sich nicht jede und jeder ganz an die unterschiedlichen Verhaltensweisen und Bedürfnisse des anderen Geschlechts anpassen. Aber zum Glück ist dies auch nicht das einzige Erfolgsrezept. Meist genügt es schon, wenn man einfach die Unterschiede erkennen, akzeptieren und respektieren kann. Männer müssen keineswegs wie Frauen werden, und Frauen nicht wie Männer.

Wie man dieses Buch lesen sollte

Für viele Menschen wird dieses Buch eine große Hilfe sein, wenn es darum geht zu erfahren, wie das andere Geschlecht denkt, fühlt und handelt. In meinen Workshops und Seminaren gibt es Teilnehmer, die fast bei allem zustimmend nicken, während andere sich dasjenige herauspicken, was für sie hilfreich ist. Ich würde vorschlagen, dieses Buch in ähnlicher Weise zu lesen. Betrachten Sie dieses Buch als kaltes Büfett: Es stehen eine Menge Ideen zur Auswahl. Aber nicht jede Speise mundet jedem. Was für den einen eine Offenbarung ist, ist für die andere vielleicht »kalter Kaffee«. Treffen Sie einfach Ihre Wahl und lassen Sie das Übrige links liegen.

In *Mars & Venus im Büro* wird viel von den Unterschieden

zwischen Männern und Frauen die Rede sein, aber das soll nicht bedeuten, dass alle Männer einerseits und alle Frauen andererseits gleich wären. Letztlich ist jeder Mensch einzigartig. Wenn aber Unterschiede zutage treten, muss man sie in einer positiven Weise verstehen können, um Frustrationen, Enttäuschungen und Ärger zu vermeiden. Mit einer klaren und vor allem positiven Einschätzung der Unterschiede kann man sicherstellen, dass man einen guten Eindruck macht und das gewünschte Ergebnis erreicht.

Statt es persönlich zu nehmen, wenn jemand nicht so reagiert, wie sie es erwartet haben, können Sie sich nach der Lektüre dieses Buches auf die neue Einsicht stützen, dass Männer und Frauen am Arbeitsplatz unterschiedliche Werte und Empfänglichkeiten haben. Nehmen Sie Dinge nicht mehr persönlich und wissen, wie man es vermeidet, anderen auf die Zehen zu treten, wird das Leben am Arbeitsplatz viel leichter und erfüllender.

Jeder Mensch hat eine Mischung aus männlichen und weiblichen Eigenschaften in sich. Dieses Buch hat nicht die Absicht, diese Mischung zu ändern. Ihre persönliche Mischung ist für Sie genau richtig. Aber Sie können mit diesem Buch lernen, so zu kommunizieren, dass Sie allen Respekt und alle Unterstützung erhalten, die Sie brauchen und auch selbst zu geben bereit sind.

—◆◇▶—

Jeder Mensch hat eine Mischung aus männlichen und weiblichen Eigenschaften in sich.

—◆◇▶—

Selbst wenn man nur eine neue Erkenntnis aus diesem Buch mitnimmt, könnte dies schon der Auslöser für einen völlig neuen Umgang am Arbeitsplatz sein. Unzählige Male haben mir Menschen berichtet, wie sie mit Hilfe der hier gegebenen neuen Informationen an ihrem Arbeitsplatz entscheidende positive Veränderungen erreicht haben.

Ein praktisches Handbuch für den Erfolg

Dieses Buch ist kein Lehrbuch der Geschlechterpsychologie, sondern ein Handbuch für den Erfolg am Arbeitsplatz durch verbesserte Kommunikation und Kooperation. Ohne mehr arbeiten zu müssen, erzielen Sie doch bessere Ergebnisse. Sie werden feststellen, dass Sie plötzlich mit mehr Freude in die Arbeit gehen. Aber Sie könnten durchaus auch zu der hilfreichen Erkenntnis gelangen, dass Ihre jetzige Stelle nicht die richtige für Sie ist. Doch ob Sie nun auf der Suche nach einer besseren Tätigkeit sind oder versuchen, an Ihrer jetzigen Stelle mehr zu erreichen: Dieses Buch ist ein Schatz an praktischen Erkenntnissen und Werkzeugen, mit deren Hilfe Sie sich auf persönlichen Erfolg programmieren können.

Die hier dargestellten Techniken sind das Ergebnis meiner persönlichen, über dreißigjährigen Erfahrung in der psychologischen Beratung und der Unterweisung in Kommunikationsfertigkeiten, Konfliktbewältigung und Stressmanagement, an der Tausende von Einzelpersonen und Hunderte von Firmen in aller Welt teilgenommen haben. Diese Ideen haben sich in großen und kleinen Betrieben bewährt. Durch die Schärfung der Wahrnehmung für unsere jeweiligen Unterschiede und Stärken liefert dieser Ansatz geeignete Werkzeuge für die Verbesserung von Teamwork, Kommunikation und Kooperation auf allen Organisationsebenen, vom Management über die Angestellten hin zu den Kunden. Alle profitieren davon, wenn sie lernen, mehr Respekt zu haben und mehr Vertrauen zwischen Männern und Frauen zu schaffen.

―◄o►―

Es kommt der Teamarbeit zugute, wenn man sich der jeweiligen Unterschiede und Stärken besser bewusst ist.

―◄o►―

Dieses Buch ist für Männer locker und spannend zu lesen. Es enthält eine Fülle nützlicher Informationen und Erkenntnisse, durch die sie Frauen besser verstehen lernen und dadurch mehr Erfolg haben. Männer können lernen, ein gutes Vertrauensverhältnis zu Chefinnen, Mitarbeiterinnen und Kundinnen aufzubauen. Da heute die weibliche Bevölkerung mit ihrer wachsenden Kaufkraft die entscheidende Marktgröße ist, werden diese Erkenntnisse für Männer der Schlüssel zum raschen Erfolg sein und ihnen helfen, am Arbeitsplatz die gewünschten Veränderungen zu erreichen.

Wenn Frauen das Gefühl haben, dass sie sich auf einen Mann verlassen und ihm vertrauen können, dann hat dieser ganz neue Einflussmöglichkeiten. Letztlich hängen die Machtverhältnisse am Arbeitsplatz davon ab, dass Macht wahrgenommen wird. Man kann noch so kompetent sein, aber wenn diese Kompetenz nicht von anderen wahrgenommen wird, dann kann man seine Fähigkeiten nicht ausspielen. Männer, die verstanden haben, dass Frauen anders denken, fühlen und reagieren, werden ihnen gegenüber respektvoller auftreten und dadurch ihre Unterstützung gewinnen.

Solange andere die eigene Kompetenz nicht wahrnehmen, bekommt man kaum die Möglichkeit, seine Fähigkeiten unter Beweis zu stellen.

Frauen werden beim Lesen dieses Buchs das Gefühl haben, befreit aufatmen zu können. Manches, was ihnen bisher ungerecht erschien, wird ihnen plötzlich verständlich. Sie können es schließlich durchsetzen, wahrgenommen und verstanden zu werden. Endlich haben sie die Mittel an der Hand, um sich die Unterstützung zu verschaffen, die sie zum Erreichen ihrer Ziele brauchen.

Die Herausforderung am Arbeitsplatz ist für Frauen sehr viel größer als für Männer. Sie müssen sich erst in einer bestehenden

Machthierarchie durchsetzen. Und wir alle wissen, wie schwierig es sein kann, sich in einer neuen Schule oder in einer neuen Gruppe Anerkennung zu verschaffen. Mit den neuen Erkenntnissen aus *Mars & Venus im Büro* wird diese Aufgabe einfacher.

Die Herausforderung am Arbeitsplatz ist für Frauen sehr viel größer als für Männer.

Aber der Erfolg kann nur eintreten, wenn Männer und Frauen sich ändern. Bei jedem Austausch zwischen Männern und Frauen ist eine Anpassung der instinktiven Reaktionsweisen erforderlich. Haben Sie mit jemandem vom eigenen Planeten zu tun, verhalten Sie sich instinktiv in einer Weise, die akzeptiert und respektiert wird. Ist jemand jedoch vom anderen Planeten, müssen Sie Ihre instinktiven Reaktionen so anpassen, dass sie der jeweiligen Situation angemessen sind. Natürlich sind keine Selbstdressur und keine inneren Verrenkungen notwendig, aber ohne gewisse Änderungen geht es nicht. Frauen brauchen bestimmte Erkenntnisse darüber, wie Männer anders denken, fühlen und reagieren, damit sie in ihrem Kommunikationsverhalten kleine, aber bedeutsame Veränderungen vornehmen und sich dadurch mehr Unterstützung sichern können.

Bei jedem Austausch zwischen Männern und Frauen ist eine Anpassung der instinktiven Reaktionsweisen erforderlich.

Wenn man in einem fremden Land arbeiten möchte, steht und fällt der Erfolg damit, dass man die Landessprache spricht und die örtlichen Umgangsformen achtet. Ohne eine entsprechende Vorbereitung würde man es nicht riskieren, in einer fremden Kultur zu arbeiten. Die Schulung, die man hierfür durchläuft, verlangt nicht, dass man sich selbst oder seine eigenen Wertvorstellungen ändert. Ebenso können Frauen durch ein besseres Verständnis von Männern die notwendigen Verhaltensanpassungen vornehmen, die ihnen Erfolg garantieren, ohne sich selbst verleugnen zu müssen.

Wenn Sie einen Job in Japan hätten, würden Sie sich nicht darüber ärgern, dass dort alle Japanisch sprechen. Mit einer guten Dolmetscherin oder ausreichenden eigenen Sprachkenntnissen könnten Sie darauf vertrauen, dort zurechtzukommen. In ähnlicher Weise können alte Ressentiments zusammenbrechen, wenn Frauen lernen, sich bei Männern den ihnen zustehenden Respekt zu verschaffen. Ohne sich verstellen zu müssen, können Frauen entdecken, dass ihre männlichen Kollegen ihnen plötzlich mehr Vertrauen entgegenbringen und sie stärker einbeziehen.

Es ist nicht weiter erstaunlich, dass manche Frauen sich in unfairer Weise ausgeschlossen oder unterschätzt fühlen. In der Vergangenheit haben Frauen manchmal die anderen Umgangsformen oder beruflichen Verhaltenscodes nicht verstanden, die an einem »marsianischen« Arbeitsplatz erwartet werden. Ohne dieses Wissen kommunizierten und verhielten sich Frauen immer wieder in einer Weise, dass Männer glaubten, sie nicht respektieren zu müssen.

Eine verbesserte, unterstützende und freundschaftliche Kommunikation, die aus einem besseren Verständnis unserer Unterschiede resultiert, kann sehr viel dazu beitragen, dass wir einander so akzeptieren können, wie wir sind. Dann hören Missverständnisse und die unterschwellige emotionale Anspannung zwischen Männern und Frauen am Arbeitsplatz allmählich auf. Wenn beide das Gefühl haben, mehr Unterstützung zu bekommen, dann werden dadurch Energien frei, die man zur Bewältigung ohnehin auftretender Belastungen im täglichen Arbeitsgeschehen sehr gut gebrauchen kann.

Es wurde ja schon viel für die Stärkung der Rechte der Frauen am Arbeitsplatz getan, aber solange Männer und Frauen einander nicht wirklich verstehen, bleibt die Hoffnung auf gegenseitige Achtung und Anerkennung ein Wunschbild. Gesetze und Firmenrichtlinien können viel bewirken, aber sie reichen nicht aus. *Mars & Venus im Büro* gibt Männern und Frauen die Werkzeuge an die Hand, die sie brauchen, um die noch verbleibenden Aufgaben zu lösen, ohne sich auf jemand anderen verlassen zu müssen. Wenn man sich die nötige Achtung selbst verschaffen kann, dann braucht man nicht darauf zu warten, dass andere dies für einen tun.

Wenn man sich die nötige Achtung selbst verschaffen kann, dann braucht man nicht darauf zu warten, dass andere dies für einen tun.

Erfreulicherweise sind die meisten Männer durchaus bereit (und sind es auch immer gewesen), anderen den verdienten Respekt zu erweisen. Die pauschale Auffassung vieler Frauen, dass alle Männer einem Marsianer-Club angehören, der Frauen ausschließt, ist so nicht richtig. Wenn Frauen verstehen, wie Männer denken, dann können sie erkennen, dass Männer nicht Frauen ablehnen, sondern bestimmte Verhaltensweisen.

Veränderungen am Arbeitsplatz schaffen

Wenn Männer und Frauen die Geheimnisse entdecken, wie sie sich in den Welten der jeweils anderen Achtung und Vertrauen verschaffen können, dann öffnen sich die Türen zu Erfolg und Kooperation wie von selbst. Dann sind sie nicht länger auf Almosen angewiesen, sondern haben es selbst in der Hand, sich durchzusetzen.

Erfolgreiche Frauen berichten oft, dass sie die »gläserne Decke«, eine unsichtbare Trennwand auf dem Weg nach oben, durchbrachen, indem sie Männer zu ihren Verbündeten statt zu ihren Gegnern machten. Genau auf demselben Weg klettern auch Männer die Erfolgsleiter hinauf. Gerüstet mit den neuen Erkenntnissen über unsere Unterschiede können Frauen ihre Kollegen, Chefs, Mitarbeiter und Kunden zu ihren Verbündeten machen.

Frauen können die gläserne Decke durchbrechen, indem sie Männer zu ihren Verbündeten statt zu ihren Gegnern machen.

Solange sich eine Frau keinen Respekt verschaffen kann, wird sie es immer wieder mit den Vorurteilen von Männern zu tun bekommen. Aber wenn sie die Erkenntnisse von *Mars & Venus im Büro* anwendet, wird sie nicht nur die Mittel an der Hand haben, die Vorurteile zurückzuweisen, sondern sogar auf die Unterstützung von Männern zählen können. In einem Schneeballeffekt wird sie durch ihre Handlungen und Reaktionen immer mehr Unterstützung erfahren.

Eine solche Veränderung bedeutet aber noch nicht, dass jetzt alles sofort Friede und Freude wäre. Vorurteile sind nun einmal nicht so leicht auszurotten, und in vielen Fällen wird sich eine Frau weiter damit konfrontiert sehen, bis sie Gelegenheit bekommt, sich zu beweisen und sich die nötige und verdiente Achtung zu verschaffen. Karriere zu machen ist für Frauen auch heute noch schwieriger als für Männer.

Vorurteile am Arbeitsplatz erschweren es Frauen nach wie vor, Karriere zu machen.

Um in irgendeinem Lebensbereich etwas zu ändern, müssen wir uns zunächst selbst ändern. Zum Glück brauchen wir dazu nicht die ganze Persönlichkeit aufzugeben, sondern müssen lediglich unsere Kommunikationsfähigkeit verbessern. Es ist nicht nötig, die inneren Reaktionen und Gefühle zu ändern, sondern nur die Einstellungen und das Verhalten gegenüber anderen. Wir brauchen nicht unseren authentischen Selbstausdruck zu opfern, sondern nur die Art anzupassen, wie wir uns in unterschiedlichen Situationen äußern. Beherzigen wir die neuen Erkenntnisse über die Unterschiedlichkeit von Männern und Frauen, dann erwerben wir dadurch die für solche Anpassungen erforderliche Geduld und Flexibilität.

Ich freue mich, meinen Lesern hiermit *Mars & Venus im Büro* vorlegen zu können. Ich habe dieses Buch in der Hoffnung geschrieben, dass Männer und Frauen von den gegebenen Hinweisen profitieren und so die Arbeitswelt letztlich für alle freundlicher wird. Das Wissen, das Sie sich hier vielleicht aneignen werden, soll Ihnen nicht nur helfen, selbst den verdienten Respekt zu bekommen, sondern auch anderen Menschen den Weg zu weisen.

John Gray
Mill Valley, Kalifornien

1
Mars und Venus am Arbeitsplatz

Stellen wir uns einmal vor, dass Männer vom Mars sind, Frauen von der Venus. Irgendwann in ferner Vergangenheit fanden wir zusammen, verliebten uns und beschlossen, gemeinsam auf dem Planeten Erde zu leben.

Zu jener Zeit waren wir tatsächlich noch ganz andere Menschen als heute. Männer ernährten ihre Familien, indem sie außer Haus arbeiteten, und Frauen ernährten ihre Familien durch ihre Arbeit im Haus. Die Venusianerinnen waren eher beziehungsorientiert, die Marsianer arbeitsorientiert. Gemeinsam, wenn auch in getrennten Welten, bildeten sie eine harmonische Partnerschaft. Mit ihrer klaren Arbeitsteilung kamen sie recht gut über die Runden, und so hätte es bis in alle Ewigkeit weitergehen können.

Aber allmählich wurden die Venusianerinnen es leid, immer nur das Hausmütterchen zu spielen. Sie wollten ebenso wie die Männer draußen in der Welt etwas bewegen und Geld verdienen. Sie fühlten sich durch die Abhängigkeit von ihren Partnern eingeschränkt und wollten ebenfalls unabhängig und autonom sein. Immer mehr Frauen begannen, sich in unterschiedlichen Lebensphasen am Prozess des Broterwerbs zu beteiligen und am Arbeitsplatz ebenso wie zu Hause und in ihren persönlichen Beziehungen einen wichtigen Beitrag zu leisten.

Aber auch manche Marsianer begannen sich zu verändern und wurden beziehungsorientierter. Während Frauen außerhalb des Heims Karriere machen wollten, erkannten die Männer, dass das Leben durchaus nicht nur aus Arbeit bestehen muss. Ein gutes Familienleben mit erfüllenden Beziehungen wurde ebenso erstrebenswert wie beruflicher Erfolg. Väter entdeckten, dass auch sie sich in der Kindererziehung engagieren konnten.

So begrüßenswert und natürlich diese Entwicklung war, so löste sie doch andererseits in der Arbeitswelt Irritationen, Konflikte und Frustrationen aus. Und zu allem Überfluss befiel Marsianer und Venusianerinnen ein partieller Gedächtnisverlust. Sie vergaßen, dass Männer und Frauen eigentlich unterschiedlich sein sollten und dass diese Unterschiede gut waren.

Aus der harmonischen Verbindung von Gegensätzen kann etwas Großartiges entstehen.

Als Frauen die Arbeitswelt zu erobern begannen, kollidierten unsere Planeten. Männer wollten Frauen im Beruf nur akzeptieren, wenn sie sich wie Männer verhielten. Viele Frauen ließen sich darauf ein und versuchten ihre Ebenbürtigkeit dadurch zu beweisen, dass sie wie Männer wurden. Um sich Achtung zu verschaffen und wie Marsianer zu werden, mussten diese Frauen ihre venusianische Natur verleugnen. Und diese Verleugnung führte dazu, dass sie sich unglücklich fühlten und sich Groll in ihnen aufstaute.

Andere Frauen waren nicht bereit, am Arbeitsplatz ihre Weiblichkeit zu unterdrücken. Viele Marsianer erkannten sie deshalb nicht als gleichberechtigt an, und so hatten sie einen schweren Stand. Sie wurden in unfairer Weise diskriminiert, und manche Männer taten so, als ob sie Menschen zweiter Klasse und unfähig wären, »Männerarbeit« zu verrichten.

Es war eine aussichtslose Situation. Frauen, die am Arbeitsplatz Erfolg hatten, bezahlten dies mit einer enormen zusätzlichen Belastung, weil sie ihre weibliche Natur unterdrücken mussten. Frauen, die versuchten, ihre Weiblichkeit auch am Arbeitsplatz gelten zu lassen, wurden von ihren männlichen Chefs, Kollegen und Kunden nicht respektiert.

Aber nicht nur die Frauen litten unter der neuen Situation. Auch Männer wurden diskriminiert, und zwar gerade diejenigen, die sich beziehungsorientierter zu verhalten begannen. Sie verloren die Achtung derjenigen Marsianer, die immer noch ausgeprägt arbeitsorientiert waren.

Und doch hat die Geschichte ein Happy End. Einige Männer und Frauen konnten sich daran erinnern, dass Männer vom Mars und Frauen von der Venus sind. Sie waren fähig, die Unterschiede zu respektieren. Diese Männer und Frauen waren an ihrem Arbeitsplatz zufrieden und erfolgreich, und sie gaben ihre Erkenntnisse an andere weiter.

Frauen konnten endlich verstehen, wie sie ihrem Erfolg selbst im Weg waren, indem sie Männer falsch interpretierten. Männer wiederum konnten, indem sie Frauen besser verstanden, diese nicht nur respektieren, sondern auch ihre eigene Perspektive erweitern, ihre Produktivität steigern und zugleich die Lebensqualität am Arbeitsplatz verbessern. Frauen entdeckten, wie sie sich den Respekt der Männer verschaffen konnten, ohne ihre venusianische Natur unterdrücken zu müssen, und Männer lernten, mehr Erfolg zu haben und gleichzeitig weniger hart arbeiten zu müssen.

Mit mehr Respekt für die weiblichen Werte können Männer lernen, weniger zu arbeiten und dabei mehr zu erreichen.

Aufmerksame Männer erzielten mit weniger Anstrengung mehr Erfolg, weil sie lernten, Vertrauen zu schaffen und sich dadurch die Unterstützung der wachsenden Zahl von Frauen am Arbeitsplatz und auf dem Konsumentenmarkt zu sichern. Männer und Frauen, die zu gegenseitigem Respekt und Vertrauen fanden, kamen weiter und erfuhren nicht nur im Beruf, sondern auch zu Hause mehr persönliche Erfüllung. Sie wurden zu Rollenmodellen und Vorbildern für andere.

Wie Träume in Erfüllung gehen

Dies ist zwar nur eine Geschichte, aber sie braucht kein Märchen zu bleiben. Wir alle träumen von einer Welt, die von Achtung, Vertrauen, Gerechtigkeit und Wohlstand erfüllt ist. Das wünschen wir für uns selbst, die Menschen, die wir lieben, und vor allen Dingen für unsere Kinder.

Männer möchten heute Erfolg, ohne dafür ein reiches und erfüllendes Familienleben opfern zu müssen. Frauen möchten die Freiheit haben, einer sinnvollen Beschäftigung nachzugehen und finanziell unabhängig zu sein, ohne auf die Familie verzichten zu müssen. Und beide haben ein selbstverständliches Recht darauf.

Welcher Ehemann möchte nicht, dass seine Frau am Arbeitsplatz gerecht behandelt und geachtet wird? Und keine Frau findet es schön, wenn ihr Mann erschöpft und überarbeitet nach Hause kommt und zornig ist, weil er für den Erfolg sein Privatleben opfern muss. Väter wünschen ihren Töchtern dieselben Erfolgschancen wie ihren Söhnen. Und welche Mutter möchte schon, dass ihr Sohn sich völlig in seiner Arbeit verschleißt, nur um es zu etwas zu bringen?

Es ist also an der Zeit, dass sich etwas ändert, dass Männer und Frauen an ihrem Arbeitsplatz Achtung und Vertrauen genießen können.

Das klingt sehr idealistisch, aber dieses Ziel ist keineswegs utopisch. Allerdings kann man gegenseitige Achtung und gegenseitiges Vertrauen nicht per Gesetz oder Verwaltungsakt verordnen. Man muss sie sich verdienen.

―◊―

Achtung und Vertrauen kann man nicht per Gesetz oder Verwaltungsakt verordnen. Man muss sie sich verdienen.

―◊―

Die Tatsache, dass heute so viel mehr Frauen berufstätig sind, bietet die einmalige Gelegenheit zu entscheidenden Veränderungen. Wenn Frauen die Achtung von Männern gewinnen, haben sie dadurch die Möglichkeit, die von Männern beherrschte Arbeitswelt angenehmer und menschlicher zu machen.

Die neuen Erkenntnisse, die ich in *Mars & Venus im Büro* vorstellen werde, können dazu beitragen, die sich jetzt schon ankündigenden Veränderungen zu beschleunigen und zu verstärken. Durch kleine, aber bedeutsame Veränderungen in ihrem Umgang mit Männern im Büro haben Frauen bereits begonnen, sich den Respekt von Männern zu verschaffen, ohne ihre venusianische beziehungsorientierte Natur unterdrücken zu müssen.

Je mehr Achtung die Männer wiederum Frauen entgegenbringen, desto eher verändert sich das Arbeitsklima in einer Weise, dass auch das wachsende Bedürfnis von Männern, beziehungsorientierter zu leben und dieses Leben auch zu genießen, befriedigt wird. Indem man Mars und Venus am Arbeitsplatz zusammenbringt, kann ein neues Gleichgewicht hergestellt werden, das alle Aspekte unseres Lebens bereichern kann. Sowohl für Männer als auch für Frauen bietet Erfolg am Arbeitsplatz auch die Chance zu einem erfüllenderen Privatleben.

Die unterschiedlichen Welten verstehen

Solange wir uns nicht völlige Klarheit darüber verschaffen, wo unsere Unterschiede liegen, sind Missverständnisse in der gegenseitigen Wahrnehmung vorprogrammiert. So geraten wir leicht in ein negatives und urteilendes Denken. Männer machen am Arbeitsplatz oft den Fehler zu glauben, dass eine Frau inkompetent oder überfordert sei, und Frauen glauben oft, dass Männer Sexisten oder psychisch gestört seien. Die Annahme, dass wir von unterschiedlichen Planeten stammen, erleichtert es sehr, die Unterschiede nüchterner zu betrachten und zu verstehen.

Das Verständnis für die Unterschiede hilft Männern und Frauen, zu gegenseitigem Vertrauen und gegenseitiger Achtung zu finden.

In der Arbeitswelt muss man sich – anders als in der Liebe – das Vertrauen und die Achtung erst erarbeiten, die man für seinen Erfolg braucht. In der Arbeit hat man es nicht wie in der Liebe mit einem Menschen zu tun, der einen aus eigenem Antrieb liebt und verehrt. Hier muss man sich oft mit Menschen auseinandersetzen, die von einem Höchstleistung erwarten und einem keinerlei persönliches Interesse entgegenbringen. Man hat die Stelle, weil man die Aufgabe besser erledigen kann als andere, und nicht, weil man so ein netter Mensch ist.

In der Arbeitswelt herrscht Konkurrenzdruck. Erfolg hat nur, wer ihn sich erarbeitet, und zwar Tag für Tag. Dies ist anders als in der Liebe, wo man vor allem geben möchte, ohne immer etwas zurückzuerwarten. Am Arbeitsplatz hat man sicher auch den Wunsch, für andere Menschen etwas Sinnvolles zu tun, aber das Hauptmotiv ist doch der Broterwerb.

Wenn man Erfolg haben möchte, muss man ihn sich erarbeiten, und zwar Tag für Tag.

In der Arbeitswelt gilt das Gesetz der Gegenseitigkeit. Gefühle sind gegenüber Leistung zweitrangig. Auch wenn wir vielleicht gerne allen helfen würden, können wir nur denen etwas geben, die dafür bezahlen. Die Arbeitswelt ist keine Wohltätigkeitsveranstaltung, und hier gibt es nichts geschenkt. Man muss sich alles verdienen. Daran will und wird auch dieses Buch nichts ändern; sein Ziel ist es, die Kommunikation und den persönlichen Umgang am Arbeitsplatz zu verbessern, um für alle mehr Erfolg zu ermöglichen, und nicht, eine heimelige Familienatmosphäre zu schaffen. Am Arbeitsplatz geht es schlicht darum, schwarze Zahlen zu schreiben und nicht rote.

Durch das ganze Buch hindurch werde ich mich also mit der Frage auseinandersetzen, wie sich unsere Unterschiede am Arbeitsplatz zeigen und wie diese oft falsch verstanden werden. In jedem einzelnen Kapitel soll die Wahrnehmung geschult werden, damit Sie erkennen können, wie Sie in der Vergangenheit Ihrem Erfolg möglicherweise selbst im Weg standen. Sie werden lernen, wie Sie durch einige kleine Anpassungen in Ihrem Umgang mit anderen allmählich die Achtung und das Vertrauen erringen, das Sie verdienen. Es gilt einige Geheimnisse zu entdecken, wie man die Kommunikation verbessert und seine Ziele erreicht. Jede neue Entdeckung wird Ihnen helfen, das andere Geschlecht besser zu verstehen und so Ihre Ziele leichter zu verwirklichen.

Das Leben in der Arbeitswelt

Je besser Männer und Frauen in der Arbeitswelt einander zu verstehen lernen, desto leichter stellen sich die Achtung und das Vertrauen ein, die für mehr Erfolg unerlässlich sind. Eine solche Atmosphäre ist nicht nur für alle angenehmer, sondern erzeugt auch die Synergie und die Kreativität, die man braucht, um konkurrenzfähig bleiben zu können. Mit weniger Anstrengung wird so mehr erreicht!

Selbst Männer, denen es gleichgültig ist, ob sie ein befriedigenderes Gleichgewicht zwischen Arbeit und Zuhause erreichen, geben ihren Widerstand dagegen auf, venusianische Werte an ihrem Arbeitsplatz zu respektieren. Sie stellen plötzlich fest, dass die Gewinne wachsen, wenn sie Frauen besser verstehen und achten. Bessere Teamarbeit erhöht die Effizienz und die Produktivität der Mitarbeiter. Wenn man im Vertrieb und Kundendienst das Vertrauen von Frauen erringt, kaufen mehr Frauen die angebotenen Produkte; sie nehmen die Dienste eines solchen Verkäufers lieber in Anspruch und empfehlen ihn gerne weiter.

Und auch Frauen, die mehr auf ihre Kinder und ihr Zuhause orientiert sind, stellen oft fest, dass sie, wenn die Kinder aus dem Haus gehen, doch gerne wieder in die Arbeitswelt zurückkehren, um in ihrem Leben ein Gleichgewicht zu schaffen. Natürlich gibt es nicht für alle den einen richtigen Weg, aber ein Gleichgewicht zwischen Arbeit und Privatleben ist ein Ideal, das heute immer mehr Anklang findet.

———◄o►———

Durch eine Verbesserung der Kommunikation bekommen wir die Achtung, die wir verdient haben, und das Vertrauen, das für wachsenden Erfolg unerlässlich ist.

———◄o►———

In diesem Buch wird immer wieder die Rede davon sein, wie Männer und Frauen einander missverstehen und aneinander vorbeireden. Oft fühlt man sich ungerecht behandelt, wenn in Wirklichkeit nur ein Missverständnis vorliegt. Natürlich ist nicht jede Ungerechtigkeit und jede Auseinandersetzung am Arbeitsplatz die Folge einer Unkenntnis der Unterschiede zwischen Männern und Frauen, aber für einen großen Teil unnötiger Konflikte und Frustrationen gilt dies doch. Bessere Kommunikation kann sehr viele Probleme lösen, die das Arbeitsklima belasten.

Doch nicht nur bessere Kommunikation allein bewirkt etwas. Männer haben einander immer schon verstanden, und trotzdem gab es auch zwischen Männern schon lange, bevor Frauen in der Arbeitswelt auftauchten, Diskriminierung und Ungerechtigkeit. Vorurteile und Ausgrenzung begannen nicht erst, seit Frauen in großer Zahl auf den Arbeitsmarkt drängten. Die Arbeitswelt ist kein Paradies und wird es niemals sein. Trotzdem haben wir heute die Gelegenheit, dort ganz wesentliche Fortschritte zu erzielen. Mehr Frauen in der Arbeitswelt bieten eine große und neue Chance: Sie bringen eine andere Perspektive herein.

Wir werden die unterschiedlichen Arten, wie Männer und

Frauen mit Herausforderungen und Problemen umgehen, an praktischen Beispielen erkunden. Die Wahrnehmung unserer Unterschiede führt zu mehr Respekt, Vertrauen und Rücksichtnahme. Statt kritische Urteile über unsere Unterschiede zu fällen, werden wir lernen, sie nicht nur zu schätzen, sondern sogar von ihnen zu profitieren.

Unterschiedliche Denk- und Verhaltensweisen können einander auch ergänzen, statt Konflikte zu erzeugen. Indem man den Blick dafür schult, wie Männer und Frauen unterschiedliche Handlungsformen bevorzugen und respektieren, kann man für sich selbst feststellen, welches die beste Form des Selbstausdrucks und Verhaltens zum Erreichen der eigenen Ziele ist. Manchmal ist die eine Vorgehensweise besser, manchmal die andere. Letztlich kann die Kombination oder die Synthese gegensätzlicher Tendenzen und Merkmale ein Ganzes hervorbringen, das wesentliche Vorzüge hat.

Ich hoffe, dass Sie dieses einfach zu lesende Buch als Landkarte benutzen, die Sie auf eine Reise in ein noch unbekanntes Land führen kann. Es soll Ihnen Vertrauen und Kraft geben, damit Sie auch dann nicht aufgeben, wenn eine Situation ungerecht oder einfach sinnlos erscheint. Es kann Ihnen Weisheit und Klarheit schenken, damit Sie erkennen, dass man auch dann, wenn etwas zu scheitern droht, immer einen Blick in sich selbst werfen kann, um sein Verhalten anzupassen und so ohne Preisgabe der eigenen Werte seine Ziele dennoch zu erreichen. Mit einem offenen Geist und Herzen werden Sie nicht nur Ihren Weg in der Arbeitswelt finden, sondern sogar zum Vorbild für andere werden können.

2
Verschiedene Sprachen

Nirgendwo treten die Unterschiede zwischen Männern und Frauen so deutlich zutage wie in ihrer Kommunikation. Sie sind nicht nur von verschiedenen Planeten und sprechen verschiedene Sprachen; sie sind sich dessen nicht einmal bewusst. Sie glauben tatsächlich, dieselbe Sprache zu sprechen. Aber obwohl die Worte dieselben sind, kann die Bedeutung eine ganz andere sein. Dieselbe Äußerung kann einen anderen Beiklang oder eine andere emotionale Färbung haben. Fehlinterpretationen sind so sehr an der Tagesordnung, dass wir schließlich beschränkte Auffassungen voneinander entwickelt haben.

Auf dem Mars und auf der Venus benutzt man dieselben Wörter, aber sie haben eine andere Bedeutung.

Männer und Frauen bilden eine Fülle von unrichtigen Annahmen, Urteilen und Schlussfolgerungen über das andere Geschlecht, die dann ihre natürliche Bereitschaft hemmen oder blockieren, einander Achtung und Vertrauen entgegenzubringen. Frauen schließen aus der Wortwahl eines Mannes, dass er selbstsüchtig und rücksichtslos ist und daher ihr Vertrauen nicht verdient. Umgekehrt ziehen Männer aus der Art, wie eine Frau kommuniziert, den falschen Schluss, dass sie unfähig sei und damit seine Achtung nicht verdient habe.

Es ist ja nicht so, dass Männer oder Frauen von Natur aus oder vorsätzlich sexistisch wären. Ungerechtigkeiten am Arbeitsplatz entstehen vielmehr oft dadurch, dass beide Seiten die Sprache der jeweils anderen Seite nicht verstehen. In einer fernen Vergangenheit lebten und arbeiteten wir in zwei verschiedenen Welten, und deshalb machten uns diese negativen Stereotypen weniger zu schaffen. Zwischen Frauenarbeit und Männerarbeit gab es eine klare Trennlinie. Heute ist dies anders: Männer und Frauen stehen in derselben Arbeitsumgebung. Dies ist ein großer Fortschritt, der aber für Männer und Frauen auch neue Belastungen gebracht hat. Solange wir nicht lernen, unsere Botschaften korrekt zu übersetzen und diese planetarische Sprachverwirrung zu beenden, nimmt die Unzufriedenheit am Arbeitsplatz zu und die Produktivität ab.

Die Zusammenarbeit von Männern und Frauen ist ein gewaltiger Fortschritt, wirft aber auch Probleme auf.

Wenn wir endlich einsehen könnten, dass auf dem Mars und auf der Venus in der Kommunikation unterschiedliche Spielregeln gelten, dann könnten wir beginnen, dieses uralte Problem zu lösen, und etwas erreichen, was in der Vergangenheit noch keiner Generation gelungen ist. Mit unseren neuen Einsichten könnten Männer und Frauen als Team zusammenarbeiten und ihre unterschiedlichen Sichtweisen und Fähigkeiten als Vorteil nutzen, statt gegeneinander zu arbeiten oder einander bloß zu dulden. Eine richtige Interpretation ließe automatisch die Harmonie wachsen, und so könnte plötzlich ein frischer Wind am Arbeitsplatz wehen.

Aufgabenorientierte und beziehungsorientierte Kommunikation

Einer der Hauptunterschiede in der Kommunikation liegt in der Betonung von Aufgaben einerseits und Beziehungen anderseits. Auf dem Mars wird Kommunikation hauptsächlich zur Lösung von Problemen und zur Bewältigung von Aufgaben eingesetzt, während sie auf der Venus auch zum Erreichen anderer Ziele dient. Für Männer hat Kommunikation am Arbeitsplatz vor allem den Zweck der Übermittlung von Inhalten und Informationen. Für Frauen dagegen ist sie viel mehr. Auch auf der Venus werden mittels Kommunikation Probleme gelöst, aber sie dient auch dazu, Stress abzubauen und das Wohlbefinden zu verbessern, emotionale Bindungen zur Stärkung von Beziehungen zu schaffen, die Kreativität zu stimulieren und neue Ideen zu entwickeln.

Dieser Unterschied ist die Ursache für eine Fülle von Missverständnissen zwischen den Geschlechtern. Wenn Frauen dies erkennen, wird ihnen plötzlich klar, wie sie manchmal unbewusst dazu beitragen, dass sie die Achtung von Männern verlieren. Und wenn Männer sich über diesen Punkt im Klaren sind, können sie verstehen, warum sie ihrerseits das Vertrauen von Frauen verspielen. Es ist also für Männer und Frauen gleichermaßen wichtig zu erkennen, wie sie vom anderen Geschlecht manchmal wahrgenommen werden.

Wenn Männer reden, dann in der Regel deshalb, um eine Aussage zu machen, die ein Problem lösen oder Informationen zur Problemlösung beitragen kann. Männer neigen dazu, still über etwas nachzugrübeln, und wenn sie dann etwas sagen, kommen sie sofort auf den Punkt. Männer gelten bei ihren Geschlechtsgenossen als umso kompetenter, je weniger Worte sie für eine Aussage brauchen. Auf ihrem Planeten gilt schließlich, dass »Zeit Geld ist«, und mehr Worte brauchen mehr Zeit. Es gibt zwar auch erfolgreiche Männer, die viel reden, aber wenn sie dies tun, dann immer auf eine Art, die zum Ausdruck bringt, dass jedes Wort für die Erklärung der vorgeschlagenen Lösung wichtig und notwendig ist.

Auf dem Mars macht man immer so wenig Worte wie möglich.

Wenn ein Mann mehrere Aussagen macht, dann muss jede Aussage bedeutsam sein und in einer linearen Abfolge zu einem logischen Schluss führen. Weitere Worte oder Gedanken, die nicht unmittelbar dazugehören, gelten als ineffizient und als Zeitverschwendung. Sich zu lange mit dem Problem aufzuhalten oder Zweifel zu zeigen, ist absolut tabu. Wenn Männer selbstbewusst und prägnant ihre Aussagen vorbringen, dann können sie sich der Achtung anderer Männer an ihrem Arbeitsplatz sicher sein. Aber was Männer nicht wissen ist, dass sie mit einer solchen Art zu reden in Verkaufs- oder Kundengesprächen gerade das Vertrauen und die Unterstützung ihrer Zuhörerinnen verspielen.

Frauen sind genauso gut wie Männer zu Problemlösungen fähig, aber ihre Art zu kommunizieren kann einem Mann den Eindruck vermitteln, dass sie an ihren eigenen Fähigkeiten zweifeln. Auch beim Prozess der Lösungsfindung handelt eine Frau beziehungsorientierter als ein Mann. Ihre Worte vermitteln nicht nur Inhalte, sondern auch Gefühle. Ihre persönlichen Äußerungen können unsicher klingen, obwohl Sie in Wirklichkeit die Zuhörer nur stärker einbeziehen möchte. Sie behauptet nicht, die Patentlösung zu haben, lädt aber gerade dadurch die anderen zur Unterstützung ein. Aber dies gilt natürlich nur auf der Venus. Auf dem Mars kommt ihre einbeziehende Art als Warnsignal an.

Wenn sie unsicher klingt oder offen für die Meinungen anderer ist, schließt ein Mann fälschlich daraus, dass sie selbst kein Zutrauen in ihre Fähigkeit hat, das vorliegende Problem zu lösen. Aber ihr Werben um Zustimmung hat nichts mit Unsicherheit zu tun, sondern ist einfach ein sinnvoller Versuch, Übereinstimmung herzustellen. Ihre Neigung, sich der Lösung langsam zu nähern, statt sofort auf den Punkt zu kommen, frustriert viele Männer und kann sie veranlassen, den Wert ihres Vorschlags überhaupt in Zweifel zu ziehen.

Auf der Venus dienen Worte dazu, sowohl Gefühle als auch Inhalte auszudrücken. Frauen legen in ihre Aussagen mehr Gefühl, um den Zuhörer so in ihre eigene Wahrnehmung einzubeziehen. Mit diesem persönlichen Element möchten sie Verbindung schaffen. Bevor eine Frau auf den Punkt kommt, kommt sie vielleicht erst auf Nebensächliches zu sprechen, um das Interesse zu wecken und eine Beziehung zum Zuhörer aufzubauen. Auf der Venus erzeugt eine solche Vorgehensweise persönliche Verbundenheit und Vertrauen. Frauen wissen oft nicht, dass auf dem Mars zu viele Worte als mangelnde Kompetenz ausgelegt werden können.

Auf der Venus dienen Worte dazu, sowohl Gefühle als auch Inhalte auszudrücken.

Aber auch Frauen nehmen sich manchmal nicht die Zeit, um eine Beziehung zu einem Zuhörer aufzubauen. Wenn sie nicht an einer persönlichen Beziehung interessiert sind, vermitteln sie Inhalte auch in einer komprimierten Weise. Oder anders ausgedrückt: Wenn sie für jemanden kein besonderes Interesse empfinden, dann machen sie sich nicht die Mühe, eine Beziehung aufzubauen, sondern kommen direkt auf den Punkt. Und genau deshalb nehmen sie ihrerseits an, dass ein Mann sie nicht respektiert und nicht an einer persönlichen Beziehung interessiert ist, wenn er sich kurz und knapp äußert. Wenn Männer also immer gleich auf die wesentliche Aussage zusteuern, schwächt dies im Laufe der Zeit die Vertrauensbasis gegenüber Frauen.

Frauen neigen dazu, eher mit einem Mann ein Geschäft abzuschließen, der auch ihre Gefühle wahrnimmt. Ein Chef kann sehr schnell eine »Meuterei« in Form von Klatsch und Spannungen auslösen, wenn er keine Rücksicht darauf nimmt, wie seine Mitarbeiterinnen auf seine Direktheit reagieren. Viele Männer lieben es, unter einem »direkten« Chef zu arbeiten, aber viele Frauen nehmen dies persönlich. Oft glauben sie sogar, dass er auf sie wütend sei oder sie nicht leiden könne. Auf ihrem Planeten gilt: Wenn eine Frau wütend ist oder jemanden nicht leiden kann, dann gibt sie sich keine Mühe, Verbundenheit herzustellen. Sie hält sich ganz bewusst zurück. Sie findet, dass es sich einfach nicht lohnt. Deshalb spricht sie präzise, knapp und mit wenigen Worten.

Wenn daher ein Mann kurz und knapp formuliert und auf jeden Small Talk verzichtet, der eine etwas freundschaftliche Atmosphäre schaffen könnte, schließt eine Frau fälschlich daraus, dass er sie nicht mag oder gar auf sie wütend ist. Sie nimmt es persönlich und fühlt sich ausgeschlossen, gering geschätzt und nicht wahrgenommen. In Wirklichkeit aber schätzt sie der betreffende Mann vielleicht sogar sehr.

Vier Gründe zu reden

Männer benutzen Sprache in der Arbeit im Allgemeinen aus einem einzigen Grund, während Frauen vier Gründe haben. Wenn man sich diesen Unterschied klarmacht, kann man zu einer ganz neuen und verständnisvollen Kommunikation zwischen Männern und Frauen kommen. Frauen, die über diesen Unterschied Bescheid wissen, verstehen dann plötzlich, warum Männer nicht so zuhören, wie eine Frau dies tun würde.

Die vier Gründe für eine Kommunikation auf der Venus sind:

1. Reden, um eine Aussage zu machen: Männer und Frauen benutzen Worte gleichermaßen, um eine Aussage zu machen. Männer aber machen, um Informationen weiterzugeben oder selbst Informationen zu bekommen, so wenig Worte wie möglich. Für sie zählen nur Zahlen, Fakten und Logik, und jedes Wort muss sitzen. Der große Unterschied zwischen Männern und Frauen liegt also darin, dass Erstere möglichst nur Inhalte vermitteln wollen, während sich Frauen auch aus anderen Gründen der Sprache bedienen.

―――◄○►―――

Männer wollen möglichst nur Inhalte vermitteln, während Frauen sich auch aus anderen Gründen der Sprache bedienen.

―――◄○►―――

2. Reden, um emotionale Unterstützung zu geben und zu erhalten: Frauen benutzen Sprache auch, um Gefühle mitzuteilen. Frauen wollen oft gar kein Argument vorbringen, sondern einfach etwas über ihre emotionale Verfassung aussagen. Das entspricht so ungefähr einer Mitteilung »nur zur Information«. Eine Frau erwartet gar nicht unbedingt, dass man weiter auf ihre Äußerungen eingeht. Es steckt keine verborgene Botschaft dahinter; sie möchte gar nicht, dass sich etwas ändert, und es liegt auch kein Vorwurf darin. Sie hat einfach eine bestimmte Empfindung und drückt sie aus, ohne dass dies etwas mit ihrer Arbeit zu tun hätte. Die Äußerung negativer Gefühle ist auf der Venus ein sehr wirksames Mittel, um Unterstützung zu geben und selbst zu bekommen.

Wenn Frauen Gefühle mitteilen, dann entspricht dies oft der Botschaft »nur zur Information«.

So könnte eine Frau zum Beispiel sagen: »Was für ein hektischer Tag.«

Dann würde eine andere Frau antworten: »Ja, es war ein ziemlich langer Tag heute.«

In dieser einfachen mitfühlenden Antwort steckt sehr viel. Sie bedeutet zwischen den Zeilen:

1. »Ich fühle mit dir, ich ignoriere dich nicht. Du bist mir wichtig, und deshalb hast du meine Zuwendung und meine Unterstützung. Ich weiß, dass es schön ist, einen mitfühlenden Menschen zu haben, und deshalb nehme ich mir einen Augenblick Zeit dafür, in irgendeiner Weise auf deine Gefühle einzugehen.«
2. »Ich verstehe dich. Ich erlebe es jetzt vielleicht nicht genauso wie du, aber ich kenne dieses Gefühl. Ich weiß, wie es ist, sich so zu fühlen, wie du dich gerade fühlst.«
3. »Ich achte dich. Du hast heute wirklich hart gearbeitet. Du

hast alles getan, was in deinen Kräften stand. Du hast das Recht, dich gestresst zu fühlen.«

Damit werden Gefühlsinhalte vermittelt und nichts weiter. Die beiden Frauen haben ihre Verbundenheit bekräftigt, die von Mitgefühl, Verständnis und gegenseitiger Achtung geprägt ist. Damit wächst das Maß an gegenseitiger Unterstützung und gegenseitigem Vertrauen, und die Anspannung nimmt ab. Allein durch einen solchen Austausch fällt schon ein großer Teil des Stresses ab.

Auf der Venus verdient man Vertrauen dadurch, dass man, wann immer sich eine geeignete Gelegenheit bietet, sein Mitgefühl, sein Verständnis und seine Achtung kundtut. Dies hilft Frauen, Vertrauen zu entwickeln und sich zu entspannen. Oft empfinden Frauen am Arbeitsplatz einen ständigen unterschwelligen Druck, weil sie den Eindruck haben müssen, dass sie nicht wahrgenommen, respektiert und verstanden werden.

Auf der Venus führen Mitgefühl, Verständnis und Achtung automatisch zu Vertrauen.

Sehen wir uns einmal an, was geschehen kann, wenn eine Frau zu einem Mann sagt: »Was für ein hektischer Tag.«

Er wird wahrscheinlich antworten: »Ach, es geht«, »Es war schon schlimmer«, »So viel haben wir auch wieder nicht zu tun« oder »Du wirst es schon schaffen.«

Statt ihre Äußerung als Gelegenheit wahrzunehmen, Mitgefühl auszudrücken, glaubt er fälschlich, dass ihr eine aufmunternde Bemerkung helfen könnte, das Ganze etwas positiver zu sehen. Aber das wollte sie gar nicht, und sie fühlt sich durchaus nicht aufgemuntert.

Wenn Frauen ihren Gefühlen in Worten Ausdruck verleihen, möchten sie oft einfach Vergewisserung. Sie erwarten nicht unbedingt Zustimmung oder dass man ihre Aussage buchstäblich nimmt, sondern einfach Mitgefühl. Eine Aussage, durch die man zeigt, dass man in irgendeiner Weise ihre Stimmungslage versteht, hilft ihnen viel eher. Wenn eine Frau sagt: »Was für ein hektischer Tag heute«, dann erwartet sie vielleicht etwas Ähnliches wie:

»Ja wirklich, jede Menge Schwierigkeiten.«
»Gott sei Dank ist Freitag.«
»Wir haben wirklich viel Arbeit.«
»Man hat nicht einmal mehr Zeit zum Durchatmen.«

Eine solche emotionale Unterstützung ist genau das Gegenteil dessen, wie ein Mann reagieren würde. Männer reden oft ein Problem klein, um den Stress zu vermindern; Frauen machen es eher größer und bauen den Stress dadurch ab, dass sie miteinander darüber reden. Diese venusianische Methode könnte man etwa damit vergleichen, dass man einen Muskel bewusst anspannt und dann wieder entspannt.

3. Reden, um Anspannung abzubauen: Frauen genügt es oft schon, einfach über ein Problem zu reden, um sich wieder besser zu fühlen. Wenn sie sich bei einer Freundin Luft verschaffen können, fühlen sie sich bestätigt, und dadurch nimmt die Anspannung ab. Das wachsende Vertrauen, das eine Frau empfindet, wenn ihre Gefühle ernst genommen werden, hilft ihr, Stress abzubauen.

Über Probleme zu reden hilft ihr auch deshalb, weil sie dadurch mehr Überblick gewinnt. Indem sie belastende Erfahrungen ganz zusammenhanglos mitteilt, klärt sich oft für sie die Situation. In dem Augenblick, in dem sie Dinge ausspricht, nimmt sie oft wahr, dass manches gar nicht so wichtig ist, wie sie glaubte.

Sie spricht vielleicht darüber, welche Aufgaben noch vor ihr liegen. Dies kann sehr hilfreich sein, um Druck abzubauen. Indem sie prüft, was von ihr erwartet wird, kann sie sich entspannen und bewältigt ihre Aufgaben leichter.

―◄○►―

Frauen können den üblichen Druck am Arbeitsplatz abbauen, indem sie einfach darüber reden, was sie noch zu tun haben.

―◄○►―

Hört ein Mann eine solche Äußerung von einer Frau, dann interpretiert er dieses Verhalten seiner Kollegin vielleicht fälschlich so, dass sie kneifen will. Es hört sich für ihn so an, als ob sie sagen wollte: »Ich habe so viel zu tun, und ich schaffe es nicht.« Vielleicht ist dies sogar ihre ursprüngliche Empfindung, aber darum geht es in ihrer Aussage gar nicht.

Auch Männer können sich unsicher fühlen. Der Unterschied liegt darin, dass Männer nicht darüber reden. Ein Mann denkt vielleicht für sich: »Ich weiß nicht, ob ich das schaffe.« Aber statt darüber zu reden, überlegt er sich: »Vielleicht könnte ich es so machen oder vielleicht auch so ... Ich weiß, dass ich es doch schaffe.« Er grübelt für sich darüber nach, und irgendwann fühlt er sich wieder besser und hat neue Zuversicht.

Männer legen sich eine Strategie zurecht, wie sie ihren Stress abbauen und neues Selbstvertrauen gewinnen können. Frauen entwickeln dieses Selbstvertrauen ganz einfach dadurch, dass sie ihre Gefühle äußern, und dann fällt ihnen von selbst die richtige Strategie ein. Die meisten Männer verstehen nicht, wie so etwas funktionieren kann. Sie würden sich nur elend fühlen, wenn sie über Probleme reden würden, statt eine Lösung zu planen.

4. Reden, um auf einen Gedanken zu kommen: Wir alle kennen die Situation, dass wir wissen, wie ein bestimmter Mensch heißt, aber uns der Name einfach nicht einfallen will. Man hat es auf der Zunge, kommt aber nicht darauf. Dann plötzlich ist der Name da. Ebenso reden Frauen manchmal »um eine Sache herum«, sie umkreisen das, was sie sagen möchten. Dann fällt ihnen das Gesuchte plötzlich ein. Vielen Männern ist ein solches Verhalten suspekt, und sie interpretieren es falsch. Männer wissen im Allgemeinen genau, worauf sie zusteuern oder was sie sagen wollen, bevor sie den Mund öffnen; Frauen dagegen können einfach zu reden beginnen und dabei irgendwann entdecken, was sie sagen wollen.

Männer wissen im Allgemeinen genau, was sie sagen wollen, bevor sie den Mund öffnen; Frauen dagegen können einfach zu reden beginnen und dabei irgendwann entdecken, was sie sagen wollen.

Allerdings arbeiten die meisten kreativen Menschen, ob Mann oder Frau, in dieser Weise. Sie fangen einfach an, und dann kommt von selbst zum Vorschein, was sie schaffen wollen. Sie müssen durchaus nicht immer wissen, was letztlich entstehen wird. Was in ihrem Stoff liegt, wird in unterschiedlichen Ausdrucksformen in Erscheinung treten.

Wenn eine Frau die Gelegenheit hat, Gedanken und Gefühle frei zu äußern, dann werden ihr die Umrisse des Gesuchten immer deutlicher. Nachdem sie einige Zeit über ihr Thema geredet hat, sagt sie plötzlich mit Begeisterung: »Was ich Ihnen also sagen wollte, ist Folgendes«, und dann kommt eine ganz präzise Aussage.

Bei dieser vierten Form der Kommunikation ist ihr Denken zunächst vage, aber je länger sie spricht, desto klarer wird ihr, was sie sagen möchte. Auch Männer, die etwas sensibler und kreativer sind, bewegen ihre Ideen in dieser Weise. Marsianer haben natürlich mit dieser Kommunikationsform oft Probleme, weil sie sagen: »Wenn du mir das sagen wolltest, warum hältst du mich dann zehn Minuten lang damit auf? Bitte, vergeude meine Zeit nicht. Sag einfach, was du sagen willst.«

Vermischung der vier Gründe zu reden

Im formelleren Umgang am Arbeitsplatz werden erfolgreiche Frauen ihre Kommunikation auf den ersten der oben genannten Gründe beschränken. Sie werden sich darauf konzentrieren, Inhalte mitzuteilen, um ihre Auffassung deutlich zu machen. In einer entspannteren und weniger förmlichen Situation werden sie dagegen alle vier Ausdrucksformen miteinander vermischen. Dies kann für einen Mann sehr verwirrend sein und dem beruflichen Ansehen einer Frau schaden. Wie eine Frau darauf achtet, welche Kleidung sie bei einer Besprechung trägt, so sollte sie auch darauf achten, welche Kommunikationsform sie wählt.

In einer entspannten Umgebung neigen Frauen dazu, die vier Ausdrucksformen miteinander zu vermischen.

Wenn es der Frau darum geht, ihre Gefühle mitzuteilen, um sich Erleichterung zu verschaffen und dabei zu entdecken, was sie eigentlich sagen möchte, dann wartet ein Mann vielleicht ungeduldig, bis sie endlich zur Sache kommt. Sie streut einige Bemerkungen oder Geschichten ein, um Verbundenheit zu schaffen. Auf der Venus ist das in Ordnung, nicht aber auf dem Mars. Männer frustriert dies, oder sie verlieren die Achtung. Um am Arbeitsplatz respektiert zu werden, müssen Frauen manchmal darauf achten, wie sie von anderen wahrgenommen werden, und sich entsprechend anpassen.

Wenn sich eine Frau einem Thema nähern will, um schließlich den entscheidenden Punkt herauszukristallisieren, könnte sie zum Beispiel sagen: »Ich weiß nicht genau, wie ich es formulieren soll; erlauben Sie mir, einen Moment laut nachzudenken.« Manchmal ist nichts weiter nötig als einfach zu sagen, was man vorhat.

Wenn sie ihre Gefühle ausdrücken möchte, um sich Erleichterung zu verschaffen, könnte sie etwa sagen: »Haben Sie eine Minute Zeit? Ich möchte einfach etwas loswerden.« Danach könnte sie sagen: »Vielen Dank, jetzt geht es mir besser.« Damit wird auch einem Mann klar, dass dieser Austausch durchaus keine Zeitverschwendung war.

Oder wenn sie etwas Unverbindliches sagen möchte, um Verbindung zu schaffen, könnte sie etwa vorausschicken: »Vergessen wir die Arbeit für einen Moment«, um dann eine persönliche Frage zu stellen. Wenn sich dann ihr Gegenüber für ihr Anliegen öffnet, kann sie Weiteres über sich selbst mitteilen.

So gäbe es noch viele andere Möglichkeiten, wie man einen Mann auf eine entsprechende Kommunikation vorbereiten könnte. Entscheidend ist immer, dass die Äußerungen in der jeweiligen Situation passend sind; man kann nicht davon ausgehen, dass ein Mann sie automatisch richtig einordnet. Wenn klar wird, dass man sich unpassend geäußert hat, dann räumt man dies am besten einfach ein, und dann gehört man wieder dazu. Am besten ist in einem solchen Fall eine einfache, launige Bemerkung, etwa in der Art »Entschuldigung, jetzt habe ich mich gerade etwas mitreißen lassen.«

3
Mitteilen ist von der Venus, murren ist vom Mars

Der unterschiedliche Umgang von Männern und Frauen mit Stress am Arbeitsplatz wirkt sich entscheidend auf die Art ihrer Kommunikation aus. Unter Stress neigen Männer dazu, sich mehr auf einen einzigen Punkt zu konzentrieren, und sie murren, wenn sie sich auf etwas anderes konzentrieren sollen. Frauen unter Stress tendieren eher dazu, nach außen zu gehen, und versuchen ihre Gefühle mitzuteilen, wenn sie sich überfordert fühlen. Wenn man nicht weiß, dass Männer auf Stress mit murren und Frauen mit reden reagieren, dann missverstehen beide einander.

Ohne diese wichtige Einsicht verpasst man nicht nur eine gute Gelegenheit, sich kooperativ zu zeigen, sondern man beginnt auch, die Achtung voreinander und das Vertrauen zueinander zu verlieren. Oft redet eine Frau über ihre Gefühle, um ein wenig Unterstützung zu bekommen, und ein Mann missversteht sie und meint, dass sie nur jammere. Wird andererseits ein Mann aufgefordert, etwas Bestimmtes zu tun, dann murrt er, wenn er unter Stress ist, und die Frau schließt daraus fälschlich, dass er wütend ist oder nicht tun will, worum sie ihn gebeten hat. Befassen wir uns zunächst damit, wie Frauen Stress durch reden bewältigen, und wenden wir uns dann den murrenden Marsianern zu.

»Mitteilen« auf der Venus klingt auf dem Mars wie »jammern«

Männer verlieren die Achtung vor Frauen besonders schnell, wenn sie glauben, dass sie sich wegen nichts beklagen. Äußern Frauen am Arbeitsplatz negative Gefühle, dann verstehen Männer nicht »mitteilen«, sondern vielmehr jammern, Vorwürfe und Klagen. Wenn eine Frau über Stress oder Sorgen reden möchte, denkt ein Mann sofort, dass sie nur jammern will. Zwangsläufig sinkt dadurch seine Achtung vor ihr.

Wenn Frauen negative Gefühle äußern, fasst ein Mann dies als jammern auf.

Aber es ist ein großer Unterschied zwischen reden und klagen. Ärgert man sich über etwas und möchte, dass ein anderer die Situation bereinigt, dann ist man vielleicht der Meinung, dass der Betreffende die Schuld hat, und man gibt seiner Unzufriedenheit und Enttäuschung Ausdruck. Dies nennt man sich beschweren. Drückt ein Mann oder eine Frau negative Gefühle mit der Absicht aus, dadurch etwas an der Situation zu ändern, dann ist dies eine vorwurfsvolle oder anklagende Kommunikation.

Drückt ein Mann negative Gefühle gegenüber einem anderen Menschen aus, dann steht fast immer die Absicht dahinter, irgendeine Art von Veränderung zu bewirken. Dies ist oft eine instinktive Reaktion, um andere zu einer Veränderung aufzufordern. Es geschieht oft spontan, ohne dass dem Mann überhaupt bewusst ist, dass er es tut und warum. Es ist einfach eine Gewohnheit. Der Einsatz heftiger Gefühle, um andere zu einer Veränderung zu veranlassen, ist noch ein Überrest aus marsianischer Zeit, als die Männer noch ihre Gesichter bemalten und um das Feuer tanzten, bevor sie sich in die Schlacht stürzten. Durch lauten Lärm und bedrohliches Aussehen versuchten sie, den Feind einzuschüchtern und zur Unterwerfung zu zwingen.

Wenn ein Mann am Arbeitsplatz die Stimme hebt, dann glaubt er vielleicht, andere dadurch schneller zu einer Veränderung bewegen zu können. Er ist vielleicht noch stolz darauf, anderen »Beine zu machen«. Ein solches Verhalten findet man durchaus noch am Arbeitsplatz, aber es ist völlig überholt. Von einem Kollegen oder dem Chef »angepfiffen« zu werden, bewirkt heute gar nichts mehr. Wir alle wissen inzwischen, dass wir uns so etwas nicht bieten zu lassen brauchen, und suchen uns eine andere Stelle. Langfristig führt ein solcher Versuch, andere mit negativen Emotionen einzuschüchtern und zu manipulieren, nur zu Entfremdung und Misstrauen.

Auf dem Mars soll der Ausdruck von Zorn und Frustration oft andere einschüchtern oder bedrohen.

Auf dem Mars können »weichere« Empfindungen wie Verletztheit, Enttäuschung, Besorgnis oder Bedauern manchmal eingesetzt werden, um die Verantwortung für eine bestimmte Situation von sich wegzuschieben. Indem man solche Emotionen äußert, kann man indirekt anderen die Schuld geben. Wenn jemand einen Kollegen wegen eines Fehlers tadelt, sagt er vielleicht: »Ich bin sehr enttäuscht, dass Sie nicht rechtzeitig fertig geworden sind.« In diesem Fall ist dies ein klarer Vorwurf, keine Gefühlsäußerung. Oder der Betreffende sagt: »Mit diesem Zeitverlust befürchte ich ernsthaft, dass wir den Termin nicht schaffen.« Auch hier äußert sich der Betreffende nicht deshalb, um sich dadurch besser zu fühlen, sondern die dahinter stehende Botschaft lautet: »Pass auf, damit so etwas nicht wieder vorkommt.«

Eine solche emotionale Anklage und Manipulation ist heute ebenso überholt wie der Einsatz von Zorn, um andere einzuschüchtern. Natürlich ist es manchmal notwendig, sich zu beklagen oder anderen Vorhaltungen zu machen, um eine Veränderung zu bewirken, aber langfristig ist der Einsatz negativer Emotionen zur Stützung einer solchen Forderung kontraproduktiv. Man erreicht dasselbe Ziel ebenso gut, indem man ohne Umwege verlangt, was man möchte, ohne dass sich der Betreffende manipuliert oder eingeschüchtert fühlen muss. Kooperation durch konkrete und respektvolle Kommunikation zu erbitten ist in jedem Fall eine viel wirksamere Strategie, andere zu motivieren, als Drohungen und Vorwürfe.

Weil Männer negative Emotionen vor allem dann ausdrücken, wenn sie sich beklagen oder jemandem Vorwürfe machen, interpretieren sie die Motive einer Frau meist falsch, wenn diese solche Gefühle äußert. Sie nehmen an, dass sie entweder die Verantwortung für das Problem von sich wegschieben oder ihnen Vorwürfe machen will. Selbstverständlich können Frauen negative Empfindungen auch zu diesem Zweck einsetzen, aber in aller Regel möchten sie damit einfach nur Verbindung zu anderen aufnehmen oder sich Erleichterung verschaffen. Wo ein Mann einen Vorwurf hört, möchte sie einfach nur etwas mitteilen.

Ein Mann glaubt, dass sie sich beklagt oder ihm Vorwürfe macht, wenn sie einfach nur etwas mitteilen möchte.

Die meisten Männer verstehen diesen Unterschied nicht, weil es auf dem Mars nicht üblich ist, Gefühle einfach mitzuteilen. Auf eine solche Idee kämen Marsianer gar nicht. Sie drücken zwar Gefühle aus, aber nur, wenn sie damit etwas erreichen möchten. Wenn es auf dem Mars ein Problem gibt und man nichts daran ändern kann, dann wird ein Mann versuchen, das einfach zu akzeptieren. Es ist für ihn erledigt, Schnee von gestern. »In den sauren Apfel beißen« oder »Schluck's runter« sind Lieblingsausdrücke der Marsianer. Ein Mann verfährt instinktiv nach dem Motto: »Wenn man nichts ändern kann, dann vergiss es.«

Wenn es auf dem Mars keine Möglichkeit gibt, ein Problem zu lösen, dann gibt es dort keinen Grund, sich darüber aufzuregen oder darüber zu reden.

Auf der Venus sieht man so etwas völlig anders. Eine Frau denkt: »Wenn man schon nichts daran ändern kann, dann können wir wenigstens darüber reden.«

Indem Frauen über Frustrationen und Enttäuschungen sprechen, können sie sehr gut Spannungen und Stress abbauen. Eine Frau kann auch einem Missgeschick noch etwas abgewinnen, indem sie es dazu nutzt, ein Gespräch anzuknüpfen, Zusammenhalt aufzubauen und ihre Beziehungen am Arbeitsplatz zu stärken. Wenn auf der Venus etwas Negatives geschieht, wird es in eine verbindende Erfahrung umgemünzt.

Männer müssen unbedingt lernen, dass Frauen ihnen nicht notwendigerweise Vorwürfe machen oder sich beklagen, wenn sie negative Gefühle mitteilen. Sie suchen dann lediglich emotionale Unterstützung durch Mitgefühl, Verständnis und Achtung. Hat man als Mann diesen Unterschied vor Augen, bedeutet das am Arbeitsplatz einen Konkurrenzvorteil, weil man den Zusammenhalt stärkt und das Vertrauen und die Achtung von Frauen gewinnt.

Die meisten Männer begreifen den Unterschied zwischen sich beklagen und mitteilen nicht, weil man auf dem Mars einfach keine Gefühle mitteilt.

Wenn Männer Frauen nicht verstehen (und meist ist dies der Fall, weil Männer eben vom Mars sind), dann ist es für eine Frau sehr schwierig, sich angenommen und geachtet zu fühlen. Sie glaubt vielmehr, dass sie mit böser Absicht ausgeschlossen wird. In aller Regel aber wird sie nur nach den Standards beurteilt, nach denen Männer sich üblicherweise beurteilen.

Wenn eine Frau daran denkt, dass Männer vom Mars sind, dann braucht sie es nicht persönlich zu nehmen. Weiß sie ein wenig über Männer Bescheid, dann kann sie die kühle oder abweisende Reaktion eines Mannes auf ihre Gefühlsäußerung am Arbeitsplatz zumindest richtig einordnen.

Anwendung in der Praxis

Mit einem solchen tieferen Verständnis können Männer lernen, Frauen geduldiger zuzuhören. Wenn sie begreifen, dass ihr Verhalten nun einmal anders ist, können sie die Wertungen beiseite lassen, die in ihnen entstehen. Denken sie daran, dass Frauen von der Venus sind, können sie mehr Geduld aufbringen und ihr Vertrauen gewinnen, weil sie gute Zuhörer sind.

Denkt ein Mann daran, dass Frauen von der Venus sind, bringt er mehr Geduld auf, um ihnen zuzuhören.

Frauen ihrerseits können erkennen, dass Männer in dieser anderen Art der Kommunikation nicht sonderlich geschickt sind. In der Konkurrenzsituation des Arbeitsplatzes, wo es immer jemanden gibt, der nur darauf wartet, seine Überlegenheit unter Beweis zu stellen, ist es immer klüger, jemandem nicht auch noch Munition zu liefern. Lernt eine Frau zu unterscheiden, wann und wem sie ihre Gefühle mitteilen kann, dann stellt sie sicher, dass sie von allen geachtet wird.

Fühlt sich eine Frau unter Stress, aber ist sie sich nicht sicher, ob andere ihr Mitteilungsbedürfnis verstehen oder respektieren können, dann ist es klüger, in einem solchen Fall die Gefühle zurückzuhalten. Sie kann sie immer noch später einer Freundin gegenüber äußern. Gute Dienste leistet auch ein Tagebuch, in dem sie aufschreiben kann, was sie gesagt hätte, wenn sie auf der Venus wäre und nicht am Arbeitsplatz. Sich einen Augenblick in Ruhe hinzusetzen und in ein Tagebuch zu schreiben, kann Stress ebenso wirksam bekämpfen wie das Gespräch mit einer Freundin.

Sich einen Augenblick in Ruhe hinzusetzen und in ein Tagebuch zu schreiben, kann Stress ebenso wirksam bekämpfen wie das Gespräch mit einer Freundin.

Das private Gespräch mit einer guten Freundin kann Spannungen abbauen, aber es können dadurch auch Spannungen entstehen, weil die einen einbezogen werden, die anderen nicht.

Um Stress abzubauen, muss eine Frau sich sicher fühlen können, genau das auszudrücken, was sie empfindet, selbst wenn ihre Empfindungen vielleicht im nächsten Augenblick ganz andere sind. Nimmt sie sich ein wenig Zeit dafür, ihre negativen Gefühle zu erkunden, dann tauchen automatisch positive Gefühle auf. Diese drücken ihre wahren Überzeugungen aus, während die negativen Gefühle meist nur vorübergehender Art sind. Im einen Augenblick kann sie das Gefühl haben, dass sie am Arbeitsplatz keinerlei Unterstützung hat, und im nächsten erinnert sie sich schon wieder daran, dass es sehr wohl eine solche Unterstützung gibt.

Wichtig ist, dass sie negative Gedanken und Empfindungen am Arbeitsplatz nicht beliebig äußert. Wenn sie aus dem Zusammenhang gerissen werden, können dadurch schwere Missverständnisse entstehen. Die Wirkung von Worten darf keinesfalls unterschätzt werden. Manchmal hat man eine unfreundliche Bemerkung über einen Kollegen oder eine Kollegin schon lange vergessen, aber die Person, die man ins Vertrauen gezogen hat, erinnert sich noch genau daran. In diesem Wissen tickt eine Zeitbombe, und ohne es zu ahnen, hat man sich damit vielleicht seinen beruflichen Aufstieg versperrt.

Vorwürfe, wie man sie manchmal in Stresssituationen äußert, werden oft nicht so schnell vergessen. Klatsch als Mittel zum Stressabbau kann harmlos sein, aber am Arbeitsplatz kann man damit erheblichen Schaden anrichten. Wenn Klatsch zum Abbau negativer Gefühle nicht unterbunden wird, nimmt die Kritik an anderen rasch überhand. Es ist ein Gebot der Klugheit, am Arbeitsplatz nicht über die Fehler anderer zu reden. Die Konzentration auf das Positive sollten Männer und Frauen gleichermaßen üben und stärken. Man kann keine Firma leiten, wenn sich die besten Leute ständig in den Rücken fallen.

―◄◦►―

Man kann keine Firma leiten, wenn sich die besten Leute ständig in den Rücken fallen.

―◄◦►―

Um Stress wirksam bewältigen zu können, müssen Männer und Frauen darauf achten, nicht ihre gesamte emotionale Unterstützung am Arbeitsplatz zu suchen. Wenn man Stress hat, muss man sich außerhalb des Arbeitsplatzes Gelegenheiten schaffen, diesen Stress abzubauen. Mit Freizeitangeboten, gleitender Arbeitszeit und Entspannungs- und Ruheräumen versuchen immer mehr Firmen, für ihre Mitarbeiter jene Möglichkeiten einer emotionalen Unterstützung zu schaffen, die sie außerhalb des Arbeitsplatzes brauchen. Diese Maßnahmen haben sich in Form einer Steigerung der Produktivität und einer Verminderung des Arbeitsstresses längst bewährt.

»Murren« auf dem Mars klingt auf der Venus wie Verärgerung

Frauen verlieren vor allem ihr Vertrauen zu Männern, wenn diese murren und ihnen ihre Bitten abzuschlagen scheinen. Dieses Murren wird von Frauen oft völlig missverstanden. Wenn ein Kollege widerwillig reagiert, zieht sie daraus fälschlich den Schluss, dass er sich nicht kooperativ verhalten will. Auf ihrem Planeten klingt sein Murren so, als ob er sich über ihre Bitte ärgern oder glauben würde, dass sie zu viel von ihm verlangt. Deshalb meint sie, in seiner Nähe ganz besonders vorsichtig sein zu müssen. Es ist klar, dass sie ihn dann für unkooperativ hält und kein Vertrauen in ihn hat.

Wenn ein Mann auf die Bitte einer Frau nicht reagiert, glaubt sie Verärgerung zu spüren.

Auf dem Mars ist aber ein großer Unterschied zwischen sich sträuben und einer wirklichen Verärgerung. Wenn ein Mann murrt, hat sein Widerstand weniger mit der Bitte und mehr damit zu tun, dass er schon etwas anderes vorhatte. Das Murren eines Marsianers bedeutet nicht, dass er ihre Bitte ablehnt. Es ist in Wirklichkeit sogar ein gutes Zeichen. Es bedeutet, dass er über ihre Bitte nachdenkt. Wenn er die Erfüllung ihrer Bitte überhaupt nicht in Erwägung ziehen würde, dann würde er einfach lächelnd nein sagen. Weiß eine Frau darüber Bescheid, wie Männer denken und reagieren, dann kann sie deren Bereitschaft oder deren Widerwillen hinsichtlich einer Kooperation zutreffender interpretieren.

Wenn Männer murren, dann ist dies kein Zeichen ihres Desinteresses oder dafür, dass sie eine Bitte nicht erfüllen wollen.

Wie Frauen reden, um Stress zu bewältigen, so murren Männer, um den Stress abzuwehren, eine Entscheidung fällen zu müssen. Wird von einem Mann eine Entscheidung verlangt, durch die er seine Pläne ändern muss, drückt er seinen Widerstand oft durch einen mürrischen oder brummigen Ton aus. In diesem Tonfall bringt er vielleicht sogar einige kleine Einwände vor. Aber dieser Widerstand ist nur von kurzer Dauer. Es ist wie beim Niesen: Es kommt, und dann ist es vorbei.

Je mehr ein Mann gerade mit etwas beschäftigt ist, wenn eine Frau (oder auch ein Mann) ihn um etwas bittet, desto mehr wird er murren. Dieser Widerstand hängt also nicht unbedingt mit dem Inhalt der Bitte oder seiner grundsätzlichen Bereitschaft zusammen, das zu tun, was von ihm erbeten wird. Es zeigt einfach an, dass er seine laufende Arbeit unterbrechen und sich neu orientieren muss. Sobald er sich umgestellt hat, ist sein Widerstand verflogen.

Stellen wir uns einmal vor, dass er mit dem Auto Richtung Süden unterwegs ist, und jetzt verlangt jemand von ihm, dass er umkehren und nach Norden fahren soll. Er muss dann auf die Bremse treten, um sich die Bitte zu überlegen. Eine Frau braucht dies nicht zu tun, weil sie in der Regel die Fähigkeit hat, einfach weiterzufahren, während sie sich das Für und Wider eines Richtungswechsels überlegt.

Auf dem Mars heißt es: »Immer eins nach dem anderen.« Männer können sich durchaus ändern, aber anscheinend geht es nicht ohne murren. Frauen dagegen haben keine Mühe damit, sich mehrere Dinge gleichzeitig zu überlegen. Die Kehrseite dieser Beweglichkeit ist, dass Frauen in Stresszeiten sich zu viele Dinge gleichzeitig überlegen und sich dadurch überfordert fühlen. Männer versuchen den Stress, eine Änderung in Erwägung ziehen zu müssen, durch murren abzuwehren; Frauen reagieren auf den Stress, mit zu vielen Dingen gleichzeitig beschäftigt zu sein, indem sie über ihre Gefühle reden.

Auf dem Mars seufzen, murren oder brummen Männer, wenn etwas von ihnen verlangt wird. Aber dies ist nur vorübergehend.

Wie Männer die Neigung von Frauen, ihre Gefühle mitzuteilen, als klagen missverstehen, so missverstehen Frauen das Murren eines Mannes als Ablehnung. Aber wenn Männer murren, hat es eine andere Bedeutung, als wenn Frauen das tun. Wenn eine Frau etwas nicht will und murrt, dann nimmt ihr Ärger eher noch zu. Das erklärt, warum Frauen ihre Bitte oftmals gleich wieder zurücknehmen, wenn ein Mann murrt. Wird auf ihrem Planeten um etwas gebeten und eine Frau murrt, dann ist dies eine klare Ablehnung. Es bedeutet, dass man schon zu viel verlangt hat, und wenn man noch mehr verlangt, dann wird man sich ihren Zorn zuziehen. Mit diesem neuen Wissen über die Bedeutung des Murrens auf dem Mars können Frauen diese Reaktion besser einordnen und in einer Weise reagieren, die beiden Seiten hilft.

Wie Frauen auf Murren reagieren

Murrt ein Mann, wenn eine Frau ihn um etwas bittet, dann glaubt sie fälschlich, dass er ärgerlich über sie ist, und dies führt bei ihr zu einer kontraproduktiven Reaktion. Sie zieht sich zurück, verteidigt sich, versucht ihr Anliegen zu rechtfertigen oder ihn zu zwingen. Alle diese Reaktionen vermehren seinen Widerstand und können letztlich dazu führen, dass er sich wirklich über sie ärgert, während er vor ihrer Reaktion in Wirklichkeit seinen Widerstand schon aufgegeben und beschlossen hatte, das Erbetene zu tun. Betrachten wir nun die vier erwähnten Reaktionen etwas genauer.

1. Sie zieht sich zurück: Auf sein Murren hin möchte sie ihn nicht weiter verärgern und nimmt ihre Bitte mit einer Bemerkung wie »Kein Problem, ich mache es selbst« zurück.

Dies frustriert einen Mann erst recht. Nachdem er über ihre Bitte nachgedacht und ja gesagt hat, wenn auch in einem mürrischen Ton, darf sie keinen Rückzieher machen. Mit seinem Murren sagt er nur: »Ich mache es, aber ich war gerade mit etwas anderem beschäftigt. Ich hoffe, dass Sie meine Bereitschaft zu schätzen wissen.« Eine offene und anerkennende Haltung bringt nicht nur sein Murren zum Schweigen, sondern er wird auch beim nächsten Mal bereitwilliger helfen.

Wie eine Frau darüber redet, dass sie sich überfordert fühlt, um ein wenig Verständnis und Mitgefühl zu bekommen, so murrt ein Mann, um deutlich zu machen, dass er für seine Bereitwilligkeit ein wenig Anerkennung und Wertschätzung möchte.

Statt sich also zurückzuziehen, wenn ein Mann »meckert«, sollte eine Frau das Gegenteil dessen tun, was ihr ihr Instinkt sagt, und ihn einfach brummeln lassen. Statt ihre Bitte zurückzunehmen, sollte sie seinem Murren einfach zuhören und dann seine Bereitschaft anerkennen, das zu tun, was sie von ihm erwartet. Ihre Anerkennung lässt das Murren sehr schnell verstummen. Nachfolgend einige Beispiele dafür, wie sie fälschlich einen Rückzieher macht, wenn er murrt:

1. »Lassen Sie es, ich mache es selbst.«
2. »Vielleicht verlange ich da wirklich zu viel. Vergessen Sie es, ich erledige es selbst.«
3. »Es war mir nicht bewusst, dass dies für Sie ein großes Problem ist. Ich kann es selbst erledigen.«
4. »Es ist gar nicht so wichtig; ich kümmere mich selbst darum.«
5. »Es tut mir Leid, ich wollte Sie nicht stören. Ich kann es auch selbst tun.«

2. Sie verteidigt sich: Manchmal nimmt sie ihre Aufforderung nicht zurück, sondern beginnt, sich zu verteidigen. Aber das verstärkt nur den Widerstand eines Mannes. Er fühlt sich manipuliert. Statt seinen Widerstand aufzugeben, wächst Groll in ihm. In diesem Fall geht es ihm gar nicht mehr um die Aufforderung, sondern vielmehr darum, wie sie vorgebracht oder begründet wird.

Um seinen Widerstand zu vermeiden, braucht eine Frau lediglich ihre Bitte mit möglichst wenigen Worten zu formulieren und sich auf gar keine Diskussion darüber einzulassen, ob sie überhaupt das Recht hat, von ihm etwas zu verlangen. Wenn sie es trotzdem tut, muss ihr immer bewusst sein, dass er nicht ihr Recht in Frage stellt, von ihm etwas zu verlangen, sondern einfach über ihre Bitte nachdenkt und sich lediglich sträubt, etwas anderes zu tun. Nachfolgend einige Beispiele für eine solche falsche Verteidigung einer Aufforderung:

1. »Sie sagten, dass Sie es tun würden, und jetzt warte ich schon drei Tage.«
2. »Ich verlange wirklich nicht zu viel.«
3. »Das gehört einfach zu ihrer Arbeitsplatzbeschreibung.«
4. »Wir sind schon in Verzug, und das muss jetzt sofort erledigt werden.«
5. »Ich muss noch zehn Anrufe beantworten, eine Überweisung erledigen und den Lagerbestand aktualisieren. Könnten Sie das jetzt bitte erledigen?«

3. Sie beschreibt ihr Anliegen: Manchmal beschreibt eine Frau ihr Anliegen ausführlicher, um ihrer Bitte Nachdruck zu verleihen und den Widerstand eines Mannes zu überwinden. Dies klappt zwar auf der Venus, aber auf dem Mars hat es die entgegengesetzte Wirkung. Sie weiß nicht, dass sein Widerstand umso größer wird, je mehr sie redet. Sie glaubt, ihn zu motivieren, aber statt dessen frustriert sie ihn. Statt über das Anliegen zu reden, würde sie ihn besser dadurch motivieren, dass sie ihm sagt, wie sehr er ihr helfen würde. Es motiviert ihn viel mehr, wenn sie sich auf das Ergebnis konzentriert und darauf, welche Vorteile dies hätte.

Murrt ein Mann nach einer Aufforderung, kann eine Frau nichts Besseres tun, als nichts zu sagen und ihn einfach eine Weile murren zu lassen. Das ist eben seine Art, wie er seinen Widerstand aufgibt. Je mehr Worte sie einsetzt, um ihre Bitte zu rechtfertigen und ihr Anliegen zu erklären, desto mehr Hindernisse baut sie vor ihm auf, und umso länger dauert es, bis er zu einer bereitwilligeren Antwort finden kann. Nachfolgend einige Beispiele dafür, wie sie ihr Anliegen ausführlicher beschreibt:

1. »Ich schaffe das einfach nicht. Ich weiß nicht, was ich tun muss, um...«
2. »Ich habe so viel zu tun. Die Arbeit stapelt sich bei mir, und ich kann das unmöglich schaffen. Ich brauche jetzt Ihre Hilfe...«
3. »Ich weiß, dass Sie zu tun haben, aber das muss jetzt auch

erledigt werden. Wir haben morgen unsere Präsentation, und ich weiß noch nicht einmal...«
4. »Wenn wir das nicht hinbekommen, dann sind wir diesen Kunden los. Ich hatte ihm versprochen, dass es rechtzeitig fertig wird.«
5. »Es bleibt uns nichts anderes übrig, weil der andere Plan gescheitert ist. Sie möchten, dass wir es anders machen. Sie meinen...«

4. Sie schlägt einen fordernden Ton an: Wenn eine Frau glaubt, dass ein Mann ihr nicht helfen will, und sie findet, dass er es trotzdem tun soll, reagiert sie vielleicht auf sein Murren mit einem fordernden Ton. Aber so erzeugt sie in ihm eine Abwehrhaltung. Statt seinen Widerstand aufzugeben, wird er störrisch. Nachfolgend einige Beispiele:

1. »Sie machen das jetzt.«
2. »Es ist mir gleichgültig, dass Sie viel zu tun haben; ich möchte, dass Sie das jetzt erledigen.«
3. »Das kann doch wohl nicht sein. Sie haben...«
4. »Ich möchte, dass Sie das zuerst erledigen. Es ist Ihre Aufgabe...«
5. »Sie haben nicht zugehört. Ich möchte, dass Sie...«

Anwendung in der Praxis

Die Anwendung dieser Einsicht hilft Männern und Frauen. Frauen lernen, wie sie mit dem Murren eines Mannes umgehen müssen, und Männer lernen, wie sie richtig auf das Murren einer Frau reagieren. Ein Mann muss wissen, dass das Murren einer Frau nicht nur vorübergehender Ausdruck einer Ablehnung ist, um etwas »Dampf abzulassen«. Auf der Venus ist das Murren einer Frau das Zeichen, dass sie wirklich überarbeitet ist und Hilfe braucht.

*Auf der Venus ist das Murren einer Frau das Zeichen,
dass sie wirklich überarbeitet ist und Hilfe braucht.*

Auf ihrem Planeten wäre es schlechtes Benehmen, auf der Unterstützung eines Mannes zu bestehen, indem man ihn nochmals bittet. Statt dessen gehört es sich, die Bitte zurückzunehmen oder zumindest das Anliegen weiter zu erläutern. Besteht ein Mann nachdrücklich auf seiner Forderung, bringt er sie vielleicht dazu, dass sie einwilligt, aber das wird sie ihm nicht vergessen. Hat ein Mann eingesehen, dass murren auf dem Mars etwas ganz anderes ist als murren auf der Venus, kann er auf den Widerstand einer Frau in einer respektvolleren Weise reagieren.

Ein Mann glaubt fälschlich, dass bei einer Frau keine Verärgerung zurückbleibt, wenn sie schließlich einwilligt und er ihr dafür seine Anerkennung ausspricht. Aber es genügt nicht, einer Frau nur für ihre Arbeit Anerkennung zu zollen. Sie muss auch das Gefühl haben, dass es verstanden wird, wenn sie zu viel zu tun hat, und statt um ihre Hilfe zu bitten, muss man umgekehrt ihr Hilfe anbieten.

Auch für einen Mann hat es Vorteile, wenn er sich bewusst macht, was sein Murren bewirkt. Es ist ihm oft nicht einmal klar, dass er Frauen damit verschreckt, und er versteht nicht, warum sie ihn um nichts mehr fragen will. Mit dieser neuen Einsicht kann er sich bewusst bemühen, freundlicher und bereitwilliger zu reagieren. Es genügt oft schon, wenn er freundlich sagt: »Entschuldigung, aber ich war wirklich im Stress.«

Sich beklagen, aber ohne Emotionen

Frauen neigen von Natur aus dazu, ihre Gefühle in einem emotionaleren Ton zu äußern. Sie bringen damit zum Ausdruck: »Sieh her, ich habe hier ein riesiges Problem, und ich brauche deine Aufmerksamkeit.« Aber sich mit der Äußerung negativer Emotionen über etwas zu beklagen, was man nicht tun möchte, kann die Position einer Frau erheblich schwächen. Ein berechtigtes Anliegen wird so vielleicht entwertet, weil sie sich über Emotionen äußert statt über einen Sachverhalt.

Die Neigung, Klagen mit negativen Emotionen Nachdruck zu verleihen, lässt die Kompetenz einer Frau in einem ungünstigen Licht erscheinen und schwächt die Glaubwürdigkeit ihrer Einwendungen. Wenn eine Frau ihren Ruf und ihre Kompetenz nicht in Zweifel ziehen lassen will, dann muss sie Klagen emotionslos vorbringen. Nur mit einem solchen professionellen Auftreten kann man sich die nötige Achtung verschaffen. Natürlich gibt es im Arbeitsleben immer auch Zeiten, in denen es entspannter zugeht und auch Gefühle am Platz sind. Aber eine Frau muss sich immer bewusst sein, dass sie, wenn sie wirklich etwas ändern will und der Weg zu einer Änderung nur über Männer führt, dies am besten ohne Emotionen versucht.

Glaubt eine Frau, Grund zur Klage zu haben, dann muss sie dies in einer Weise tun, die Männer respektieren können. Ungezügelte Gefühlsäußerungen schätzen sie nicht, umso mehr aber objektive Aussagen. Wenn eine Frau wütend ist, sollte sie besser keine Klagen vorbringen. Möchte sie erreichen, dass ihre Situation wirklich gerecht beurteilt wird, dann sollte sie erst ihre Emotionen anderswo verarbeiten und dann ihr Anliegen entspannt und objektiv vorbringen. Sie muss nicht völlig emotionslos, aber zumindest fähig sein, objektiv zu bleiben. Das Gewicht ihrer Einwendungen wird oft nach ihrer Fähigkeit beurteilt, objektiv zu sein, Fakten vorzubringen und dabei auf persönliche Wertungen zu verzichten. Nachfolgend einige Beispiele, wie sie auf eine objektivere Art mitteilen kann, was sie bewegt.

1. Sie sagt: »**Ich konnte es nicht fassen, dass sich jemand so etwas erlauben würde.**« Pauschalurteile schwächen immer die eigene Position. Stattdessen sollte man das Vorgefallene genau schildern und zum Beispiel sagen: »Ich habe ihm gesagt, dass die Akte nicht bei uns ist. Daraufhin hob er die

Stimme und jammerte mir zwanzig Minuten lang vor. Ich hörte ihm höflich zu und dann bat ich ihn, seine Klagen in einem Brief vorzubringen.« Objektivität entsteht dadurch, dass man sich auf das Geschehene konzentriert und darauf, wie man reagierte, nicht darauf, was man empfand. Es ist unprofessionell, Urteile zu fällen, indem man über seine Gefühle redet.

2. Sie sagt: »**Er interessierte sich überhaupt nicht für mich oder meine Bedürfnisse.**« Sich über einen Mann negativ zu äußern, kann andere Männer in die Defensive bringen. Besser wäre es, das Vorgefallene klar zu beschreiben, ohne Urteile zu fällen. Sagen Sie: »Ich bat ihn, einige Minuten zuzuhören, und er redete einfach weiter.«

3. Sie sagt: »**Ich konnte das einfach nicht, was von mir verlangt wurde.**« Wer sich entschuldigt, macht immer einen inkompetenten und schwachen Eindruck. Seien Sie vielmehr präzise und beschreiben Sie genau, was vorgefallen ist. Lassen Sie andere Menschen sich selbst ein Urteil bilden. Damit bringt man das andere Geschlecht nicht in Verlegenheit. In diesem Fall könnte eine Frau etwa sagen: »Ich war um halb neun da, aber es war noch alles geschlossen. Ich versuchte hineinzukommen, aber die Türen waren zu. Das kostete mich zwei Stunden.« Bleiben Sie bei den Einzelheiten und den Fakten. Beschreiben Sie, was geschah und welche Folgen es hatte.

4. Sie sagt: »**Mit so einem Menschen kann man einfach nicht zusammenarbeiten.**« Wenn eine Frau jemanden in dieser Weise schlecht macht, rückt sie sich nur selbst in ein ungünstiges Licht. Stattdessen sollte sie objektive Aussagen machen und dann um das bitten, was sie braucht. Wenn man um eine Lösung bittet, dann sollte man auch selbst einen Lösungsvorschlag anbieten. Eine Frau könnte etwa sagen: »Er kam in mein Büro und überschüttete mich mit einem Haufen Fragen, was ich eigentlich alles mache. Als ich zu ihm sagte, dass ich mich gegebenenfalls wieder bei ihm melden würde, sagte er zu mir, dass ich tun müsse, was er sagt, andernfalls wäre ich meine Stelle los. Ich würde vorschlagen, dass man ihm meine

Aufgaben genau beschreibt, damit er versteht, dass er nicht mein Chef ist.«

5. Sie sagt: »**Ich glaube nicht, dass er für seinen Job geeignet ist.**« Vermeiden Sie allgemeine Aussagen und drücken Sie sich genau aus. In welcher Hinsicht ist er für seine Stelle ungeeignet? Geben Sie ein Beispiel. Sagen Sie: »Ich habe ihn dreimal gebeten, mir die Gewinn- und Verlustrechnung für die letzten sechs Wochen zu geben, und ich habe immer noch nichts bekommen. Er sagte, dass er im Moment zu viel zu tun hätte, aber er würde sich darum kümmern. Ich glaube, dass er weder die Zeit noch die Motivation hat, dieses neue Projekt voranzubringen. Ich würde mir das zutrauen. Ich habe dies schon öfter gemacht, und ich bin mir sicher, dass ich das auch jetzt sehr gut machen würde.«

6. Sie sagt: »**Er hört mir einfach nie zu. Ich bekomme einfach keine Antwort von ihm.**« Dies ist eine emotionale Äußerung, die Männer in die Defensive treibt, und die Frau stellt sich als armes Opfer dar. Emotionale Klagen führen nie zum Ziel, und man beschädigt sich selbst mehr als denjenigen, über den man sich beklagt. Ein Mann denkt sich in einem solchen Fall vielleicht: »Nun ja, wenn sie mit mir so reden würde, wie sie jetzt redet, dann würde ich auch nicht zuhören.« Emotionale Vorwürfe wecken bei Männern selten Sympathie, und selbst wenn dies gelingt, dann hinterlässt man immer noch den Eindruck, dass man überempfindlich und deshalb in schwierigen Situationen überfordert ist. Um die Gefahr zu vermeiden, bei Beschwerden wie ein hilfloses Opfer zu klingen, sollte man sich vor allen Dingen vornehmen, seine Emotionen für sich zu behalten.

Rhetorische Fragen vermeiden

Sehr oft schwächen Frauen ihren Ruf als kompetente Mitarbeiterin unwissentlich dadurch, dass sie negative Gefühle durch rhetorische Fragen ausdrücken. Die eigene Verärgerung und Frustration in eine rhetorische Frage zu kleiden, ist auf dem Mars eine Beleidigung und ein berechtigter Grund, wütend zu werden. Bei anderen Frauen kommt eine solche Frage als harmlose Gefühlsäußerung an; ein Mann vernimmt sie jedoch als direkten Angriff und empfindet sie als äußerst unprofessionell. Auf der Venus ist die Äußerung negativer Gefühle eine legitime Möglichkeit, sich vernehmlich zu Wort zu melden, um Hilfe zu bitten und eine Verbindung herzustellen. Dort ist dies in Ordnung, nicht aber auf dem Mars.

Eine rhetorische Frage zielt nicht auf eine Antwort, sondern vermittelt eine unterschwellige Botschaft. Auf dem Mars beinhalten rhetorische Fragen ein Urteil, während auf der Venus nur eine Empfindung mitschwingt.

»Wie konnten Sie das nur vergessen?« erscheint an der Oberfläche harmlos, aber wenn die Frage rhetorisch ist und dazu noch in einem Ton der Verletztheit oder des Zorns vorgebracht wird, ist ihre Wirkung verheerend. Wenn eine Frau eine rhetorische Frage formuliert, beinhaltet dies für einen Mann einen Anwurf der Art »Sie sollten sich schämen.« Auf dem Mars erblickt man dahinter eine Haltung der Anmaßung und den versteckten Vorwurf, dass der Betreffende irgendwie lügt, inkompetent oder unfähig ist. Eine Frau meint dies natürlich keineswegs so, aber ein Mann fasst es so auf.

Wenn eine Frau eine rhetorische Frage formuliert, beinhaltet dies für einen Mann einen Anwurf der Art »Sie sollten sich schämen.«

In aller Regel setzen Frauen rhetorische Fragen ein, um deutlich zu machen, dass sie etwas stört, aber sie haben sich dann noch kein Urteil bezüglich des Verhaltens gebildet, das ihre Verärgerung ausgelöst hat. Frauen fällen nicht so rasch Urteile wie Männer. Sie versuchen in der Regel zuerst, eine Situation noch besser zu verstehen, bevor sie ihre Schlüsse daraus ziehen.

Diese natürliche Zurückhaltung im Fällen von Urteilen hindert eine Frau aber nicht daran, ihren Emotionen spontan Ausdruck zu verleihen. Männer verstehen diesen Unterschied nicht, weil sie üblicherweise sehr wohl Urteile fällen, bevor sie negative Emotionen äußern. Ein solches Urteil ist aber nicht unbedingt persönlich. Wenn ein Mann sagt, dass etwas dumm ist, dann meint er damit nicht, dass der Betreffende dumm sei.

Bringt eine Frau bei einer rhetorischen Frage in ihrem Tonfall eine negative Emotion zum Ausdruck, dann fühlt sich ein Mann angegriffen, weil er glaubt, dass sie sich ein ungerechtes Urteil über ihn persönlich gebildet habe. Es wäre ihm wirklich viel lieber, wenn sie geradeheraus und in einem neutralen Tonfall sagen würde: »Das ist dumm« oder »Das ergibt keinen Sinn« oder »Das passt mir nicht«.

Wenn also eine Kundin, eine Chefin oder eine Mitarbeiterin mit einer rhetorischen Frage Enttäuschung oder Frustration zum Ausdruck bringt, dann muss ein Mann wissen, dass er sich nicht angegriffen zu fühlen braucht und dass die Betreffende damit kein Urteil über ihn fällt. Die rhetorische Frage einer Frau bedeutet im Gegenteil, dass sie sich gerade noch keine Meinung und kein Urteil gebildet hat. Eine rhetorische Frage ist also eher ein gutes Zeichen. Es bedeutet, dass sie noch bereit ist, eine Situation in einem positiveren Licht zu sehen.

Es ist einfach so, dass sie noch darüber reden muss, und dann legt sich ihre Verärgerung wieder. Ihr Zorn ist noch nicht verfestigt und verschwindet rasch, wenn sie sich Gehör verschaffen konnte. Reagiert der Mann dagegen in einer für sie unerwarteten Weise, in dem er sich verteidigt, dann kann sich auch ihre Haltung verhärten.

Diese Einsicht kann Männern helfen, mit rhetorischen Fragen einer Frau gelassener umzugehen, aber es ist andererseits unrealistisch, wenn Frauen erwarten, dass ihre Chefs, Kollegen und Kunden diese Äußerungen immer richtig auffassen. Deshalb sollten Frauen darauf achten, Missverständnisse zu vermeiden. Beleidigen sie unabsichtlich jemanden, dann lässt sich dies mit einer kleinen Entschuldigung leicht bereinigen. Dazu genügt ein Satz wie: »Entschuldigung, aber das sollte nicht so klingen, als ob ich über Sie verärgert wäre.«

Beleidigt eine Frau jemanden unabsichtlich durch eine rhetorische Frage, dann lässt sich dies mit einer kleinen Entschuldigung leicht bereinigen.

Betrachten wir einige Beispiele häufiger rhetorischer Fragen von Frauen und wie diese bei Männern ankommen. Beachten Sie dabei, dass dieselben Sätze ganz in Ordnung sind, wenn sie in einem freundlichen Ton oder nicht als rhetorische Fragen ausgesprochen werden. Sobald Frustration, Verärgerung, Enttäuschung, Besorgnis oder Aufgeregtheit mitschwingen, werden diese Aussagen auf dem Mars zu schweren Beleidigungen. Um sich dies klar zu machen, muss man sich vorstellen, dass man die verschiedenen Fragen aus einer Empfindung der Frustration, der Enttäuschung oder Verärgerung ausspricht. All diese Fragen könnten durch eine direktere Bemerkung ersetzt werden, in der diese Gefühle ebenfalls zum Ausdruck kommen, die aber von Männern viel eher akzeptiert und angenommen werden können.

Rhetorische Frage:	*Was ein Mann versteht:*	*Direktere Aussage:*
Wie konnten Sie bloß?	Sie sind unfähig.	Ich mag es nicht, wenn…
Wie haben Sie sich das eigentlich vorgestellt?	Sie brauchen meinen Rat hierfür; Sie schaffen das nicht alleine.	Ich hätte das lieber anders. Ich möchte…
Was haben Sie sich dabei gedacht?	Sie sind dumm.	Ich verstehe das nicht. Ich hätte gedacht, dass…
Warum haben Sie das getan?	Sie bringen nichts zustande.	Das ist doch Zeitverschwendung. Wir hätten auch…

Rhetorische Frage:	Was ein Mann versteht:	Direktere Aussage:
Was soll das?	Sie tricksen; man kann Ihnen nicht trauen.	Ich verstehe das nicht ganz. Es klingt für mich so, als ob…
Wann machen Sie das endlich?	Sie sind verantwortungslos, und ich kann mich nicht auf Sie verlassen.	Ich warte schon sehr darauf.
Und was machen Sie jetzt?	Sie alleine sind schuld.	Das ist doch Unsinn. Wir müssen vielmehr Folgendes tun:
Und was soll ich jetzt machen?	Da haben Sie mir was Schönes eingebrockt.	Das schaffe ich nicht. Ich brauche Ihre Hilfe, damit…
Und wie soll es jetzt weitergehen?	Sie schaffen es wahrscheinlich nicht.	Da haben wir ein echtes Problem. Wir müssen noch darüber reden…
Sind Sie so weit?	Sie sind nicht darauf vorbereitet.	Das ist eine große Herausforderung. Ich kann Ihnen gerne helfen, wenn Sie es möchten.
Denken Sie daran?	Wahrscheinlich vergessen Sie es wieder. Wie üblich. Ich glaube nicht, dass ich mich auf Sie verlassen kann.	Das dürfen wir nicht vergessen. Man erwartet von uns, dass…
Wie kommt denn das?	So etwas darf nicht passieren. Sie haben das nicht im Griff.	Das sollte eigentlich nicht passieren. Ich dachte, …

Dass ich mich hier mit den rhetorischen Fragen von Frauen beschäftigt habe, bedeutet nicht, dass nicht auch Männer rhetorische Fragen stellen würden. Der Unterschied liegt darin, dass ein Mann genau weiß, wie seine rhetorische Frage bei einem anderen Mann ankommt. Auf dem Mars werden rhetorische Fragen in Auseinandersetzungen eingesetzt. Sie sollen den anderen treffen und beschämen. Deshalb können sich Männer von Frauen angegriffen fühlen, obwohl dies gar nicht deren Absicht war.

Keine Kreuzverhöre!

Wie Frauen unbewusst durch rhetorische Fragen in den Augen von Männern ihre Kompetenz verlieren können, so erscheinen Männer in den Augen von Frauen als grob und rücksichtslos, wenn sie sie ins Kreuzverhör nehmen. Auf dem Mars kann ein Mann mit seiner Klarheit und Zielstrebigkeit Punkte sammeln. Auf der Venus dagegen fühlt sich eine Frau durch gezielte und nicht rhetorische Fragen persönlich angegriffen, wenn eine negative Emotion dahinter steht. Sie versteht nicht recht, was er eigentlich vorhat. Wenn er in Wirklichkeit eine Antwort auf seine Frage möchte, dann hat sie das Gefühl, dass er sie anklagt oder ihr Vorwürfe macht, weil sie etwas falsch gemacht hat.

Auf dem Mars denkt man so wie in unserem Rechtssystem: Man ist so lange unschuldig, bis das Gegenteil bewiesen wird. So denken jedenfalls Männer; Frauen sehen es oft genau umgekehrt. Wenn ein Mann wütend ist, dann hat er sich ein negatives Urteil gebildet. Dieses Urteil ist aber nur eine Meinung. Es ist nicht so endgültig, wie es für sie klingt. Die Tatsache, dass er Fragen stellt, bedeutet, dass er immer noch bereit ist, sein Urteil zu ändern. Er stellt Fragen, um Informationen zu erhalten, die er für seine Entscheidung braucht. Wenn diese Informationen jedoch gegen seine Vermutung sprechen, macht er einen Rückzieher. Was ihn betrifft, ist seine Meinung kein Schuldspruch über sie. Es ist eine »mündliche Verhandlung«: Danach stellt er fest, ob ein »Verfahren« eröffnet werden soll.

Wenn ein Mann Fragen stellt, dann bedeutet dies, dass er noch bereit ist, seine Meinung zu ändern.

Wenn eine Frau eine rhetorische Frage stellt, möchte sie keine Antwort, sondern dass man ihr zuhört. Nimmt ein Mann sie ins »Kreuzverhör«, dann möchte er, auch wenn die Fragen rhetorisch klingen, eine Antwort; er möchte zwar beweisen, dass er Recht hat, aber er ist in der Regel durchaus bereit, seine Meinung zu ändern, wenn sie ihm geantwortet hat. Die Tatsache, dass er seine Meinung so selbstbewusst vertritt, bedeutet nicht, dass er sie nicht jederzeit ändern könnte.

Dies ist für eine Frau verwirrend, weil er durchaus nicht den Eindruck macht, von seiner Auffassung abrücken zu wollen. Frauen wissen meist nicht, dass Männer sehr schnell mit Urteilen bei der Hand sind, sie aber auch ebenso schnell wieder ändern, wenn es neue Informationen gibt. Dies widerspricht dem intuitiven Verständnis einer Frau. Frauen neigen eher dazu, möglichst viele Informationen zu sammeln, bevor sie sich eine Meinung bilden; aber diese ist dann viel weniger leicht zu ändern. Wenn ein Mann in einem ärgerlichen Ton eine Frage stellt, dann ist dies auf dem Mars ein gutes Zeichen. Es bedeutet, dass er offen und bereit ist, von seinem Urteil abzurücken – wie ein zornig bellender Hund, der zugleich mit dem Schwanz wedelt.

Wenn ein Mann in einem ärgerlichen Ton eine Frage stellt, dann ist dies auf dem Mars ein gutes Zeichen.

Männer fühlen sich durch die pointierten Fragen eines anderen Mannes nicht bedroht. Sie warten nur auf die Gelegenheit, ihren eigenen Standpunkt vorzubringen. Sie nehmen instinktiv wahr, dass der andere ein offenes Ohr für sie hat. Sie sehen das Schwanzwedeln, das Frauen nicht sehen. Frauen hören nur das laute Knurren und sehen das einschüchternde Zähnefletschen.

Der Unterschied liegt letztlich darin, dass man auf der Venus reden muss, um sich besser zu fühlen, während man auf dem Mars ein Problem lösen will. Bekommt ein Mann eine gute und vernünftige Antwort auf seine Frage, dann stimmt ihn dies sofort milde, und die negative Anspannung verschwindet.

Stellt ein Mann in einem ärgerlichen Ton eine Frage, dann können Frauen jetzt beruhigt davon ausgehen, dass seine Verärgerung sich legt, sobald sie seine Fragen beantwortet haben. Es ist besser für sie, wenn sie nicht mehr zuhören, sondern sich jetzt gut verteidigen. Männer wollen in solchen Fällen, dass sie sich verteidigen. Was auf der Venus eine Beleidigung wäre, wird auf dem Mars gerade respektiert. Ist ein Mann ärgerlich, sollte eine Frau nicht die geduldige Zuhörerin spielen, sondern freundlich, aber bestimmt ihre Haltung erklären.

Bringt sie ihre Erwiderung gelassen vor, dann ist auch er entspannter und objektiver und eher bereit, ihr entgegenzukommen. Wenn ein Mann emotional wird, braucht er oft mehr Gründe, um wieder objektiv und entspannt zu sein. Gibt eine Frau auf seine Fragen eine Erklärung, ist er zufrieden und zeigt sich hilfsbereit.

―――◄o►―――

Bringt sie ihre Erwiderung gelassen vor, ist auch er entspannter und objektiver und eher bereit, ihr entgegenzukommen.

―――◄o►―――

Wenn ein Mann in einer Auseinandersetzung emotional wird, nimmt sich eine kluge Frau die Zeit, seine Frage umzuformulieren und dann eine Antwort zu geben. Sie braucht seine Frage durchaus nicht persönlich zu nehmen; dann beruhigt er sich ganz schnell wieder.

Ein Mann hat keine Vorstellung davon, wie unfreundlich und lieblos er klingt, wenn er zornig oder frustriert ist und knallharte

Fragen stellt. Möchte er eine Antwort auf seine emotional vorgetragenen Fragen, dann hat eine Frau das Gefühl, vor Gericht zu stehen und ins Kreuzverhör genommen zu werden. Er möchte sein schnelles Urteil gar nicht als endgültig verstanden wissen, aber bei ihr kommt dies so an. Um dies zu vermeiden, muss ein Mann seine Gefühle besser unter Kontrolle halten und darauf achten, wie er auf sie wirkt. Die Vorschläge in der dritten Spalte können einem Mann helfen, hilfsbereit statt einschüchternd zu sein.

Wenn er ärgerlich ist und fragt:	*Nimmt sie es persönlich und versteht:*	*Und so hört er sich freundlicher an:*
Wie wollen Sie das hinbekommen?	Sie nehmen keine Rücksicht auf meine Bedürfnisse; Sie nehmen Ihre Verantwortung nicht wahr.	Ich verstehe nicht ganz, wie Sie das lösen wollen; können Sie es mir erklären?
Warum sind Sie noch nicht fertig damit?	Ich hätte mehr von Ihnen erwartet.	Was gibt es denn? Kann ich Ihnen helfen, damit Sie das fertig bekommen?
Was meinen Sie eigentlich damit, wenn Sie sagen…	Sie reden Unsinn.	Könnten Sie das etwas anders ausdrücken? Ich glaube, ich habe es noch nicht verstanden.
Was haben Sie sich dabei gedacht, als Sie…?	Sie sind dumm.	Bitte helfen Sie mir zu verstehen, wie Sie das sehen.
Wann wollen Sie endlich fertig sein?	Sie brauchen wieder mal zu lange.	Sehen wir uns doch einmal an, wie Sie dieses Projekt abschließen wollen. Kann ich Ihnen irgendwie helfen?

Wenn er ärgerlich ist und fragt:	*Nimmt sie es persönlich und versteht:*	*Und so hört er sich freundlicher an:*
Warum haben Sie das getan?	Sie sind unfähig, das Richtige zu tun.	Helfen Sie mir zu verstehen, wie Sie das meinen.
Warum haben Sie nicht angerufen?	Sie haben nicht angerufen, und jetzt habe ich Ihretwegen ein Problem.	Kann ich Ihnen irgendwie helfen? Sagen Sie mir, worum es geht.
Wie haben Sie sich das vorgestellt?	Sie sind sehr unprofessionell: Sie haben sich noch nicht einmal etwas überlegt.	Sagen Sie mir doch, wie Sie sich die Lösung des Problems vorgestellt haben. Vielleicht kann ich Ihnen dabei helfen.

4

Herr Ich-mach-das-schon und das Büroverbesserungskomitee

Am häufigsten beklagen sich Frauen über ihre männlichen Kollegen am Arbeitsplatz deshalb, weil sie nicht zuhören. Entweder schaltet ein Mann überhaupt ab, wenn eine Frau etwas zu ihm sagt, oder er hört ein paar Worte zu und kehrt dann seinen Herrn Ich-mach-das-schon heraus, der ihr eine Lösung für ihr Problem anbietet. Aber ein Mann weiß in einem solchen Fall gar nicht, wie sehr er damit seiner beruflichen Beziehung zu ihr schadet. Wie oft sie ihm auch sagt, dass er nicht zuhört – er versteht nicht, was sie meint, und es ändert sich gar nichts.

Im Büro baut ein Mann unbewusst außerordentliche Widerstände auf, weil er nicht in einer Weise zuhört, die einer Frau das Gefühl gibt, dass er wirklich wahrnimmt, was sie sagt. Er glaubt, ihr eindrucksvoll zu demonstrieren, was Effizienz heißt, aber in Wirklichkeit erreicht er damit genau das Gegenteil. Verkäufer können sich nicht vorstellen, wie oft ihnen ein Geschäft entgeht, weil sich eine Frau gar nicht erst die Mühe macht, sich zu beklagen, sondern lieber gleich woanders kauft.

Männer glauben zu Unrecht, dass sie Frauen beeindrucken, wenn sie schnelle Lösungen anbieten.

Männer stört an ihren Kolleginnen am Arbeitsplatz am meisten, dass sie zu viele Fragen stellen und Dinge anders machen wollen. Männer frustriert es, wenn Frauen etwas besser machen wollen, was ihrer Meinung nach schon in Ordnung ist. Wenn etwas funktioniert, dann möchte sich ein Mann nicht mehr damit aufhalten. Aber wenn Frauen wirklich mit ihrem Arbeitsplatz verbunden sind, dann kommt ihre Fürsorglichkeit zum Vorschein, und sie möchten alles noch besser machen. Sie bilden ein »Büroverbesserungskomitee«. Und oft möchten sie als Erstes ihre männlichen Kollegen, Chefs und Mitarbeiter verbessern.

Ist Frauen nicht klar, dass Männer anders ticken, dann neigen sie zu unerbetenen Ratschlägen, wie Männer etwas besser machen könnten. Frauen halten ihre Fragen und Verbesserungsvorschläge für einen Ausdruck des Interesses und der Hilfsbereitschaft. Wie Männer den Fehler machen, Frauen mit Lösungen zu unterbrechen, so machen Frauen den Fehler, Männern unerbetene Verbesserungsvorschläge zu machen. Männer erscheinen dann lieblos, Frauen als Störenfriede.

Unsere größten Fehler: Männer unterbrechen Frauen mit Lösungsvorschlägen; Frauen machen unerbetene Verbesserungsvorschläge.

Diese beiden Probleme lassen sich allerdings sehr gut lösen. Dazu müssen wir aber zuerst die Gründe verstehen, warum Männer Lösungsvorschläge machen und Frauen Verbesserungsvorschläge. Werfen wir wiederum einen Blick zurück in die Vergangenheit und erkunden wir das Leben auf dem Mars und auf der Venus. Männer und Frauen haben sich heute sehr verändert und sind einander viel ähnlicher geworden, aber viele Unterschiede bestehen nach wie vor. Bestimmte Einsichten in das Leben auf dem Mars und auf der Venus helfen uns, Unterschiede nicht-urteilend zu verstehen, wenn sie auf der Erde zutage treten.

Das Leben auf dem Mars

Auf dem Mars zählen Macht, Kompetenz, Effizienz, Aktivität und Leistung. Marsianer sind am Arbeitsplatz immer damit beschäftigt, sich zu beweisen und ihre Macht und ihr Können zu mehren. Ihr Selbstgefühl definiert sich aus ihrer Fähigkeit, Ergebnisse zu erzielen. Ihre Erfüllung finden sie in dem Gefühl, gute Arbeit geleistet zu haben.

Das Selbstgefühl eines Mannes definiert sich aus den Ergebnissen seines Tuns.

Alles auf dem Mars ist an diesen Werten orientiert. Selbst die Kleidung muss die einzigartigen Fähigkeiten der Marsianer zum Ausdruck bringen, etwas zu bewegen und Ergebnisse zu erzielen. Polizisten, Soldaten, Geschäftsleute, Wissenschaftler, Piloten, Techniker, Ärzte, Anwälte und Küchenchefs tragen Uniformen, um ihre Kompetenz und ihr Können sinnfällig unter Beweis zu stellen.

Sie haben nichts dafür übrig, in Zeitschriften zu schmökern, in denen es um Liebe, Psychologie und Mode geht. Sie bevorzugen Zeitschriften mit Themen wie Geldverdienen, schnelle Autos und aktive Freizeitgestaltung wie Jagd- und Angelsport. In ihren Zeitungen interessieren sie die Nachrichten, das Wetter und der Sport, weniger Lifestyle und Kunst.

Marsianer wollen wissen, wie sie Ergebnisse erzielen können; für Menschen und Gefühle haben sie weniger übrig. In der Arbeitswelt zählt die Bilanz, nicht persönliche Bindungen. Und so träumen auch heute noch auf der Erde Frauen von romantischen Beziehungen, Männer dagegen von PS-starken Autos, schnellen Computern und der jeweils neuesten Technik. Männern geht es vor allem um die Sachen, die ihnen helfen, Macht auszudrücken.

———◄o►———

In der Arbeitswelt auf dem Mars zählt die Bilanz, nicht persönliche Bindungen.

———◄o►———

Marsianer sind immer stolz darauf, alles selbst tun zu können. Autonomie ist der Beweis für Effizienz, Macht und Kompetenz. Persönliche Leistung ist auf dem Mars sehr wichtig, wenn man damit seine Kompetenz beweisen und sich nicht nur gut fühlen kann, sondern auch neue Gelegenheiten zu noch mehr Erfolg findet. Auf dem Mars geht man immer mit seinen Fähigkeiten hausieren. Es ist sehr wichtig, wie man ankommt. Wenn eine Frau ihre Fähigkeiten nicht anpreist, dann glaubt ein Mann oft fälschlich, dass sie nichts anzupreisen hätte. Bescheidenheit ist auf dem Mars keine Zier.

———◄o►———

Wenn Frauen ihre Fähigkeiten nicht anpreisen, dann glaubt ein Mann oft fälschlich, dass sie nichts anzupreisen hätten.

———◄o►———

Auf dem Mars bedeuten Fähigkeiten wenig, wenn niemand sie wahrnimmt. Der Erfolg hängt immer von der Selbstvermarktung ab. Wenn Frauen diese marsianische Eigenheit begreifen, können sie auch verstehen, warum Männer es nicht gerne haben, wenn jemand sie verbessert, berichtigt oder ihnen Anweisungen gibt. Einem Mann einen unerbetenen Ratschlag zu erteilen, heißt anzunehmen, dass er nicht wüsste, was er zu tun hat, oder dass er es nicht alleine schaffen würde. Auf seinem Planeten sind unerbetene Ratschläge eine Beleidigung, vor allem in Gegenwart anderer. Damit tut man aller Welt kund, dass er etwas nicht alleine kann. Frauen können am Arbeitsplatz Rückmeldungen besser »an den Mann bringen«, wenn sie dies unter vier Augen tun, damit er nicht sein Gesicht verliert.

Einem Mann einen unerbetenen Ratschlag zu erteilen heißt anzunehmen, dass er nicht wüsste, was er zu tun hat, oder dass er es nicht alleine schaffen würde.

Weil ein Marsianer seine Probleme am liebsten selber löst, redet er am Arbeitsplatz selten darüber, so lange er nicht wirklich den Rat eines Experten braucht. Seine Überlegung ist: »Warum soll ich jemand anderen damit behelligen, wenn ich es selber kann?« Um Hilfe zu bitten, wenn man es selber kann, wäre eine Schande.

Wenn er aber wirklich Hilfe braucht, dann ist es ein Zeichen von Klugheit, sich diese zu beschaffen. In diesem Fall sucht er sich jemanden, vor dem er Achtung hat, und bespricht mit diesem sein Problem. Über ein Problem zu sprechen, ist auf dem Mars ein klares Zeichen, dass man wirklich selbst keine Lösung mehr finden kann. Es ist eine Einladung, einen Ratschlag zu erteilen. Deshalb glauben umgekehrt Männer, dass eine Frau dringend ihren Rat braucht, wenn sie über ein Problem zu reden beginnt. Dies erklärt auch, warum Chefs eine Frau, die über ein Problem spricht, für das sie eine offensichtliche Lösung sehen, für weniger kompetent halten.

Über ein Problem zu sprechen, ist auf dem Mars eine Aufforderung, einen Ratschlag zu erteilen.

Spricht eine Frau über ein Problem, nimmt ein Mann fälschlich an, dass sie nach einer Lösung sucht; in Wirklichkeit möchte sie lediglich seine Aufmerksamkeit auf eine Situation lenken, damit er die Lösung versteht, die sie anzubieten hat. Und wenn sie wirklich nach einer Lösung sucht, muss er trotzdem warten, bis sie ausgeredet hat, damit sie das Vertrauen haben kann, dass er das Problem wirklich ganz und gar verstanden hat.

Wenn eine Frau eine Änderung für eine bestimmte Situation vorschlagen möchte, erkundet sie zunächst verschiedene Aspekte des Problems. In aller Regel schwebt ihr schon etwas Bestimmtes vor, aber sie möchte ihren Vorschlag abstützen, indem sie zuerst das Problem beleuchtet.

Über ein Problem zu sprechen, ist auf der Venus keine Aufforderung, einen Rat zu erteilen.

Männer verstehen den Wunsch von Frauen nicht, dass man ihnen zuerst zuhört und sie dann fragt, welche Lösung sie ins Auge gefasst haben. Die meisten Chefs, Kollegen und Mitarbeiter glauben zu Unrecht, dass eine Frau selbst noch keine Lösung hätte, wenn sie beginnt, über ein Problem zu sprechen.

Männer wissen nicht, dass man auf der Venus auch über ein Problem reden kann, ohne von seinem Gegenüber sofort einen Lösungsvorschlag zu erwarten. Mitarbeiterinnen, Chefinnen, Kolleginnen und Kundinnen warten nicht darauf, dass ein Mann ihnen sagt, was sie tun sollen. Es geht ihnen vor allem darum, angehört zu werden, und dann Unterstützung für ihre eigenen Entscheidungen zu bekommen. Nachdem man über das Problem gesprochen hat, möchten sie vielleicht Fragen stellen, oder sie möchten umgekehrt, dass man ihnen bestimmte Fragen stellt und ihnen so hilft, ihre Entscheidung zu fällen. Um das Vertrauen von Frauen zu erringen und eine gute Beziehung zu ihnen aufzubauen, können Männer nichts Besseres tun als länger zuzuhören, mehr Fragen zu stellen und erst dann, wenn gewünscht, Vorschläge zu machen und Lösungen anzubieten.

Das Leben auf der Venus

Auch Venusianerinnen schätzen am Arbeitsplatz Effizienz und Leistung, aber noch wichtiger sind ihnen Werte wie Unterstützung, Vertrauen und Kommunikation. Für sie steht die Qualität der Beziehungen am Arbeitsplatz mehr im Vordergrund als auf dem Mars. Sie wenden mehr Zeit dafür auf, einander zu unterstützen, zu helfen und die gegenseitige Wertschätzung zu bekunden. Wie wohl sie sich am Arbeitsplatz fühlen, hängt primär von der Qualität der Beziehungen zu ihren Kolleginnen und Kollegen ab, weniger davon, wie viel Geld sie verdienen. Ihre Erfüllung liegt darin, dass sie durch Zusammenarbeit und gemeinsamen Austausch zu mehr Erfolg gelangen.

Wie wohl Frauen sich am Arbeitsplatz fühlen, hängt primär von der Qualität der Beziehungen zu ihren Kolleginnen und Kollegen ab.

Auf der Venus ist alles an diesen Werten orientiert. Venusianerinnen geht es vor allen Dingen darum, harmonisch, mit Teamgeist und in gegenseitiger Unterstützung zusammenzuarbeiten. Sie legen weniger Nachdruck auf die persönliche Leistung und mehr auf die persönlichen Beziehungen. Die Verbesserung der Lebensqualität am Arbeitsplatz ist ihnen wichtiger als möglichst effizient und kostengünstig Ergebnisse zu produzieren. In vielerlei Hinsicht ist ihre Welt das Gegenteil vom Mars.

Venusianerinnen tragen nicht wie die Marsianer Uniformen, um ihre Kompetenz zu demonstrieren. Sie genießen es im Gegenteil, jeden Tag je nach ihrer Stimmung etwas anderes zu tragen. Persönlicher Ausdruck und Schönheit sind sehr wichtig. Ein Beispiel dafür, dass venusianische Werte am Arbeitsplatz immer mehr zählen, ist die Tatsache, dass die marineblauen Kostüme von Frauen out sind. Frauen sind nicht mehr gezwungen, bestimmte Kleider zu tragen, um Erfolg haben zu können. Diesbezüglich geht es heute am Arbeitsplatz viel lockerer zu, und selbst Männer kleiden sich legerer.

Neben dem persönlichen Ausdruck legen Venusianerinnen auch viel Wert auf die gegenseitige Unterstützung. Während ein Marsianer vielleicht nur ein kleines schwarzes Portemonnaie hat, trägt eine Venusianerin meist eine Tasche mit sich, damit sie alles bei sich hat, was sie selbst und vielleicht andere brauchen. Auf der Venus ist Kommunikation ein Wert an sich. Sicherzustellen, dass alle Gelegenheit haben, Bedürfnisse anzumelden und sich Gehör zu verschaffen, ist wichtiger, als möglichst schnell die Lösung für ein Problem zu finden. Das Ziel wird auf der Venus dadurch erreicht, dass man positive Beziehungen am Arbeitsplatz schafft, nicht umgekehrt. Über Erfolge und Misserfolge zu reden dient dazu, das Gefühl der gegenseitigen Unterstützung und des gegenseitigen Vertrauens zu stärken.

Auf der Venus hat Arbeitsmoral mehr mit der Qualität der Kommunikation und weniger mit dem Arbeitsziel zu tun.

Für Männer ist dies meist schwer zu verstehen. Ein Chef glaubt oft, dass eine Mitarbeiterin Unterstützung genug hat, wenn sie gut verdient und Aufstiegsmöglichkeiten hat. Es ist ihm nicht bewusst, dass die Qualität der Unterstützung, die sie am Arbeitsplatz empfängt, wichtiger ist als Geld. Verkäufern im Außendienst ist oft nicht klar, dass vor allem Kundinnen nicht nur die Einsparungen interessieren, die sie erzielen können, sondern auch die Qualität der persönlichen Interaktion und Kommunikation mit dem Verkäufer. Durch die Bekundung persönlicher Zuwendung und nicht unbedingt durch das günstigste Angebot gewinnt man die Zuneigung der Kundin.

Für einen Mann ist dies schwer zu begreifen. Wie sehr eine Frau Kooperation, Zusammenarbeit und Unterstützung schätzt, kann er sich vielleicht am ehesten durch den Vergleich mit der Befriedigung klarmachen, die er empfindet, wenn er ein Rennen gewinnt, eine Herausforderung besteht oder ein Rätsel, ein Geheimnis, ein Problem gelöst hat. Frauen sind auch am Arbeitsplatz nicht nur zielorientiert, sondern vor allem beziehungsorientiert. Auf der Venus geht es mehr darum, Tugenden wie Güte, Rücksicht und Zuwendung auszudrücken. Venusianerinnen gehen zum Mittagessen, um dort Persönliches ebenso zu erörtern wie Berufliches. Sie sind persönlich aneinander interessiert und zeigen dies, indem sie informierte Fragen stellen.

Auf der Venus geht es mehr darum, Tugenden wie Güte, Rücksicht und Zuwendung auszudrücken.

Wenn zwei Marsianer miteinander essen gehen, um ein Projekt oder ein Geschäft zu besprechen, kommen sie oft sofort zur Sache und halten sich nicht mit Small Talk auf. Auf dem Mars hat instinktiv die Demonstration von Effizienz und Kompetenz Priorität, während auf der Venus instinktiv die Demonstration von Rücksichtnahme und Verbundenheit als Schlüssel zum Erfolg wahrgenommen werden.

Aber auch immer mehr Männer erkennen den Wert des Small Talk für die Stärkung von Beziehungen. Manchmal ist eine Runde Golf mit zwanglosem Gespräch die beste Möglichkeit, ein Geschäft festzumachen und die gegenseitige Verbundenheit zu stärken. Small Talk gehört bei Marsianern aber auf den Golfplatz, um die geschäftlichen und die privaten Beziehungen klar voneinander zu trennen. Small Talk ist persönlich und unverbindlich, während Arbeitsgespräche unpersönlicher und direkter sind.

Auf dem Mars kann eine Runde Golf mit zwanglosem Gespräch die beste Möglichkeit sein, ein Geschäft festzumachen und die gegenseitige Verbundenheit zu stärken.

Auf der Venus studieren alle Psychologie, und jede hat mindestens ein Beratungsdiplom. Persönliche Entwicklung, Spiritualität und alles, was mit einer sinnvolleren Lebensgestaltung, Heilen und Wachstum zu tun hat, steht hoch im Kurs. Auf der Venus demonstrieren sie ihre persönliche Verbundenheit und stärken die Kollegialität am Arbeitsplatz, indem sie Menschen mit ihrem Namen grüßen und Urlaubs- und Geburtstagsgrüße schicken.

Auf der Venus studieren alle Psychologie, und jede hat mindestens ein Beratungsdiplom.

Venusianerinnen sind sehr intuitiv. Sie haben kleine Antennen, die sie ausfahren können, um Gedanken und Wünsche wahrzunehmen, insbesondere, wenn sie andere Menschen mögen. Sie sind stolz darauf, die Bedürfnisse anderer vorausahnen zu können. Es ist ein Zeichen der Aufmerksamkeit und Rücksichtsnahme, Hilfe und Unterstützung anzubieten, ohne sich erst bitten zu lassen. Bietet ein Mann keine Hilfe an, dann schließt eine Frau daraus, dass er selbstsüchtig und unhöflich ist.

Auf der Venus ist es ein Zeichen der Aufmerksamkeit und Rücksichtsnahme, Hilfe und Unterstützung anzubieten, ohne sich erst bitten zu lassen.

Weil es für eine Venusianerin nicht so wichtig ist, am Arbeitsplatz ihre Kompetenz zu beweisen, ist das Angebot von Hilfe keine Beleidigung, und selbst Hilfe zu benötigen ist kein Zeichen von Schwäche. Dies erklärt, warum Frauen einem Mann ganz selbstverständlich Hilfe und Rat anbieten – ohne sich im Mindesten bewusst zu sein, wie beleidigend und provozierend dies für ihn sein kann. Eine Frau kann sich nicht vorstellen, dass auf dem Mars unerbetene Ratschläge ein strafwürdiger Tatbestand sind. Sie hat keine Ahnung, dass sie einem Mann damit zu verstehen gibt, dass sie seine Fähigkeit bezweifelt, selbst klarzukommen.

Diese männliche Abneigung gegenüber unerbetenem Rat ist ihr ganz unverständlich, denn sie ist gerade hocherfreut, wenn ihr jemand Rat und Hilfe anbietet. Für sie ist das ein Zeichen, dass das Arbeitsklima stimmt. Eine Frau fühlt sich dadurch unterstützt. Auch wenn sie die Hilfe gar nicht braucht, schätzt sie doch die gute Absicht. Ein Mann reagiert meist genau umgekehrt.

Auf dem Mars kann unerbetene Hilfe für Irritationen sorgen.

Venusianerinnen sind immer davon überzeugt, dass etwas nie so gut sein kann, dass es nicht noch besser sein könnte. Es ist ihr Urinstinkt, Dinge zu verbessern. Je mehr ihnen an einer Sache liegt, desto größer ist ihr Antrieb, Verbesserungen vorzuschlagen.

Auf dem Mars lautet das Motto: Nichts anrühren, was funktioniert. »Wenn es läuft, lass die Finger davon«, sagt man auf dem Mars. Auf der Venus denkt man: »Schauen wir einmal, ob wir es nicht noch besser machen können« – selbst wenn alles in Ordnung ist.

Alles, was auf eine Änderung des Status quo abzielt, ist auf dem Mars ein Eingeständnis, dass etwas nicht funktioniert. Wer einen Mann ändern oder ihm helfen will, macht ihm damit deutlich, dass bei ihm etwas nicht o.k. ist. Eine Venusianerin meint dies keineswegs so, aber er versteht es so. Sie glaubt, Zuwendung und Aufmerksamkeit zu beweisen, aber ein Mann interpretiert dies als Einmischung, Kritiksucht und Wichtigtuerei.

Herr Ich-mach-das-schon und das Büroverbesserungskomitee – gemeinsam geht's besser

Wenn ich hier auf diese beiden Hauptunterschiede hinweise, dann möchte ich damit keineswegs sagen, dass Herr Ich-mach-das-schon und das Büroverbesserungskomitee unausstehlich wären. Diese marsianischen und venusianischen Eigenheiten sind im Gegenteil für den Erfolg am Arbeitsplatz außerordentlich wichtig. Lange bevor die Venusianerinnen ihren Platz in der Arbeitswelt beanspruchten, besaßen gerade die erfolgreichsten Marsianer schon die Fähigkeit, beide Tendenzen in gewisser Weise in sich zu vereinigen. Den größtmöglichen Erfolg am Arbeitsplatz stellt man sicher, wenn »In-Ordnung-bringen« und »Verbessern« jeweils in angemessener Weise zum Zuge kommen.

Dass Männer und Frauen, die ihre jeweilige Eigenart ausleben, aneinander geraten, ist vor allem ein Problem des falschen Zeitpunkts und der falschen Vorgehensweise. Es ist ja nichts dagegen einzuwenden, etwas Neues einzuführen, indem man etwas verbessert, was auch bisher schon recht gut geklappt hat. Veränderungen sind notwendig, weil der Erfolg immer neu errungen werden muss. Legt man unsere neuen Erkenntnisse bezüglich des Lebens auf dem Mars und auf der Venus zugrunde, brauchen wir eigentlich nur noch unseren gesunden Menschenverstand einzusetzen, um praktische Lösungen für den Fall zu finden, dass unsere beiden Planeten am Arbeitsplatz auf Kollisionskurs geraten.

Veränderungen durch Innovation sind wesentlich, weil der Erfolg immer neu errungen werden muss.

Ein Mann, der Frauen versteht, weiß abzuschätzen, wann er Ratschläge geben kann und wann er sich besser zurückhält. Wissen Frauen ihrerseits, wann und wie sie ihre Hilfe anbieten können, sind Männer viel zugänglicher und freundlicher. Berücksichtigen und respektieren Männer und Frauen ihre jeweils unterschiedlichen Bedürfnisse, dann können sie in einer Weise miteinander kommunizieren, die beiden hilft. Natürlich muss man einen solchen Wandel des Verhaltens üben. Man muss sich zunächst einmal klarmachen, wie man einander ohne böse Absicht auf die Zehen tritt; dann kann man lernen, harmonisch miteinander zu tanzen.

Unerbetene Lösungsvorschläge vermeiden

Denkt ein Mann daran, dass Frauen von der Venus sind, dann kann er besser mit deren Bedürfnis umgehen, angehört zu werden, ohne durch Lösungsvorschläge unterbrochen zu werden. Spricht jemand auf der Venus über ein Problem, dann heißt dies, dass man sich jetzt mit Lösungsvorschlägen zurückhalten sollte. Ein Mann sollte am Arbeitsplatz niemals davon ausgehen, dass eine Frau nicht schon eine Lösung hätte, wenn sie über ein Problem spricht. Oft diskutiert sie das Problem nur, um sich der Unterstützung für ihre Lösung zu vergewissern. Und es ist schließlich eine Herabwürdigung zu glauben, dass Frauen immer eine Lösung bräuchten. Um ihre Achtung und Bewunderung zu gewinnen, muss ein Mann vielmehr lernen, zuzuhören und Fragen zu stellen.

Es ist eine Herabwürdigung zu glauben, dass Frauen immer eine Lösung bräuchten.

Eine Lösung anzubieten, wenn eine Frau gar nicht danach verlangt, ist eine Entwertung ihres Beitrags. Ein solches Verhalten verstärkt das Gefühl, dass man ihr nicht zuhört und sie nicht schätzt. Ein Mann glaubt schon zu wissen, was sie sagen will, aber er versteht die Botschaft falsch, die sie ihm tatsächlich vermitteln möchte.

Nachfolgend einige kurze Beispiele dafür, wie ein Mann fälschlich den Eindruck vermittelt, dass das, was eine Frau sagen möchte, belanglos sei. Die aufgeführten Beispielsätze sind auf dem Mars in Ordnung, aber auf der Venus können sie beleidigend sein. Ein Mann sollte solche Äußerungen auf der Venus tunlichst vermeiden und versuchen, stattdessen etwas Hilfreicheres zu sagen.

Lösungen geben und Unterstützung anbieten

Nehmen wir für die folgenden Beispiele an, dass eine Frau im Büro ihrem Ärger über den Kopierer Luft macht. Sie sagt: »Der Kopierer fällt dauernd aus. Man kann sich nicht auf dieses Ding verlassen.« Der Mann glaubt, dass sie nach einer Lösung sucht, und reagiert in einer Weise, die auf dem Mars in Ordnung wäre, nicht aber auf der Venus. In der zweiten Spalte werden Vorschläge gegeben, wie man auf der Venus besser ankommt.

Funktioniert auf dem Mars:	*Funktioniert auf der Venus:*
Nehmen Sie es nicht so tragisch. Ich zeige Ihnen, wie es geht.	Hm, was meinen Sie, was man da machen könnte?
Das ist nicht so schlimm. Auf dem zweiten Stock steht noch ein Kopierer.	Wirklich? Wie oft ist das schon passiert?
Gehen sie zu Darrel, der bekommt das wieder hin.	War nicht Darrel gerade da, um den Kopierer zu reparieren?
Wo ist das Problem?	Das ist schon ärgerlich.
Ich kann mich jetzt gerade leider nicht darum kümmern.	Hm, wann fing das an?
Tja, da kann ich jetzt auch nichts machen.	Ich weiß. Bei mir war es neulich auch so.

Funktioniert auf dem Mars	*Funktioniert auf der Venus*
Na gut, ich kümmere mich nachher darum.	Wenn ich Ihnen helfen soll, sagen Sie es mir.
Und was gibt es sonst noch?	Ja, diese Woche scheint nichts zu klappen. Ich habe Ärger mit meinem Telefon.
Lassen Sie die Sachen bei mir auf dem Schreibtisch, ich kopiere es später.	Soll ich Ihnen helfen?

Alle diese Beispiele machen klar, dass man auf der Venus nicht die schnelle Lösung anbieten sollte, sondern vielmehr Unterstützung und ein wenig Mitgefühl. Oder man stellt eine Frage. Dadurch vermeidet man es, einer Frau den Eindruck zu vermitteln, dass sie unfähig und unbedingt auf die Hilfe eines Mannes angewiesen ist. Stellt ein Mann Fragen und hört er mehr zu, dann gewinnt er auf allen Ebenen seiner Arbeitsumgebung das Vertrauen und die Unterstützung von Frauen.

Keine unerbetenen Ratschläge mehr erteilen

Wie Männer Lösungen geben, wenn Frauen gar keine haben wollen, so erteilen Frauen oft unerbetene Ratschläge. Ein Mann will keine solchen Ratschläge von einer Frau, weil er ihre Hilfe nicht will. Er will alleine klarkommen. Solange ein Mann nicht zu erkennen gibt, dass er Unterstützung brauchen könnte, hilft man ihm am meisten damit, dass man ihn seine Sache alleine machen lässt. Weiß eine Frau über diesen Wesenszug von Männern nicht Bescheid, geschieht es am Arbeitsplatz immer wieder, dass sie Kollegen vor dem Kopf stößt. Die nachfolgende Geschichte soll dies illustrieren.

Solange ein Mann nicht um Hilfe bittet, hilft man ihm am meisten damit, dass man ihn seine Sache alleine machen lässt.

Teresa bemerkte, dass ihr Kollege Jackson angespannt war. Er sollte ein Projekt abschließen, und er wusste nicht, wie er den Termin halten sollte. Um ihm ihr Interesse und ihr Mitgefühl zu zeigen, beschloss sie, bei ihm vorbeizuschauen und ihm ein wenig venusianische Unterstützung zu geben. Ihre Absicht war gut, aber am Ende erzeugte sie nur Widerstand und Verärgerung.

Jackson saß hinter einem Berg von Dokumenten, und Teresa drückte sich draußen vor seinem Arbeitsplatz herum. Offensichtlich wollte er nicht gestört werden, und er machte ihr dies deutlich, indem er irgendetwas brummelte. Sie missverstand dies aber als Bitte um Hilfe.

So versuchte sie, ihm ihre Unterstützung anzubieten: »Sie haben hier ja ein richtiges Durcheinander. Wie können Sie so bloß arbeiten? Ich glaube, wenn Sie hier einmal richtig aufräumen würden, könnten Sie gleich viel klarer denken.«

So etwas wäre auf der Venus vielleicht hilfreich, aber ein Marsianer kann dies an seinem Arbeitsplatz überhaupt nicht vertragen. Sie glaubte, etwa Folgendes auszudrücken: »Sie schaffen das sicherlich. Aber es ist natürlich schwierig, wenn man in einem solchen Durcheinander sitzt. Ich verstehe Ihre Anspannung sehr gut. Vielleicht kann ich Ihnen ein paar Tipps geben, wie Sie sich die Arbeit leichter machen können.«

Er reagierte ärgerlich und etwas beleidigt. Er hatte nämlich verstanden: »Ich kann mir nicht vorstellen, dass Sie noch rechtzeitig fertig werden. Ich weiß besser als Sie, wie man so etwas anpackt. Sie sind unfähig. Lassen Sie sich einen guten Rat geben, dann geht es besser.«

Weil Teresa nicht wusste, wie es auf dem Mars zugeht, verstand sie nicht, wie wichtig es für Jackson war, seine Aufgabe alleine und ohne Hilfe zu bewältigen. Ihr Ratschlag kam als Beleidigung an, weil er nicht um Hilfe gebeten hatte. Marsianer bieten niemals Ratschläge an, wenn sie nicht darum gebeten werden. Einem Marsianer bezeigt man seinen Respekt am besten dadurch, dass man ihm unterstellt, dass er seine Probleme selbst lösen kann, so lange er nicht konkret um Hilfe bittet.

Nachdem Teresa davon gehört hatte, dass Männer vom Mars sind, verstand sie erleichtert, warum sie sich im Büro so unverstanden fühlte. Mit all ihren Bemühungen, sich hilfsbereit zu erweisen, eckte sie bei den Männern nur an. Als sie lernte, sich mit Ratschlägen zurückzuhalten, gewann sie sehr schnell die Achtung der Männer wieder.

Auf dem Mars macht man sich sehr unbeliebt, wenn man jemandem sagt, was er schon weiß oder was er tun sollte, während der Betreffende noch lange nicht das Gefühl hat, Hilfe zu brauchen. Arbeitet ein Mann in einer Hierarchie, dann besteht immer eine gewisse Spannung zwischen ihm und dem Chef. Männer lassen sich einfach nicht gerne etwas sagen. Der Chef kann diese Spannung dadurch abmildern, dass er »Streicheleinheiten verteilt« und Ratschläge möglichst nur dann gibt, wenn es unbedingt notwendig ist. Fortschrittliche Chefs, die nur ein wenig über diese Dinge Bescheid wissen, tun so etwas instinktiv.

Zwei Arten von Männern – dasselbe Verhalten

Es gibt zwei Arten von Männern am Arbeitsplatz. Der eine murrt, begehrt auf oder reagiert störrisch, wenn eine Frau ihn zu einer Veränderung zwingen will; der andere willigt freudig ein, aber dann vergisst er es wieder, und alles bleibt beim Alten. Es gibt also Männer, die sich aktiv, und solche, die sich passiv auflehnen. Das unerwünschte Verhalten wird bewusst oder unbewusst wieder aufgenommen.

Wenn Männer sich angegriffen oder kritisiert fühlen, haben sie die Tendenz, sich einzuigeln. Männer verteidigen sich dadurch, dass sie sich nicht ändern. Sie bleiben bei ihrem gewohnten Verhalten und versuchen dadurch zu beweisen, dass sie Recht haben. Frauen betrachten so etwas vielleicht als lächerlich, und das ist es auch, aber auch Frauen können eine defensive Haltung einnehmen. Sie tun es nur in anderer Weise. Frauen neigen eher dazu, eine Stimmung zu rechtfertigen, was wiederum für Männer eine Belanglosigkeit ist. Sagt ein Mann, dass sich eine Frau über eine Kleinigkeit aufregt oder aus einer Mücke einen Elefanten macht, dann beharrt sie oft stur auf ihrer Verärgerung, um ihren Gefühlen Nachdruck zu verleihen.

Möchte eine Frau eine gute Beziehung zu einem Mann aufbauen, dann verzichtet sie am besten darauf, ihn verbessern zu wollen. Nachfolgend einige Beispiele, wie eine Frau es vermeidet, einen Mann verbessern zu wollen.

Wie man aufhört, einen Mann verbessern zu wollen

Woran sie denken muss:	*Was sie tun kann bzw. unterlassen sollte:*
Stellen Sie ihm nicht zu viele Fragen, wenn er ärgerlich ist, weil er sonst glaubt, dass Sie ihn ändern wollen.	»Übersehen« Sie seine Gereiztheit, solange er nicht mit Ihnen darüber reden will. Wenn Sie sagen: »Was ist los?«, und er sagt: »Nichts«, dann lassen Sie es gut sein.
Verzichten Sie darauf, ihn in irgendeiner Weise trösten zu wollen. Wenn er über etwas murrt, dann ist dies keine Einladung zu einem Ratschlag.	Vermeiden Sie es, Partei für jemanden zu ergreifen, über den er sich ärgert. Frauen versuchen manchmal, einen Mann dadurch zu besänftigen, dass sie ihm erklären, wie nett doch im Grunde jemand ist, über den er sich ärgert.
Erteilen Sie ihm unerbetene Ratschläge, fühlt er sich brüskiert und glaubt, dass man ihn für un-	Bleiben Sie geduldig und vertrauen Sie darauf, dass er es alleine schafft. Wenn er Hilfe

Woran sie denken muss:	*Was sie tun kann bzw. unterlassen sollte:*
fähig hält, mit einer Situation fertig zu werden.	braucht, bittet er schon darum. Drängen Sie ihm Ihre Hilfe nicht auf, dann ist er viel eher geneigt, von sich aus um Hilfe zu bitten.
Sträubt sich ein Mann, ist dies nur ein vorübergehendes Murren. Es bedeutet nicht, dass er Ihnen wegen Ihrer Bitte böse ist.	Sagen Sie nach Ihrer Bitte nichts weiter. Lassen Sie ihn murren, und versuchen Sie nicht, ihm zu erklären, warum er etwas Bestimmtes tun sollte. Wenn er es dann tut, denken Sie nicht mehr an seine Widerrede und schätzen Sie es, dass er getan hat, was Sie ihm aufgetragen haben.
Bringen Sie ein Opfer, weil Sie hoffen, dass ein Mann sich ändern wird, dann fühlt er sich unter Druck gesetzt, und sein Widerstand wächst nur.	Bringen Sie keine Opfer, um eine Bitte zu rechtfertigen. Bitten Sie stattdessen direkt um das, was Sie von ihm wollen. Wenn er es ablehnt, wiederholen Sie Ihre Bitte, und er wird mit sich reden lassen. Männer schätzen Direktheit.
Können Sie seine unterschiedliche Meinung akzeptieren, wird er auch Ihnen mehr Verständnis entgegenbringen.	Entspannen Sie sich und unterdrücken Sie Ihre Neigung, ihn verbessern zu wollen. Lernen Sie, Unvollkommenheiten zu akzeptieren. Seine Gefühle sind wichtiger als Perfektion. Halten Sie ihm keine Vorträge.
Männer wollen vor anderen ihr Gesicht wahren.	Vermeiden Sie es unbedingt, ihn vor anderen zurechtzuweisen. Sie punkten bei ihm, wenn Sie seine Fehler mit Bemerkungen wie »Macht nichts« oder »Ist nicht so schlimm« in einem milderen Licht darstellen.

Erteilt man einem Mann am Arbeitsplatz unaufgefordert einen Rat, dann ist sein Widerstand in jedem Fall geringer, wenn man ihm hilft, sein Gesicht zu wahren und nicht als Trottel dazustehen. Manchmal verlangt es die Arbeitsplatzbeschreibung einer Frau, dass sie einem Mann Ratschläge geben muss. Deshalb gebe ich nachfolgend sechs Tipps, wie man in einem solchen Fall Spannungen vorbeugt.

Sechs Tipps für unerbetene Ratschläge

1. Direkte Aufforderungen werden leichter akzeptiert als Vorschläge. Statt zu sagen: »Wenn Sie fertig sind, könnten Sie die Filter reinigen«, sagt man besser: »Reinigen Sie doch bitte die Filter, wenn Sie fertig sind« oder »Würden Sie bitte die Filter reinigen, wenn Sie fertig sind.«

2. Sagen Sie bei einer Aufforderung »Würden Sie bitte« statt »Könnten Sie«. »Könnten Sie« ist indirekt, während »Würden Sie bitte« direkt ist und zugleich das Vertrauen zum Ausdruck bringt, dass der Betreffende tun kann, worum man ihn bittet.

3. Stellen Sie einfach Tatsachen fest und machen Sie möglichst wenig Worte. Sagen Sie zum Beispiel: »Die Farbe ist noch nicht trocken.« Es braucht ihm niemand zu sagen, dass er vorsichtig sein und die Hände von der Wand lassen muss.

4. Tun Sie nicht so, als ob Sie etwas wüssten, was er nicht weiß. Damit würden Sie sich als klüger hinstellen als er. Man kann stattdessen die eigenen Erfahrungen erwähnen. Statt zu sagen: »Machen Sie sich keine Sorgen, Flugzeuge kommen immer zu spät«, könnten Sie sagen: »Ich würde mir keine Sorgen machen. Zumindest wenn ich reise, kommen Flugzeuge immer zu spät.«

5. Unterstellen Sie nicht, dass er Hilfe braucht. Statt zu sagen: »Das Papier ist in der unteren Schublade«, könnte man sagen: »Nur für den Fall, dass es Ihnen noch niemand gesagt hat: Das Papier ist in der unteren Schublade.«
6. Unterstellen Sie nicht, dass er Sie um Ihre Meinung bittet. Sagen Sie einfach beiläufig, was Sie denken: »Wenn Sie mich fragen – ich glaube nicht, dass wir in irgendeiner Weise verpflichtet sind, diesen Bericht fertig zu stellen.«

Diese sechs Tipps sind besonders für männliche und weibliche Vorgesetzte von männlichen Mitarbeitern hilfreich, weil es einfach zu ihren Aufgaben gehört, Anweisungen und Ratschläge zu geben. Frauen auf jeder Ebene der Arbeitsplatzhierarchie hilft diese Vorgehensweise immer, wenn sie dienstliche Anordnungen geben müssen.

Nachfolgend einige Einleitungsphrasen, die auf dem Mars unerbetene Ratschläge »entschärfen«:

1. »Vielleicht wäre es eine gute Idee, wenn wir...«
2. »Wenn Sie wissen möchten, was ich dazu meine...«
3. »Sie wissen es vielleicht schon, aber...«
4. »Sie haben vielleicht selbst schon daran gedacht, aber nur für den Fall...«
5. »Ich weiß, dass Sie mich nicht um meinen Rat gefragt haben, aber vielleicht...«
6. »Würden Sie einmal versuchen...«
7. »Wenn ich Ihnen dabei irgendwie behilflich sein kann, dann rufen Sie mich einfach an...«
8. »Sie würden mir sehr helfen, wenn Sie...«
9. »Die Post schließt in zehn Minuten, würden Sie bitte noch...«
10. »Meiner Meinung nach...«

Um die Reaktionen von Männern verstehen zu lernen, können Leserinnen versuchen, sich Situationen vorzustellen, in denen sie die obigen Einleitungsphrasen benutzen könnten. Leser können darüber nachdenken, wie sie sich einmal über den unerbetenen Rat einer Frau geärgert haben, und sich dann bewusst machen, dass sie nur versucht hat, ihnen zu helfen, und keineswegs beabsichtigte, ihnen ihr Misstrauen auszusprechen.

Anwendung der Tipps für unerbetene Ratschläge

Diese Redewendungen versprechen nicht immer hundertprozentigen Erfolg, aber sie helfen zumindest. Manchmal ärgert sich ein Mann immer über unerbetenen Rat, gleichgültig, wie man es anstellt. Ist man mit Hilfe der genannten sechs Tipps besonders einfühlsam, murrt er weniger und hat es bald wieder vergessen.

Wenden wir nun unsere Erkenntnisse für Ratschläge und Anweisungen an. Vergessen Sie dabei nicht, dass Sie diese Tipps nicht brauchen, wenn ein Mann unmissverständlich um Hilfe bittet. Auf dem Mars sind direkte Ratschläge nur dann beleidigend, wenn sie nicht erbeten wurden. Nachfolgend zehn Beispiele für unerbetene Ratschläge und entsprechende Gegenvorschläge, wie man eine Beleidigung des Betreffenden vermeidet und ihn das Gesicht wahren lässt.

Unerbetene Ratschläge:	*Wie er das Gesicht wahren kann:*
Rufen Sie die Vertriebsabteilung an? Ich bin mir ziemlich sicher, dass sie den Status dieses Auftrags wissen wollen. Könnten Sie dort anrufen?	Ich weiß nicht, ob Sie es mitbekommen haben, aber die Vertriebsabteilung hat angerufen und sich nach dem Status dieses Auftrags erkundigt. Ich glaube, sie sind etwas besorgt. Würden Sie bitte dort anrufen?
Vergessen Sie nicht, Harry zu sagen, dass wir seinen Brief noch nicht bekommen haben.	Wenn Sie mit Harry sprechen, tun Sie mir doch bitte den Gefallen und erwähnen Sie, dass wir seinen Brief noch nicht bekommen haben.

Unerbetene Ratschläge:	*Wie er das Gesicht wahren kann:*
Sie dürfen diesen Kopierer nicht benutzen. Sie werden Schwierigkeiten bekommen.	Vielleicht haben Sie nicht daran gedacht, aber Richard führt Buch über das Papier in diesem Kopierer.
Wo wollen Sie hin? Sie haben noch eine Besprechung mit den Kunden. Wenn Sie jetzt weggehen, sind Sie nicht rechtzeitig zurück.	Es ist Ihnen sicherlich bewusst, aber ich möchte nur daran erinnern, dass die Kunden um vier Uhr hier sein werden.
Sammeln Sie sich einen Augenblick und werfen Sie nochmals einen Blick auf Ihre Notizen, bevor Sie zur Präsentation hereinkommen.	Ich bin nicht in Eile. Ich habe überhaupt nichts dagegen, wenn Sie sich vor der Präsentation noch einmal kurz Ihre Notizen ansehen.
Sie sollten nicht so viel über das Erweiterungsprojekt reden. Wir müssen noch die Weihnachtsaufträge abarbeiten.	Ich fühle mich durch die Weihnachtsaufträge ziemlich unter Druck. Könnten Sie etwas Zeit einplanen, um mir zu helfen?
Sie müssen nicht so viel bezahlen. Ich weiß, wo Sie dasselbe für die Hälfte bekommen.	Ich möchte Ihnen einen Vorschlag machen, der vielleicht hilfreich ist. In Hamburg bekommen Sie das zum halben Preis.
Sie brauchen keinen neuen Laptop. Sie brauchen nur eine größere Festplatte. Man kann die alte austauschen, ohne einen neuen Computer kaufen zu müssen.	Vielleicht wissen Sie es schon, aber wenn Sie nur eine größere Festplatte für Ihren Laptop brauchen, können Sie sie austauschen, ohne einen neuen Computer zu kaufen.
Das wird zu knapp. Sie sollten zumindest anrufen und ihnen sagen, dass es später werden könnte.	Es ist schon halb vier. Würden Sie sie bitte anrufen?

Unerbetene Ratschläge:	*Wie er das Gesicht wahren kann:*
Ich glaube, wenn Sie ihr zuhören würden, dann würde sie die ganze Sache vergessen.	Wenn ich sie wäre, würde ich wahrscheinlich die ganze Sache vergessen, wenn ich das Gefühl hätte, dass Sie es wirklich verstanden haben. Vielleicht muss sie sich einfach Luft machen, um das Gefühl zu haben, dass man sie hört.

Damit eine Frau die Achtung und Unterstützung von Männern am Arbeitsplatz gewinnt, ist es für sie sehr wichtig zu lernen, wann und wie sie Ratschläge erteilen kann. Geben Frauen unerbetene Ratschläge, und reagiert ein Mann darauf mürrisch oder ärgerlich, dann fassen Frauen dies ihrerseits falsch auf, und sie fühlen sich brüskiert. Aber statt zu murren und sich über den Rat einer Frau zu ärgern, kann auch ein Mann lernen, in einer anderen Weise zu reagieren.

Natürlich ist es unrealistisch zu sagen »Murren Sie nicht« oder »Ärgern Sie sich nicht«. Wenn man sich ärgert, dann ist es eben so. Selbst wenn man den Ärger zurückhält, spürt die Frau trotzdem die Ablehnung. Dies kann man dadurch vermeiden, dass man eine authentische und respektvolle Reaktion zeigt. Solche Reaktionen sind auf dem Mars nicht nötig, wohl aber auf der Venus. Mit einer »Entlastungsaussage« schafft sich ein Mann wieder »Luft«. Dann fühlt sich auch seine Chefin, Kollegin, Mitarbeiterin oder Kundin gut. Betrachten wir dazu einige Beispiele. Beachten Sie dabei, dass nicht jeder Satz für jede Situation gleichermaßen angemessen ist.

Sieben »Entlastungsaussagen« für Männer

Stellen wir uns einmal vor, dass ein Mann noch einen Anruf zu erledigen hat. Er steht auf seiner Liste, aber er ist gerade noch mit etwas anderem beschäftigt, das er für wichtiger hält und mit dem er nicht recht vorankommt. Da kommt seine Kollegin Linda herein und sagt: »Es ist schon drei Uhr. Sie sollten jetzt sofort Sam anrufen.«

In diesem Augenblick projiziert er die ganze Frustration, die sich in ihm wegen des Projekts angestaut hat, auf sie. Mit einer Entlastungsäußerung kann er nun die Situation für sie und sich selbst »entschärfen«. Solche Äußerungen nehmen dem Widerstand die Spitze, den er gegenüber Linda empfindet. Statt zu murren, könnte er vor jeder der folgenden Äußerungen einmal tief durchatmen, um sich zu beruhigen, und dann sagen:

1. »Danke für die Erinnerung.«
2. Er könnte in einem beruhigenden Ton sagen: »Wird erledigt« oder »Ich mache es sofort.«
3. Er könnte ganz aufrichtig sagen: »Ich habe schon daran gedacht, aber trotzdem danke.«
4. Er könnte in einem freundlichen Ton sagen: »Sie haben völlig Recht.«
5. Er könnte höflich sagen: »Ich wollte ihn heute Nachmittag anrufen, aber weil Sie mich daran erinnern, kann ich es auch jetzt gleich erledigen.«
6. Er könnte in einem ganz natürlichen Ton sagen: »O.k.«, »klar« oder »selbstverständlich«.
7. Er könnte sich kräftig strecken und dann respektvoll sagen: »Mit Vergnügen« oder »O ja, selbstverständlich rufe ich Sam jetzt gleich an.«

Tief durchzuatmen hilft immer, sich wieder zu zentrieren. Vor allen Dingen macht er damit deutlich, dass er sich Mühe gibt, sie seine Frustration nicht spüren zu lassen. Mit dem tiefen Atemzug gibt er zu, dass er schon ärgerlich war, dass aber nicht sie der Grund war. So erkennt er auch, dass er selbst für seine Frustration verantwortlich ist. Damit kann er sich leichter von seinem Ärger befreien und in einer Weise kommunizieren, die Vertrauen und Achtung schafft.

Lernen Männer und Frauen, ihre jeweils unterschiedliche Art

und ihre unterschiedlichen Bedürfnisse auch am Arbeitsplatz zu respektieren, verbessert sich die Kommunikation, und Spannungen werden abgebaut. Aus einer solchen Haltung heraus ist es kein Hindernis, ein Herr Ich-mach-das-schon vom Mars oder ein Mitglied des Büroverbesserungskomitees von der Venus zu sein, sondern ein Vorzug. Es ist ein Vergnügen, mit Menschen zu arbeiten, wenn man davon ausgehen kann, dass die eigenen Bedürfnisse befriedigt werden und man seinerseits deren Bedürfnisse befriedigen kann. Dieses Ziel kann erreicht werden, wenn Männer und Frauen sich in der Kunst üben, wirklich zuzuhören und in einer respektvollen und rücksichtsvollen Weise zu reagieren.

5

Männer gehen in ihre Höhle, Frauen reden

Einer der größten Unterschiede zwischen Männern und Frauen am Arbeitsplatz liegt in ihrem Problemlösungsverhalten. Ein Mann reagiert auf ein Problem spontan, in dem er »in seine Höhle geht« und es selbst löst. Eine Frau bezieht dagegen spontan andere ein, indem sie darüber redet. Deshalb scheinen Männer eigensinniger und Frauen eher kooperativ zu sein. Wenn man sich über diesen Unterschied nicht im Klaren ist, entstehen Reibungen und Spannungen zwischen den Geschlechtern.

Probleme lösen auf dem Mars

Auf dem Mars geht ein Mann an ein Problem in der Weise heran, dass er zuerst prüft, wie er es alleine lösen kann. Findet er eine solche Lösung, wächst sein Vertrauen und der Schwung, mit dem er Dinge anpackt. Ist er auf andere angewiesen, bevor er selbst etwas unternehmen kann, wächst sein Stress. Sich von anderen abhängig zu machen, wenn dies nicht notwendig ist, ist für ihn Vergeudung von Zeit und Energie. Um diesen Stress auf ein Mindestmaß zu reduzieren, will er entweder führen oder folgen. Entweder er macht es alleine, oder aber er unterstützt einen anderen bei der Lösung. Zusammenarbeit ist nicht seine Lieblingsbeschäftigung.

―◆―

Sich von anderen abhängig zu machen, wenn dies nicht notwendig ist, ist für einen Mann Vergeudung von Zeit und Energie.

―◆―

Unabhängig zu handeln senkt nicht nur den Stress eines Mannes, sondern bringt ihm oft auch die größere Anerkennung. Bei einem Fußballspiel schießen vielleicht mehrere ein Tor, aber derjenige, der am Ende den entscheidenden Treffer erzielt, ist der »Matchwinner«. Es ist ganz natürlich, dass man nach Anerkennung strebt, und dies gilt auch und ganz besonders am Arbeitsplatz. Probleme werden immer irgendwie gelöst, aber wenn andere nicht wissen, dass man derjenige ist, von dem die Lösung stammt, dann bekommt man auch keine Anerkennung.

Männer messen sich selbst und andere mit der Elle ihrer Aktionen, Ergebnisse und Leistungen. Gehaltserhöhungen, beruflicher Aufstieg, Ausweitung der Marktanteile und Umsatzsteigerungen entspringen immer dem Sammeln von Punkten für die eigenen Leistungen. Man kann einer der herausragendsten Experten auf seinem Gebiet sein, aber wenn niemand etwas davon weiß, dann bekommt man nicht die Möglichkeiten, die man verdient hat.

Probleme lösen auf der Venus

Auf der Venus sieht man Probleme in einem anderen Licht. Probleme zu lösen ist eine Gelegenheit, seine Kooperationsbereitschaft zu zeigen. Aus einer weiblichen Perspektive gilt: Wenn eine Person eine Arbeit gut erledigen kann, dann können es zwei vielleicht noch besser. Auf ihrem Planeten werden alle, die einen konstruktiven Beitrag zur Lösung eines Problems leisten können, in den Prozess einbezogen.

Frauen demonstrieren Achtung und Wertschätzung, indem sie andere in den Problemlösungsprozess einbinden. Andere auszuschließen hieße, sie nicht als Gleichberechtigte zu respektieren oder ihnen die Kompetenz abzusprechen, einen hilfreichen Beitrag zu leisten. Dies könnte leicht als persönliche Beleidigung aufgefasst werden.

Auch wenn eine Frau das Gefühl hat, ein Problem alleine lösen zu können, achtet sie trotzdem auf die Bedürfnisse anderer und bezieht sie möglichst mit ein. Dadurch schafft sie am Arbeitsplatz vertrauensvolle Beziehungen. Bespricht sie ein Problem mit jemand anderem, möchte sie damit in keiner Weise den Eindruck erwecken, dass sie nicht selbst eine Lösung präsentieren könnte. Ihr geht es anders als einem Mann nicht vor allen Dingen darum zu beweisen, dass sie der Aufgabe gewachsen ist. Es ist ihr vielmehr ein Anliegen, Kolleginnen und Kollegen, Vorgesetzten und Angestellten die Gelegenheit zu geben, sich an der Problemlösung zu beteiligen.

―◦―

Bespricht sie ein Problem mit jemand anderem, möchte sie damit in keiner Weise den Eindruck erwecken, dass sie nicht selbst eine Lösung präsentieren könnte.

―◦―

Auf der Venus gilt das Reden über ein Problem immer auch als besonders wirksames Verfahren zu dessen Lösung. Dies kann verschiedene Vorteile haben. Es könnte zum Beispiel sein, dass eine Kollegin ein ähnliches Problem hat, das man dann gleich mitlösen kann. Oder ein Kollege ist gerade mit etwas beschäftigt, das die Lösung für das Problem sein könnte, weshalb man sich wiederum unnötige Doppelarbeit erspart. Oder eine Kollegin verfügt über bestimmte Möglichkeiten, die man zur Problemlösung heranziehen kann. Aus dieser Sicht ist eine solche Art der Problemlösung, als ob man im Garten Samen sät. Man weiß nicht, welche aufgehen, aber es wäre unvernünftig, es nicht wenigstens zu versuchen. Und vor allen Dingen macht man seinen Kolleginnen und Kollegen damit deutlich, dass ihre Bedürfnisse ebenso wie ihre Fähigkeiten wahrgenommen werden.

Männer lösen Probleme in ihrer Höhle

Viele Männer müssen sich, um voranzukommen und erfolgreich zu sein, von Ablenkungen abschirmen und auf eine Aufgabe konzentrieren können. Auf dem Mars nennt man dies »in seine Höhle gehen«. Dort in seiner Höhle schiebt ein Mann die Welt mit all ihren Zerstreuungen beiseite und konzentriert sich darauf, Lösungen zu finden. Wenn er sich nicht mit anderen abzugeben braucht, kann er in Ruhe nachdenken. So ist zum Beispiel ein guter Torwart beim Elfmeter auch durch den größten Tumult gegnerischer Fans nicht aus der Ruhe zu bringen.

Jeder Marsianer muss eine Höhle haben, in der er die Welt hinter sich lassen und seine ganze Aufmerksamkeit einer bestimmten Aufgabe widmen kann. Je schwieriger die Aufgabe, desto tiefer zieht er sich in seine Höhle zurück. Dann nimmt er andere gar nicht mehr wahr, und Störungen schätzt er überhaupt nicht.

―◄○►―

Jeder Marsianer muss eine Höhle haben, in der er die Welt hinter sich lassen und seine ganze Aufmerksamkeit einer bestimmten Aufgabe widmen kann.

―◄○►―

Wenn sich ein Mann in seine Höhle zurückzieht, kann er sich in Ruhe auf eine Lösung konzentrieren. Legt man ihm ein Problem vor, muss er es entweder bearbeiten, oder es kommt in die Ablage der noch zu erledigenden Dinge. So braucht er sich nicht allzu lange mit dem Problem aufzuhalten.

Stressbewältigung in der Höhle

Wird ein Problem diskutiert und keine Lösung gefunden, bringt dies einen Mann erheblich unter Stress. Männer vertragen emotionale Belastungen schlechter als Frauen. Sie fühlen sich von

Natur aus stärker unter Druck, eine Lösung zu finden oder etwas zu unternehmen. Kann ein Mann darangehen, einen Plan zur Lösung zu entwerfen, wird sein Stress schon geringer. Langes Diskutieren macht für ihn alles nur schlimmer.

Männer vertragen emotionale Belastungen schlechter als Frauen.

Hört ein Mann, wie eine Frau länger über ein Problem redet, als er für notwendig hält, wird er nervös und ungeduldig. Er möchte die Analyse des Problems möglichst schnell hinter sich bringen und an die Lösung gehen. Kann er in seine Höhle gehen, um über die Lösung nachzudenken, entspannt er sich sofort. Findet er zunächst keine Lösung, baut er Stress dadurch ab, dass er das Problem vorübergehend auf sich beruhen lässt und sich einer anderen Aufgabe zuwendet.

Für einen Mann ist Handeln entspannend, für Frauen Reden.

Tut ein Mann ganz für sich etwas, das für ihn eine Herausforderung darstellt, werden dadurch Hormone ausgeschüttet, die ihm helfen, andere, drängendere Probleme zu vergessen und so den auf die Arbeit konzentrierten, verantwortungsbewussten Teil seines Gehirns zu entspannen. Diese Stressabbautechnik empfahl schon der griechische Philosoph Platon. Stress staut sich dadurch auf, dass man immer nur einen bestimmten Teil seines Gehirns benutzt. Schaltet man auch einmal ab und betätigt einen anderen Bereich seines Gehirns, dann kann der überlastete Teil ruhen. Platon erklärte damit den Sinn von Erholung, Spiel und Sport.

Platon machte die Beobachtung, dass man einem überlasteten Teil des Gehirns Erholung gönnen kann, indem man sich vorübergehend mit etwas anderem beschäftigt.

Wird der Bereich »Spiel« des Gehirns aktiviert, kann sich der Bereich »Arbeit« ein Weilchen zur Ruhe begeben. Dadurch werden »Wohlfühl-Substanzen« (Endorphine) im Körper freigesetzt. Tut ein Mann etwas, das seine Aufmerksamkeit fesselt und ihm Spaß macht, kann er für eine Weile seinen Stress vergessen.

Stressbewältigung in der Gruppe

Stress nimmt oft zu, wenn eine Gruppe von Männern und Frauen gemeinsam ein Problem diskutiert. Frauen werden mit Stress am besten fertig, indem sie miteinander über das Problem diskutieren und einander zuhören. Männer dagegen müssen das Gefühl haben, dass durch all dieses Reden auch etwas geschieht; andernfalls werden sie sehr ungeduldig und geraten unter Druck. Männer unterbrechen ständig, um Lösungen anzubieten, was wiederum die Frauen frustriert, die das Problem ausführlich erkunden und es anhand der vorgeschlagenen Lösungen nochmals prüfen. Wenn Männer und Frauen sich nicht über ihre Unterschiede im Klaren sind, kommen sie am Arbeitsplatz nicht zusammen.

Es entsteht oft Stress, wenn Männer und Frauen gemeinsam ein Problem diskutieren müssen.

Kluge Männer wissen, dass es manchmal die beste Lösung ist, alle reden zu lassen. Macht sich ein Mann bewusst, wie wichtig

Reden für Frauen ist, kann er sich entspannen, und er darf sich damit trösten, dass er als geduldiger Zuhörer in der Wertschätzung seiner Kolleginnen außerordentlich steigt. Durch sein Zuhören löst er vielleicht das vorliegende Problem nicht, aber er löst ein viel größeres Problem, nämlich sicherzustellen, dass Frauen das Gefühl haben können, dass man sie hört. Umgekehrt können Frauen einsehen, dass sie bei ihren Kollegen punkten, wenn sie bei der Sache bleiben.

Sofort zur Sache zu kommen heißt nicht, dass Frauen weniger reden müssten. Oft äußern sie sich gerade zu wenig. In einer Gruppe reden Männer oft viel mehr, während Frauen sich eher zurückhalten und anderen Zeit lassen, sich zu äußern. Auf ihrem Planeten gelten sie dadurch als sehr höflich, aber auf dem Mars wird dies so verstanden, dass sie nicht viel zu sagen hätten.

Wenn eine Frau wenig redet, glaubt sie höflich zu sein, während dies auf dem Mars so verstanden wird, dass sie nicht viel zu sagen hat.

Sind Frauen in einer Besprechung unter sich, achten sie sehr darauf, andere in das Gespräch einzubeziehen und sich nicht durch allzu vieles Reden in den Vordergrund zu drängen. In Besprechungen mit Männern müssen Frauen sich bewusst sein, dass Männer ihre marsianischen Regeln und Sitten gewohnt sind. Frauen dürfen sich jederzeit unaufgefordert zu Wort melden, und es ist kein Problem, wenn sie ihre Lösungsvorschläge etwas ausführlicher darstellen.

Manchmal bekommt eine Frau den Eindruck, dass Männer nicht daran interessiert sind, was sie zu sagen hat, weil sie beim Sprechen ihre Ungeduld spürt. Dies geschieht aber vor allem dann, wenn sie sich allzu lange bei einem Problem aufhält oder nicht zielstrebig genug auf eine Lösung zugeht. Männer werden weniger leicht durch das irritiert, was man über ein Problem zu sagen hat, als dadurch, dass man sich zu lange damit aufhält.

Der Drache in der Höhle

Wenn Männer mürrisch oder reizbar werden, ist dies oft ein Zeichen dafür, dass sie in ihrer Höhle sind. Muss etwas erledigt werden, können Männer vorübergehend etwas gereizt reagieren, wenn sie das Gefühl haben, dass sie abgelenkt oder behindert werden. Frauen müssen dieses Symptom verstehen, da sie sonst ihre schlechte Laune persönlich nehmen.

Auf dem Mars hängt über jeder Höhle ein Schild mit der Aufschrift: »Bitte nicht stören, sonst werden Sie vom Drachen verschlungen.« Männer lassen einander ganz selbstverständlich in Ruhe, wenn einer in der Höhle ist. Sie wissen, dass er schon wieder herauskommen wird, wenn er eine Lösung gefunden hat. Sehen sie einen kleinen Drachen Feuer und Rauch ausstoßen, beunruhigt sie das nicht, weil sie wissen, dass der Drache niemals aus der Höhle herauskommt. Man wird nur versengt, wenn man zu ihm hineingeht.

Auf dem Mars hängt über jeder Höhle ein Schild mit der Aufschrift: »Bitte nicht stören, sonst werden Sie vom Drachen verschlungen.«

Männer verstehen dieses Zeichen instinktiv, aber auf der Venus bedeutet die Botschaft etwas anderes, nämlich: »Ich habe ein Problem und weiß nicht, wer mir helfen könnte. Bitte kommen Sie doch herein, wenn Sie mir helfen können.«

Wenn eine Frau sich reserviert gibt, dann hätte sie meist gerne jemanden bei sich, der ihr Unterstützung geben könnte. Manche Frauen haben Schwierigkeiten, direkt um Unterstützung zu bitten, und sie machen dies deshalb unter anderem dadurch deutlich, dass sie etwas ganz für sich alleine tun. Eine solche Absonderung kann ein Hilfeersuchen sein.

Zieht sich ein Mann in seine Höhle zurück, dann versteht eine

Frau sein Ruhebedürfnis fälschlich als eine Bitte um Hilfe. Sie geht daher in seine Höhle hinein und stellt ihm eine Menge Fragen. Sie tut also etwas, was sie für hilfreich hält, und ist sehr erstaunt, wenn er ärgerlich wird oder kurz angebunden ist. Sein Verhalten gibt ihr das Gefühl, dass sie ihm nicht wichtig ist, und so entstehen Distanz und Misstrauen.

Eine Frau interpretiert das Bedürfnis eines Mannes nach Zurückgezogenheit als einen Wunsch nach Unterstützung und Bestätigung.

Weiß eine Frau über die Rückzugstendenzen eines Mannes Bescheid, dann fällt es ihr leichter, sein Verhalten nicht persönlich zu nehmen und sein Bedürfnis nach Freiraum zu respektieren. Wenn sie unbedingt mit ihm reden muss, wenn er in seiner Höhle ist, dann lässt sich dies trotzdem regeln. Sie muss ihm einfach sagen, wie viel Zeit sie braucht, um mit ihm bestimmte Dinge zu besprechen. Weiterhin sollte sie ihm auch genau sagen können, welche Themen sie besprechen möchte. Ein solcher exakter Rahmen hilft ihm, sich ohne Verärgerung Zeit für sie zu nehmen.

Wenn ein Mann in seiner Höhle ist, beginnt man ein Gespräch am besten damit, dass man ihm sofort deutlich macht, wie viel Zeit nötig sein wird.

Die Psychologie von Männern in ihren Höhlen zu verstehen, ist für Frauen am Arbeitsplatz ein grundlegendes Überlebenstraining. Gleichgültig, ob sie Vorgesetzte oder Untergebene sind – viele Probleme lassen sich schon im Vorfeld vermeiden, indem man sich den richtigen Reim auf »sein« Höhlenverhalten macht.

Männer ihrerseits müssen einsehen, dass Frauen ihre Höhlenzeit missverstehen können. Sie fassen es persönlich auf und verweigern aus verschiedenen Gründen ihre Unterstützung. Auch wenn diese Reaktion einer Frau eine Fehlinterpretation seiner unzugänglichen und unpersönlichen Stimmung ist, bekommt er doch die Konsequenzen zu spüren. Ein Chef oder Kollege kann eine positivere Stimmung der gegenseitigen Achtung und Hilfsbereitschaft schaffen, indem er sich diesen Unterschied bewusst macht. Versucht er, seine mürrische Laune ein klein wenig zu beherrschen, beugt er damit schon einer ganzen Menge von Problemen vor.

Ein Zahnarzt zum Beispiel, der sich gegenüber seinen Helferinnen (oder auch Helfern) freundlich und rücksichtsvoll verhält, insbesondere in Gegenwart einer Patientin, erntet dafür Loyalität und Unterstützung. Frauen reagieren sehr sensibel darauf, wie jemand andere Menschen behandelt. In jedem Bereich hängt der Erfolg von Mundpropaganda ab. Wenn eine Frau sehen kann, dass jemand anderen gegenüber rücksichtsvoll ist, wird sie ihn weiterempfehlen.

In vielen Fällen kann man seinem Höhlenverhalten sehr leicht die Schärfe nehmen, indem man bewusst einfach einige freundliche Worte hinzufügt, wie zum Beispiel »Könnten Sie bitte...«, »Das ist schon in Ordnung...«, »Vielen Dank«, »Prima, gute Arbeit, guter Job« usw.

Wenn ein Mann eine Aufgabe am Arbeitsplatz ganz alleine erledigen will, ist ihm oft nicht bewusst, wie sein Höhlenverhalten auf andere wirkt.

Eine positive Einstellung zum Arbeitsplatz hat durchschlagende Auswirkungen auf den geschäftlichen Erfolg. Männer in Führungspositionen sabotieren oft ihren eigenen Erfolg, weil sie nicht sehen, wie ihr Höhlenverhalten leicht fehlinterpretiert werden kann. Wenn sie einmal darauf aufmerksam geworden sind, können sie dies leicht berichten, indem sie ein wenig mehr Rücksicht zeigen.

Wie Frauen auf die Höhle reagieren

Höhlenverhalten kann von Frauen überaus negativ aufgefasst werden. Nachfolgend einige Beispiele, wie sie es wahrnehmen können:

1. **Er schließt sie aus:** Eine Frau glaubt, ausgeschlossen zu werden, und dass ihre Fähigkeiten nicht wahrgenommen und nicht anerkannt werden. So fällt es ihr schwer, freundlich und aufgeschlossen zu bleiben.

2. **Er ist desinteressiert:** Sie glaubt, dass es ihm gleichgültig ist, was sie denkt, oder dass er ihren Beitrag nicht schätzt.

3. **Er hat keine Zeit:** Sie denkt, dass er keine Zeit hat, mit ihr zu reden, oder dass es ihn gar nicht interessiert, was sie beitragen könnte.

4. **Er ist unpersönlich:** Sie glaubt, dass ihn nur das Endergebnis interessiert und dass ihm ihre persönlichen Bedürfnisse gleichgültig sind. Sie hat deshalb kein Vertrauen, dass er bei einer Zusammenarbeit auch auf ihre Bedürfnisse achten wird.

5. **Er will sie einschüchtern:** Sie fühlt sich eingeschüchtert, weil sie ihm anscheinend nichts recht machen kann. So entwickelt sie eine ängstliche Zurückhaltung.

6. **Er versteht sie falsch:** Sie glaubt, dass er ihre Motive nicht versteht. Wenn eine Frau mit jemandem eine geschäftliche Vereinbarung treffen oder ihm als Kollege oder Vorgesetzten vertrauen soll, muss sie das Gefühl haben, positiv wahrgenommen zu werden.

7. **Er ist unnahbar:** Sie findet, dass er unnahbar ist. Es fällt ihr schwer, offen ihre Meinung zu sagen oder um etwas zu bitten, was sie braucht. Eine solche Frustration kann sich immer mehr steigern.

8. **Er ist gleichgültig:** Eine Frau bekommt das Gefühl, dass ihm ihre Bedürfnisse gleichgültig sind. Sie möchte sein persönliches Interesse und seine Begeisterung spüren, die bei einem Mann vielleicht durchaus vorhanden sind, wenn er in seiner Höhle an einer Lösung arbeitet, aber er lässt dies andere nicht erkennen.

9. **Er ist nicht kooperativ:** Eine Vorgesetzte glaubt, dass ein Mann ihre Anweisungen missachtet und ihre Position nicht respektiert. Kolleginnen haben das Gefühl, sich nicht auf ihn verlassen zu können, und verweigern ihm daher ihrerseits ihre Unterstützung.

10. **Er hat eine schlechte Meinung von ihr:** Mitarbeiterinnen haben das Gefühl, dass sie Probleme bekommen oder ihr Arbeitsplatz in Gefahr ist, und geraten in Panik. Letztlich erzeugt dies ein defensives Verhalten, weil man glaubt, ungerecht beurteilt zu werden.

11. **Er ist wütend:** Eine Frau glaubt vielleicht, dass er auf sie wütend ist oder nicht mit ihr reden will, weil er sie nicht ausstehen kann.

12. **Er ist verzweifelt:** Weibliche Vorgesetzte, Mitarbeiterinnen und Kundinnen können zu der Meinung kommen, dass Feuer auf dem Dach und die Firma in großen Schwierigkeiten ist. Menschen, die nicht wissen, was wirklich los ist, nehmen oft das Schlimmste an.

13. **Er hat eine Aversion gegen sie:** Eine Frau kann zu dem Schluss kommen, dass der Mann eine Abneigung gegen sie

hat und sich deshalb mit einer Mauer der Gleichgültigkeit umgibt. Sie glaubt, dass sie ungerecht beurteilt wird. Dies treibt sie in eine angespannte, defensive Haltung.

14. **Er ist abweisend:** Wenn ein Mann in seiner Höhle ist, gilt seine Aufmerksamkeit immer dem größten Feuer, das es zu löschen gibt. Wenn das Problem einer Frau für ihn ein kleines Feuer ist, hört er ihr gar nicht mehr richtig zu. Eine Frau kann dies so interpretieren, als ob das, was sie zu sagen hat, oder sie selbst ihm nicht wichtig ist.

Jeder Mann sollte sich hin und wieder die obige Liste zu Gemüte führen, wie er missverstanden werden kann. Dies wird ihn motivieren, sich liebevoller und rücksichtsvoller zu verhalten. Er wird leicht einsehen, dass es vorteilhaft ist, sich nicht so abweisend zu geben, sondern ein wenig mehr Wärme, Umgänglichkeit und Geduld an den Tag zu legen. Frauen ihrerseits können beim Durchlesen dieser Liste daran denken, dass Männer eben vom Mars sind und sie vielleicht deren Höhlenverhalten falsch interpretieren.

Einbeziehen und Ausschließen

Wenn eine Frau es mit einem Mann zu tun hat, der in seiner Höhle sitzt, um dort ein Problem zu lösen, glaubt sie vielleicht, dass er sie ausschließt und ihren Beitrag nicht schätzt. Er wirkt plötzlich unkollegial und lieblos, aber in Wirklichkeit versucht er nur, seine Arbeit gut zu machen. Wenn man etwas nicht versteht, neigt man dazu, alles sehr negativ zu sehen, insbesondere, wenn es um existentielle Dinge geht. Frauen halten Männer oft für viel abweisender und unkollegialer, als sie in Wirklichkeit sind.

Umgekehrt denkt ein Mann, wenn eine Frau über ein Problem redet, das er alleine gelöst hätte, dass sie es eben nicht alleine lösen könne. Es ist ihm nicht klar, dass sie vielleicht schon eine gute Lösung im Kopf hat. Sie redet nur deshalb darüber, weil sie andere am Prozess der Problemlösung teilhaben lassen möchte.

Betrachten wir einige Beispiele, wie wir andere am Arbeitsplatz einbeziehen oder ausschließen.

Karen arbeitet im Außendienst. Sie bekommt eine interne Mitteilung, dass die Verkaufszahlen in einem bestimmten Vertriebsgebiet hinter den Erwartungen zurückbleiben. Ihre erste Reaktion ist, dass sie mit ihren Kolleginnen und Kollegen und ihrem Chef kurz über dieses unerwartete Problem spricht. Nach weiteren Gesprächen im Kollegenkreis vereinbart sie einen Besprechungstermin mit ihrem Chef.

Vor der Besprechung stellt sie fest, dass die Lösung offensichtlich ist. Weil aber das Problem so schwerwiegend ist, möchte sie Jerome hinzuziehen, ihren Chef. Auf der Venus wäre es eine Grobheit, bei einem solchen Problem andere auszuschließen, auch wenn die Lösung nahe liegt.

Auf der Venus wäre es eine Grobheit, andere auszuschließen, auch wenn die Lösung nahe liegt.

Als sie Jeromes Büro betritt, hat sie eine klare Vorstellung davon, was getan werden muss, aber sie sagt es nicht gleich. Sie legt das Problem dar und fragt Jerome, was er davon hält. Er nennt die offensichtliche Lösung, und sie stimmt ihm zu, dass sie dies ebenfalls für eine gute Idee hält. Dann ergreift sie die entsprechenden Maßnahmen.

Sie geht aus der Besprechung mit dem Gefühl heraus, dass sie ihre Gewissenhaftigkeit und Kompetenz unter Beweis gestellt hat. Jerome aber sieht dies keineswegs so. Nach der Besprechung fragt er sich im Stillen: »Warum ist sie eigentlich zu mir gekommen? Was für eine Zeitverschwendung. Die Lösung lag doch auf der Hand. Ich frage mich wirklich, ob sie für diese Stelle geeignet ist.«

So etwas kann man vermeiden. Als Karen zu ihrem Chef ging, hätte sie nur ganz kurz über das Problem sprechen und ihm sofort klarmachen sollen, dass sie eine Lösung hatte. Statt Jerome um eine Lösung zu bitten, hätte sie ihm ihre eigene Lösung mitteilen müssen. Nur das hätte Jerome ihre Kompetenz deutlich gemacht.

Frauen müssen sich also einprägen, dass es gegenüber Männern besser ist, weniger über das Problem und mehr über die Lösung zu reden. Kommen sie nicht sofort auf die Lösung zu sprechen, dann glaubt ein Mann auch nicht, dass sie eine hätten.

Männern gegenüber ist es besser, weniger über das Problem und mehr über die Lösung zu reden.

Drehen wir das Ganze jetzt um und stellen wir uns vor, dass Karen die Chefin ist und Jerome die Mitteilung erhält, dass die Verkaufszahlen nicht gut sind.

Jerome arbeitet im Vertrieb. Er erhält eine interne Mitteilung, dass die Verkaufszahlen in einem bestimmten Gebiet hinter den Erwartungen zurückbleiben. Er lässt alles stehen und liegen und sucht nach einer Lösung. Als Karen, seine Chefin, feststellt, dass er andere Aufgaben zurückgestellt hat, um sich ganz mit dieser Situation zu befassen, ist sie darüber nicht erfreut. Sie fragt sich: »Warum ist er nicht zu mir gekommen? Warum hat er mich nicht um Hilfe gebeten? Wieso vernachlässigt er seine anderen Pflichten? Ich muss mit ihm reden.«

Nach dem Gespräch hat Jerome das Gefühl, dass seine entschlossene Initiative nicht geschätzt wird. Karen stellt ihm eine Menge Fragen, und Jerome kommt sich wie ein Schüler vor, der seine Hausaufgaben nicht gemacht hat. Er sagt sich: »Warum muss man so viel darüber reden, wenn man stattdessen etwas tun kann?«

Wenn Frauen über ein Problem reden, sagt sich ein Mann: »Warum muss man so viele Worte machen, wenn man auch einfach etwas tun kann?«

Statt Lob für seine Selbstständigkeit entgegennehmen zu können, hat Jerome das Gefühl, einen Rüffel bekommen zu haben. Karen wiederum spürt seinen Widerstand gegenüber ihrem Interesse und ihren Beiträgen zum Thema und kommt dadurch zu der Meinung, dass er nicht im Team arbeiten kann und nicht zuverlässig ist. Statt dass das Gespräch mehr Verbundenheit geschaffen hätte, bleiben unterschwellige Ressentiments zurück.

In diesem Beispiel packte Jerome das Problem entschlossen an. Er tat, was ihm auf seinem Planeten großes Lob einbringen würde – nicht aber auf ihrem. Karen hätte erwartet, dass er sich zuerst an sie um Hilfe gewandt hätte. Ihrer Meinung nach wären sie gemeinsam zu einer Lösung gekommen, die allen geholfen hätte.

Jerome hätte diesen Konflikt vermeiden können. Er hätte sich etwas Zeit dafür nehmen können, Karen darüber zu informieren, dass es für ihn ein Problem gab, dass er sich darum kümmerte und jederzeit bereit sei, mit ihr darüber zu reden. Eine kleine Notiz hätte schon genügt, in der er ihr das Problem und die Lösung beschrieb.

Über Probleme reden: Vorteile und Nachteile

Viele Kommunikationsprobleme lassen sich lösen, wenn Männer und Frauen sich ihr unterschiedliches Problemlösungsverhalten bewusst machen. Mit dieser Erkenntnis fällt es leichter festzustellen, wann man über Probleme reden kann und sollte und wann besser nicht.

Auf der Venus dient Reden über Probleme dazu, sich wieder wohl zu fühlen, aber hier auf der Erde, wo wir zusammenarbeiten müssen, hat dies nicht nur Vorteile, sondern auch Nachteile. Weiß man über beide Bescheid, kann man von Fall zu Fall die richtige Entscheidung treffen.

Erster Vorteil: Bezieht man andere in die Lösung eines Problems ein, versteht man es vielleicht besser. Es entsteht dadurch mehr Klarheit, und die Lösung wird offensichtlich. In diesem Fall kann gemeinsames Überlegen zu einer schnelleren und besseren Lösung führen.
Nachteil: Bezieht man andere in den Prozess der Problemlösung ein, können unterschiedliche Standpunkte unnötige Konflikte erzeugen. Das verschafft auch denjenigen, die einem nicht wohlgesonnen sind, eine Gelegenheit, sich zu verbünden. Wenn man nicht alle ausführlich zu Wort kommen lässt, fühlen sich manche vielleicht zurückgesetzt. Zu viele Köche schaffen nicht nur ein größeres Konfliktpotenzial, sondern es dauert auch alles länger. Letzteres umso mehr, je mehr Uneinigkeit herrscht. All dies lässt sich oft vermeiden, indem man einfach selbst tut, was man für das Beste hält.

Zweiter Vorteil: Bespricht man ein Problem mit anderen, kann man sicher sein, bei der Durchführung der Lösung deren Unterstützung zu haben. Eine geschärfte Wahrnehmung des Problems motiviert andere zur Unterstützung. Dies kann auch dazu beitragen, dass das Problem künftig nicht mehr auftritt.
Nachteil: Bezieht man andere ein, können diese sich ermuntert fühlen, auch über ihre eigenen Probleme zu reden. So wird das Problem noch gravierender, als es eigentlich ist, und eine schnelle Lösung rückt in weite Ferne. Manchmal wird ein Problem einfach dadurch aufgebläht, dass man andere darüber reden lässt. Zu viel zu reden ist für Menschen, die es immer eilig haben, eine Zeitverschwendung. Man steht am Ende als die Person dar, die das Problem verursacht hat, nicht als diejenige, die es lösen will und kann.

Wenn ein Problem erst allzu groß erscheint, dann geschieht manchmal überhaupt nichts mehr. Um zu einer Änderung zu motivieren, muss ein Problem manchmal auch kleiner gemacht werden. Statt sich zu überlegen, wie man eine Wand einreißt, fängt man oft besser mit der Frage an, wie man einen einzelnen Ziegelstein herausbrechen kann.

Dritter Vorteil: Andere in die Lösung eines Problems einzubeziehen, kann diese motivieren. Fähige Führungskräfte kennen das Geheimnis, wie man andere motiviert, indem man sie zu einem Teil der Lösung macht.
Nachteil: Andere auf eigene Probleme aufmerksam zu machen, kann das Vertrauen in die eigene Kompetenz beeinträchtigen. Wie wir schon gesehen haben, wird es auf dem Mars als Zeichen der Schwäche ausgelegt, wenn man über Probleme redet. Die persönlichen Konkurrenten nutzen ein solches Verhalten aus, um einem zu schaden und einen als schwach und unfähig erscheinen zu lassen. Sie werden zu beweisen versuchen, dass sie diejenigen sind, die am ehesten die nächste Gehaltserhöhung und Beförderung verdient haben. Wer Probleme offen eingesteht, ist verwundbar.

Vierter Vorteil: Über das Problem und seine Lösung zu reden schafft Gemeinsamkeit und Verbundenheit unter den Mitarbeitern. Eine solche Teambildung erzeugt Vertrauen und Kooperation am Arbeitsplatz. Verschiedene Sichtweisen zusammenzubringen löst einen Synergieeffekt aus, der zu mehr Kreativität führt. Immer mehr Firmen erkennen, wie vorteilhaft es ist, Probleme im Team zu lösen. Diesen Teamgeist kann man auch dadurch schaffen, dass man den Mitarbeitern Gelegenheiten zum Sport bietet oder sonstige Freizeitangebote zur Verfügung stellt.
Nachteil: Vertrautheit lässt den Respekt schwinden. Redet man mit anderen über Probleme, stellt man sich mit ihnen auf eine Stufe. Hat man besondere Privilegien oder in der Firma Karriere gemacht, dann entsteht Neid. Statt durch Reden über die Probleme menschliche Nähe zu schaffen, verschafft man anderen mit weniger Privilegien oder einer niedrigeren Dienststellung in der Firma Raum für ihren Neid. Sie fühlen sich ungerecht behandelt, weil sie sich mindestens ebenso kompetent fühlen, aber einen niedrigeren Status haben.

Über zu viele Probleme zu reden kann Beunruhigung und Frustration auslösen. Warum sollten die Untergebenen so hart arbeiten? Wenn ihre Vorgesetzten scheitern, dann scheitern sie schließlich auch. Damit die Arbeit lohnend erscheint, möchten sie das Gefühl haben können, dass es große Fortschritte gibt.

Fünfter Vorteil: Dass heute immer mehr Frauen Führungspositionen einnehmen, irritiert manche Männer, und sie sträuben sich, sich von einer Frau etwas sagen zu lassen. Im Team lernen Männer allmählich, weibliche Autorität zu akzeptieren, weil sie die Erfahrung machen, dass manchmal bessere Ideen entstehen, wenn mehr Menschen mitdenken. Erkennt ein Mann, welche Vorzüge es hat, über Probleme zu reden, gewinnt er mehr Achtung vor Frauen, und sein Widerstand gegenüber ihrer Führung schrumpft.
Nachteil: Auf dem Mars hält man sich immer an denjenigen, der die Lösung hat. Erweckt man den Eindruck, keine Lösung zu haben, steht man als Schwächling da. Über Probleme zu reden, heißt seine Unfähigkeit einzugestehen. Reden Frauen in Führungspositionen offen über Probleme, können Männer dies als Zeichen der Inkompetenz betrachten; sie verlieren die Achtung vor solchen Frauen und opponieren gegen sie.

Teamwork

Teamwork wird auf dem Mars ebenso wie auf der Venus geschätzt, aber unter völlig anderen Vorzeichen. Auf dem Mars bedeutet Teamwork, dass jeder bestimmte Fähigkeiten, Pflichten und Zuständigkeiten hat. Als Team unterstützen sie einander, aber Positionen werden nicht geteilt und nicht getauscht. Wer im Sturm spielt, denkt nicht im Traum daran, auch einmal eine Verteidigerposition einzunehmen.

Auf der Venus bedeutet Teamwork, dass man Verantwortlichkeiten, Pflichten und Aufgaben miteinander teilt. Man tut alles gemeinsam, und eine starre Trennung zwischen den verschiedenen Aufgabenbereichen gibt es nicht. Man ist dort beweglicher und vielseitiger. Dieses egalitäre Verständnis von Teamwork unterscheidet sich grundlegend von der Haltung auf dem Mars. Verstehen Männer und Frauen ihre Unterschiede, können sie in ihren jeweiligen Arbeitsumgebungen die Politik des Einbeziehens und Ausschließens besser respektieren.

―◄o►―

Wer im Sturm spielt, denkt nicht im Traum daran, auch einmal eine Verteidigerposition einzunehmen.

―◄o►―

Wenn eine Frau eine verantwortliche Position hat, muss sie das Gefühl haben, über Probleme reden zu können, um bei der Suche nach der besten Lösung Unterstützung zu haben. Männer interpretieren dieses Bedürfnis oft fälschlich als Zeichen von Schwäche, statt darin eine nützliche Strategie für die Problemlösung zu sehen, die zugleich Stress abzubauen hilft.

Arbeitet ein Mann in einer Team-Umgebung, möchte er trotzdem noch einige Aufgaben haben, für die er allein zuständig ist. Auf die Dauer könnte er es nicht ertragen, über auftauchende Probleme reden zu müssen, ohne sofort Maßnahmen ergreifen zu können. Insbesondere braucht er eine Arena, wie klein sie auch sein mag, in der er allein dafür verantwortlich ist, Ergebnisse zu erzielen.

Machen sich Männer und Frauen diesen Unterschied bewusst, können sie rücksichtsvoller mit ihren jeweils unterschiedlichen Bedürfnissen umgehen und so gemeinsam auf ein Ziel zuarbeiten. Frauen brauchen ihr Bedürfnis nach Zusammenarbeit nicht aufzuopfern, wenn sie das Bedürfnis eines Mannes nach einer »Höhlenzeit« verstehen. Und Männer brauchen ihr Bedürfnis, eigenständig Probleme zu lösen, nicht zu opfern, wenn ihnen klar ist, dass Frauen nicht immer Zusammenarbeit verlangen, sondern oft einfach nur angehört werden wollen. Sie können eigenständigen Aufgaben nachgehen und trotzdem darauf achten, Chefinnen, Kolleginnen und Kundinnen einzubeziehen.

6
Gefühle am Arbeitsplatz

Männer und Frauen haben gleichermaßen Gefühle, aber sie drücken sie am Arbeitsplatz ganz unterschiedlich aus. Sprechen zwei Menschen dieselbe Sprache, ist der Austausch über diese Gefühle eine Möglichkeit, Vertrauen und Verbundenheit zu stärken. Wenn bestimmte Regeln beachtet werden, kann man dadurch am Arbeitsplatz auf allen Ebenen die Zusammenarbeit und den Zusammenhalt verbessern. Wachsen Vertrauen, Produktivität und Zufriedenheit, nehmen Stress und Anspannung entsprechend ab.

Gefühle werden aber nicht nur durch Worte vermittelt, sondern auch durch Gesten, Mimik und den Tonfall. Es heißt sogar, dass in der gesamten Kommunikation eines Menschen die gesprochene Sprache nur etwa zwanzig Prozent ausmacht. Worte sind wichtig, aber die Kommunikation unausgesprochener Gefühle ist noch wichtiger. Ein freundliches Lächeln, ein fröhliches Lachen, ein verständnisvolles Nicken oder ein selbstbewusster Tonfall können weitaus mehr bewirken als eine noch so gut aufgebaute Präsentation. Die Gefühle, die man übermittelt, wecken beim Gegenüber ähnliche Gefühle. Die meisten Entscheidungsträger setzen sich intensiv mit den Fakten und Zahlen auseinander, aber wenn es so weit ist, dass die Unterschrift auf die gepunktete Linie soll, fällt die endgültige Entscheidung vielleicht doch aus dem Bauch heraus.

Gefühle mitteilen auf dem Mars und auf der Venus

Auf dem Mars schafft es Vertrauen und Achtung, positive Gefühle mitzuteilen. Auf der Venus schafft man Beziehungen, indem man positive und negative Gefühle mitteilt. Männer respektieren positive Gefühle wie Vertrauen, Freude, Befriedigung, Stolz, Humor, Erleichterung und Entspannung, aber negative Gefühle schätzen sie oft nicht.

Wenn ein Mann doch einmal negative Gefühle ausdrückt, dann muss er, wenn er die Achtung anderer Männer trotzdem nicht verlieren will, diese in einer unpersönlichen Weise äußern. Er ist vielleicht frustriert, aber er gibt deshalb nicht seiner persönlichen Enttäuschung Ausdruck. So kann er zum Beispiel sagen, dass er sich über eine ausstehende Lieferung ärgert, aber er wird nicht zugeben wollen, dass er nur einen schlechten Tag hat.

Wenn ein Mann negative Gefühle ausdrückt, dann tut er dies instinktiv auf eine unpersönliche Weise.

Auf der Venus haben weder positive noch negative Gefühle Vorrang. Ein Schwarz-Weiß-Denken gibt es dort nicht.

Für Frauen kann jedes Gefühl, das respektvoll ausgedrückt wird, eine Gelegenheit sein, sich miteinander auszutauschen. Sie unterscheiden nicht so streng zwischen persönlichen und unpersönlichen Emotionen. Es ist für sie keine Schande, Gefühle der Verletztheit oder andere negative Empfindungen auszudrücken. Im Gegensatz zu Männern ist es für sie kein Zeichen der Schwäche, sich über persönliche Empfindungen zu äußern.

Persönliche und unpersönliche Gefühle

Es ist nicht schwer, positive von negativen Gefühlen zu unterscheiden, aber beide voneinander zu trennen, erfordert etwas Übung. Die meisten Männer blenden automatisch ihre persönlichen Empfindungen aus, während sie nichtpersönliche ohne weiteres äußern. Frauen dagegen blenden eher unpersönliche Gefühle aus und scheuen sich nicht, persönliche Gefühle zu äußern. Dadurch entsteht das Problem, dass Männer und Frauen einander missverstehen.

Die meisten Männer blenden automatisch ihre persönlichen Empfindungen aus, während sie nichtpersönliche ohne weiteres äußern.

Nachfolgend einige Beispiele für persönliche und unpersönliche Gefühle. In jedem Beispiel wird der Satz »Der Brief ist verloren gegangen, ich weiß nicht, was wir jetzt machen sollen« in einer anderen Stimmung ausgedrückt. Doch auch mit derselben Stimmung kommt der Satz auf dem Mars und auf der Venus unterschiedlich an. Die nachfolgende Tabelle kann helfen, den Unterschied zwischen persönlichen und unpersönlichen Reaktionen besser zu verstehen.

Unpersönliche Gefühle:	*Persönliche Gefühle:*
Wenn er sagt: »Der Brief ist verloren gegangen. Ich weiß nicht, was wir jetzt tun sollen«, meint er:	Wenn sie sagt: »Der Brief ist verloren gegangen. Ich weiß nicht, was wir jetzt tun sollen«, meint sie:
Er ärgert sich darüber, dass der Brief verloren gegangen ist und deshalb eine Chance verpasst wurde.	Sie ärgert sich darüber, dass der Brief verloren gegangen ist; sie hatte um diesen Brief gebeten, und jetzt hat sie das Gefühl, dass man sie nicht wahrnimmt.

Unpersönliche Gefühle:	*Persönliche Gefühle:*
Er ist enttäuscht darüber, dass die Verkäufe in diesem Quartal zurückgegangen sind.	Sie ist darüber enttäuscht, dass ihre Anstrengungen, die Verkäufe anzukurbeln, nicht umgesetzt wurden.
Er ist beunruhigt darüber, dass das Projekt nicht rechtzeitig fertig wird oder dass er keine Zeit mehr haben wird, sich darum zu kümmern.	Sie ist beunruhigt darüber, dass sie Vorwürfe bekommt, wenn das Projekt nicht rechtzeitig fertig wird, und ihre Stelle verliert.
Es ist ihm peinlich, dass die Arbeit nicht sauber erledigt wurde, weil der Brief verloren gegangen ist.	Es ist ihr peinlich, dass andere sie als ineffizient und nachlässig betrachten könnten.
Er ist zornig, weil ohne den Brief die Arbeit nicht fertig wird.	Sie ist zornig, weil ohne den Brief ihre Glaubwürdigkeit auf dem Spiel steht.
Er ist niedergeschlagen, weil so viel Zeit vergeudet wurde und das Projekt keine Anerkennung finden wird.	Sie ist niedergeschlagen, weil sie andere enttäuscht und ihre Zeit vergeudet hat.
Er macht sich Sorgen, weil er nicht weiß, wie sie die verlorene Zeit wieder einholen sollen.	Sie macht sich Sorgen, weil sie in der Achtung ihrer Kolleginnen sinken könnte.
Er bedauert es, dass der Brief verloren ging, weil das Projekt so nicht rechtzeitig erledigt werden kann.	Sie bedauert es, dass der Brief verloren ging und sie nicht weiß, wie sie etwas daran ändern soll.
Er ist wütend, dass der Brief verloren ging, weil jetzt eine andere Firma das Geschäft machen wird.	Sie ist wütend, dass der Brief verloren ging, weil ihr ganzer Einsatz umsonst war. Sie wird vielleicht nicht befördert werden.

Unpersönliche Gefühle:	Persönliche Gefühle:
Er ist verletzt, weil er sich so sehr für das Projekt eingesetzt hat, und jetzt ist es gescheitert.	Sie ist verletzt, weil sie sich so sehr für das Projekt eingesetzt hat und ihr Einsatz keine Anerkennung findet.
Er hat Angst, dass die Firma schlecht dasteht und vielleicht keine zweite Chance erhält.	Sie hat Angst, weil die Firma schlecht dasteht und sie jetzt das Gefühl hat, anderen in ihrer Abteilung nicht mehr vertrauen zu können.
Er ist beschämt, dass das Projekt gescheitert ist und die Firma schlecht dasteht.	Sie ist beschämt, dass das Projekt gescheitert ist und sie jetzt einen sehr unprofessionellen Eindruck macht.

In allen obigen Beispielen können Männer und Frauen einander leicht missverstehen. Ein Mann fasst persönliche Gefühle, eine Frau unpersönliche Gefühle als Vorwurf auf.

Wissen Frauen nicht, dass Männer Emotionen anders ausdrücken, fühlen sie sich oft von Männern angegriffen oder nehmen deren emotionale Äußerungen persönlich, wenn diese gar nicht so gemeint sind. Ein anderer Mann würde dies in derselben Situation nicht persönlich nehmen. Es ist für Männer ganz normal, durchaus auch in einem emotionalen Ton miteinander zu streiten, ohne dass einer von beiden sich persönlich angegriffen oder in die Defensive gedrängt fühlt. Hört eine Frau eine solche Auseinandersetzung, ist sie alarmiert, aber Männer, die dies hören, wissen, dass keiner persönlich angegriffen wird und deshalb alles in Ordnung ist. Erst wenn es persönlich wird, würde sich ein dritter Mann gedrängt fühlen, einzugreifen, um eine Eskalation zu vermeiden.

Hören dagegen Männer, wie eine Frau ihre Gefühle in einer persönlicheren Weise ausdrückt, würden sie sich persönlich angegriffen fühlen, nicht aber eine Frau. Das beste Beispiel hierfür ist Zorn. In einem bekannten Song machte Barbra Streisand die Auffassung populär, dass Männer geachtet werden, wenn sie Zorn äußern, während Frauen dadurch in ein negatives Licht geraten. Dies ist für Frauen ungerecht, aber zum Glück gibt es die Möglichkeit, dass wir einander besser verstehen.

Nicht alle Frauen, die Zorn ausdrücken, werden deshalb negativ beurteilt. Manche Frauen gelten dann sogar als Star. Kann ein Mann oder eine Frau Zorn auf eine unpersönliche Weise ausdrücken, dann hören Männer zu und respektieren, was gesagt wird. Nur wenn der Zorn einer Frau persönlich ist, weil sie sich persönlich angegriffen oder verletzt fühlt, wird dies negativ aufgefasst. Auf der Venus ist nichts dabei, wenn man seinen persönlichen Zorn ausdrückt; auf dem Mars dagegen wird dies als persönlicher Angriff aufgefasst.

Zornige Frauen geraten oft in ein negatives Licht, während sich Männer mit ihrem Zorn Respekt verschaffen.

Ist der Zorn einer Frau persönlich, schließen Männer fälschlich daraus, dass sie anderen die Schuld gibt und selbst keine Verantwortung für das Geschehene übernehmen will. Männer respektieren Zorn nur dann als Ausdruck der Stärke und Entschlossenheit, wenn sich dieser auf bestimmte Umstände bezieht.

Persönliche Gefühle werden von Männern am Arbeitsplatz oft mit weniger Respekt quittiert. Ob etwas angemessen ist, hängt immer vom Zusammenhang ab. Versucht man, den Respekt von jemandem zu gewinnen, der vom Mars kommt, dann sind persönliche Emotionen am Arbeitsplatz der falsche Weg, weil diese leicht missverstanden werden können, sofern der Mann nicht ein Venus-Kenner ist (und die meisten Männer sind das nicht). Hört ein Mann, wie eine Frau persönliche Gefühle äußert, interpretiert er ihr Verhalten in der Regel als selbstsüchtig, als Selbstmitleid oder Anklage. Hört eine Frau, wie ein Mann unpersönliche Gefühle ausdrückt, glaubt sie meist, dass er kaltherzig und rücksichtslos ist und indirekt anderen die Schuld gibt.

Diese Missverständnisse lassen sich vermeiden, wenn wir uns unsere Unterschiede klarmachen. Über unpersönliche und persönliche Gefühle Bescheid zu wissen, hilft Männern und Frauen, die angeblichen Vorwürfe richtig zu interpretieren und unsere eigentliche Absicht, am Arbeitsplatz professioneller zu agieren, besser in die Tat umzusetzen.

Wer macht wem Vorwürfe?

Eines der größten Probleme bezüglich persönlicher Emotionen am Arbeitsplatz besteht darin, dass Männer dazu neigen, defensiv auf sie zu reagieren. Dann werden nämlich ihre Emotionen persönlich, und sie beginnen, anderen Vorwürfe zu machen. Drückt umgekehrt ein Mann unpersönliche Gefühle aus, zieht sich eine Frau zurück und reagiert ihrerseits unpersönlicher. Dann beginnt sie, ihm wegen seiner mangelnden Sensibilität und Rücksichtnahme Vorwürfe zu machen.

Auch Männer haben natürlich persönliche Gefühle, aber sie behalten sie in aller Regel für sich, sofern ihnen nicht ein außerordentliches Unrecht geschieht. Auf dem Mars ist dies der Maßstab für Professionalität. Dies hängt auch mit dem Gedanken zusammen, dass Kunden immer Recht haben. Zur Professionalität gehört es, dass man weniger an sich selbst denkt und sich vor allem darauf konzentriert, die Arbeit sauber zu erledigen und den Kunden bestmöglich zu dienen.

Auf der Venus gibt es einen vergleichbaren Code, aber mit umgekehrten Vorzeichen. In aller Regel versuchen Frauen, persönlich zu bleiben und nicht unpersönlich zu werden, es sei denn, sie werden äußerst ungerecht behandelt. Anderen Vorwürfe zu machen, gilt als unangemessen.

Oft haben Männer das Gefühl, dass sie an den Pranger gestellt werden, während Frauen behaupten, dass dies nicht der Fall sei. Sie sagen: »Ich mache Ihnen keine Vorwürfe, ich sage Ihnen nur, wie ich das sehe.« Umgekehrt behaupten Frauen, dass ein Mann ihnen Vorwürfe macht, wenn er bloß ärgerlich ist und erklärt, warum er glaubt, Recht zu haben. Frauen finden dann, dass Männer »einfach immer Recht haben wollen« und man daher »nicht mit ihnen reden« könne. Sie meinen, dass ein Mann sie nicht wahrnimmt, während er in Wirklichkeit viel mehr hört, als sie glauben, und ihre Kommentare sehr wohl berücksichtigt.

Unterstützung geben und empfangen

Drückt eine Frau persönliche Gefühle aus, möchte sie Unterstützung bekommen oder geben. Ihre Bereitschaft, persönliche Gefühle mitzuteilen, ist Zeichen ihrer Bereitschaft, anderen Menschen zu vertrauen. Dies sollte für einen Mann immer eine Gelegenheit sein, das Vertrauensverhältnis am Arbeitsplatz zu stärken.

Männer sagen nicht instinktiv etwas Bestätigendes, denn wenn sie selbst negative Emotionen ausdrücken, erwarten sie auch keine bestätigenden Worte. Wenn ein Mann zum Beispiel enttäuscht ist, möchte er ganz und gar nicht, dass eine Frau voller Mitgefühl sagt: »Ich weiß, dass Sie sich schrecklich enttäuscht fühlen müssen.« Auf seinem Planeten gilt eine solche Art von Unterstützung als herabwürdigend. Im besten Falle wäre es ihm peinlich, aber in aller Regel empfindet er es schlicht als Beleidigung.

Dagegen würden genau dieselben Worte von den meisten Frauen sehr positiv aufgenommen werden. Betrachten wir im Folgenden einige Beispiele, wie Männer und Frauen auf persönliche Emotionen in einer hilfreichen Weise reagieren können. Kann ein Mann den Ton richtig einordnen, in dem eine Frau spricht, ohne auf Distanz zu gehen, dann fühlt sie sich schon unterstützt. Mit einer wohlwollenden, bestätigenden Bemerkung gibt er ihr noch mehr Unterstützung.

Bestätigung und Beruhigung auf der Venus

Eine Frau sagt: »Der Brief ist verschwunden. Ich weiß nicht, was ich machen soll.« In der ersten Spalte sind verschiedene persön-

Ihr Gefühl:	*Was er Bestätigendes sagen kann:*
Sie spricht in einem frustrierten Ton. Sie ist darüber frustriert, dass der Brief verschwunden ist; sie hatte um den Brief gebeten, und jetzt muss sie das Gefühl haben, dass man ihr nicht zugehört hat.	Er sagt: »Dies muss wirklich frustrierend sein; Sie hatten ausdrücklich um diesen Brief gebeten. Vielleicht hört man Ihnen nächstes Mal besser zu.«
Sie äußert sich in einem enttäuschten Ton. Sie ist darüber enttäuscht, dass ihre Anstrengungen, die Verkäufe anzukurbeln, nicht umgesetzt wurden.	Er sagt: »Es muss sehr enttäuschend sein: Sie hatten so viele gute Ideen, und man hat Ihnen einfach nicht zugehört. Vielleicht wird sich jetzt etwas ändern.«
Sie äußert sich in einem beunruhigten Ton. Sie macht sich Sorgen, dass sie Vorwürfe bekommt, wenn das Projekt nicht rechtzeitig fertig wird, und ihre Stelle verliert.	Er sagt: »Machen Sie sich Sorgen um Ihren Arbeitsplatz? Alle ärgern sich über diese Sache. Aber selbst wenn es jetzt nicht rechtzeitig fertig wird, weiß doch jeder, dass es nicht Ihre Schuld ist. Sie leisten sehr gute Arbeit.«
Sie spricht in einem peinlich berührten Ton. Es ist ihr peinlich, dass andere sie als ineffizient und nachlässig betrachten könnten.	Er sagt: »Es scheint Ihnen peinlich zu sein. Aber es war nicht Ihre Schuld. Wir wissen, wie viel gerade Sie in dieses Projekt investiert haben.«
Sie äußert sich in einem zornigen Ton. Sie ist wütend, weil ohne den Brief ihre Glaubwürdigkeit auf dem Spiel steht.	Er sagt: »Sie sind mit Recht wütend. Aber ich weiß, dass es bestimmt nicht Ihre Schuld ist. Es ist wirklich ungerecht; Sie haben großartige Arbeit geleistet.«
Sie äußert sich in einem betrübten Ton. Sie hat geglaubt, dass es ein Erfolg werden würde, aber jetzt hat sie nur ihre Zeit vergeudet.	Er sagt: »Ich finde es auch sehr schade. Ich weiß, dass Sie fest von einem Erfolg überzeugt waren. Sie haben Ihr Bestes getan, aber mehr kann man eben nicht machen.«

Ihr Gefühl:	*Was er Bestätigendes sagen kann:*
Sie spricht in einem ängstlichen Ton. Sie fürchtet, dass sie vielleicht nicht mehr genügend Zeit hat, um die Situation zu bereinigen, und dass andere über sie enttäuscht sein werden.	Er sagt: »Ich verstehe, dass Sie sich Sorgen machen. Es kommt einfach alles zusammen... Aber ich glaube, dass es noch in Ordnung kommt.«
Sie äußert sich in einem Ton des Bedauerns. Sie bedauert es, dass der Brief verloren ging, und sie hat das Gefühl, daran nichts ändern zu können.	Er sagt: »Ich weiß, dass Sie es bedauern. Aber niemand erwartet, dass der Brief durch ein Wunder wieder auftaucht. Lassen wir es gut sein.«
Sie spricht in einem empörten Ton. Sie ist empört darüber, dass der Brief verloren ging, weil sie so hart gearbeitet hat, und jetzt ist alles umsonst. Sie wird vielleicht nicht befördert werden.	Er sagt: »Ich wäre auch sauer. Sie haben so hart gearbeitet, und jetzt das. Ich verstehe sehr gut, wie viel Sie getan haben und wie schwierig es jetzt für Sie sein muss. Sie haben trotzdem eine Beförderung verdient.«
Sie spricht in einem verletzten Ton. Sie hat sich so sehr für das Projekt eingesetzt, und jetzt macht ein anderer das Geschäft.	Er sagt: »Das tut sicher weh. Sie haben so hart gearbeitet, und jetzt wird es vielleicht nichts mit dem Geschäft. Das haben Sie nicht verdient. Aber ich bin mir sicher, dass es noch gut ausgehen wird.«
Sie spricht in einem besorgten Ton. Sie befürchtet, dass die Firma jetzt schlecht dasteht, und sie glaubt, dass sie den Kolleginnen und Kollegen in ihrer Abteilung nicht vertrauen kann.	Er sagt: »Das ist wirklich schlimm. Alle haben so viel zu tun. Man kann nicht darauf vertrauen, dass sich alle immer alles merken. Aber es wird wieder besser.«
Sie spricht in einem Tonfall der Beschämung. Sie fühlt sich schlecht, weil das Projekt ge-	Er sagt: »Ich weiß, dass Sie sich jetzt schlecht fühlen. Aber Sie haben alles getan, was man tun

Ihr Gefühl:	*Was er Bestätigendes sagen kann:*
scheitert ist und sie jetzt sehr unprofessionell dasteht.	konnte. Niemand erwartet Vollkommenheit. Sie haben das ganze Projekt bisher sehr professionell und kompetent betreut.«

liche Emotionen und ihre Bedeutung angegeben. In der zweiten Spalte steht eine passende bestätigende und beruhigende Antwort.

In schwierigen Zeiten schätzt es eine Venusianerin, wenn andere wissen, was sie jetzt empfindet, und ihr Zuwendung geben. Wenn man auf der Venus wirklich etwas für eine Person übrig hat, dann freut man sich über ihre Freude und trauert mit ihrer Trauer. Eine solche Anteilnahme wirkt bestätigend und beruhigend. Macht man dazu noch einige anerkennende Bemerkungen, dann fühlt sich eine Frau wirklich wahrgenommen.

Man gibt einer Frau Bestätigung, wenn man an ihrer Stimmung Anteil nimmt.

Aber genau dieselben Bemerkungen könnten von einem Marsianer sehr übel aufgenommen werden. Auf dem Mars hängt das Selbstwertgefühl an der eigenen Kompetenz. Bietet man jemandem ungefragt Hilfe an, dann wird dies so aufgefasst, als ob er irgendwie nicht selbst zurechtkommen könnte. In aller Regel möchte ein Mann keine beruhigenden Bemerkungen. Er fühlt nicht persönlich, sondern unpersönlich und braucht deshalb eine andere Art von Unterstützung.

Männer helfen anderen Männern nicht mit bestätigenden Bemerkungen oder direkt ausgesprochenem Mitgefühl, sondern mit einer besonderen Art von Ermunterung. Und dies geschieht immer in einer Weise, die ihn das Gesicht wahren lässt. Eine solche Ermunterung erkennt an, dass er etwas unter Druck steht, aber bekräftigt zugleich das Vertrauen in seine Fähigkeit, die Situation bestmöglich zu bewältigen.

Auf dem Mars können beruhigende Bemerkungen leicht als mangelndes Vertrauen aufgefasst werden.

Auf dem Mars ist es ein Fehler, auf unpersönliche negative Gefühle konkret einzugehen. In gewissem Umfang muss man diese Gefühle ignorieren. Richtet man die Aufmerksamkeit auf sie, bekommt das Problem noch mehr Gewicht, und es entsteht das Gefühl des Scheiterns. Für die meisten Männer wäre es absolut falsch zu sagen: »Ich weiß, dass es Ihnen wehtun muss; lassen Sie mich Ihnen helfen.«

Im selben emotionalen Ton eines anderen zu antworten, der Schwierigkeiten hat, ist auf der Venus erwünscht, nicht aber auf dem Mars. Ist ein Mann enttäuscht, dann hilft man ihm keineswegs damit, »für ihn« enttäuscht zu sein. Ist er beunruhigt, muss man nicht für ihn den beunruhigten Ton äußern. Ist er glücklich, kann man sich mit ihm glücklich fühlen, aber wenn er traurig ist, passt es nicht, sich für ihn traurig zu fühlen. Dann fühlt er sich vielleicht noch elender.

Oft ist dies Männern selbst nicht klar. Sie wissen nur, dass ihnen das Mitgefühl einer Frau lästig ist. Das erklärt, warum Männer mit Frauen nicht über ihre Gefühle reden und warum sie keine Ahnung haben, wie man eine anteilnehmende Bemerkung macht.

Das heißt nicht, dass alle Männer auf emotionale Anteilnahme allergisch reagieren, aber wenn sie eine solche Reaktion zeigen, sollten Frauen wissen, warum dies so ist. Es liegt nicht daran, dass sie ihre Unterstützung nicht möchten – sie möchten nur kein emotionales Mitgefühl. Weiß eine Frau dies, dann nimmt sie diese Distanz nicht persönlich. Sie kann ihren Fehler auch mit einer kleinen Entschuldigung leicht ungeschehen machen. Sie könnte zum Beispiel einfach sagen: »Entschuldigen Sie, dass ich mich so emotional geäußert habe.« Und je weniger Worte sie macht, desto besser.

Weiß eine Frau hierüber nicht Bescheid, kommt sie niemals auf den Gedanken, sich für ihre Gefühle und ihr Mitgefühl zu entschuldigen. Tut sie dies aber, ist es für ihn erledigt, und er kann den Widerstand abbauen, den er vielleicht ihr gegenüber entwickelt hat.

Ermutigung auf dem Mars

Wie Frauen unter Stress ein wenig Bestätigung und Beruhigung schätzen, so schätzen Männer Ermutigung und Ermunterung. Männer wollen gelobt und angefeuert werden. Dies spornt sie an. Sind sie unter Stress und drücken negative Emotionen aus, dann hilft eine Frau ihnen am meisten mit Bemerkungen, die auf dem Mars als Ermutigung verstanden werden. Solche Bemerkungen besagen: »Ich bin überzeugt, dass Sie damit zurechtkommen; Sie brauchen gewiss meine Hilfe nicht.« Damit drückt man auf dem Mars Vertrauen und Wertschätzung aus.

―◆―

Im Gegensatz zu einer beruhigenden Reaktion vermittelt eine Ermutigung die Botschaft: »Ich habe das Vertrauen, dass Sie dies alleine schaffen.«

―◆―

Bedenken Sie aber, dass es die Worte allein nicht ausmachen. Es kommt auch auf den Ton an. Ermunterungen dürfen nicht mitleidsvoll klingen. Mitgefühl hat etwas Schweres, während eine Ermunterung leicht klingen muss. Es hilft hierfür, sich vorzustellen, dass man zum besten Fachmann der Welt spricht. Betrachten wir hierzu wiederum einige Beispiele:

Sein Gefühl:	*Was sie Beruhigendes sagen kann:*
Er ärgert sich darüber, dass der Brief verloren gegangen ist und deshalb eine Chance verpasst wurde.	Sie sagt in einem erleichterten Ton: »Ich bin froh, jetzt nicht an Ihrer Stelle zu sein.«
Er ist enttäuscht darüber, dass die Verkäufe in diesem Quartal zurückgingen.	Sie sagt in einem neutralen Ton: »Mal gewinnt man, mal verliert man.«
Er macht sich Sorgen, dass das Projekt nicht rechtzeitig fertig wird, oder dass er keine Zeit mehr haben wird, sich darum zu kümmern.	Sie sagt in einem vertrauensvollen Ton: »Ich mache mir keine Sorgen; Sie bekommen das schon hin.«
Es ist ihm peinlich, dass die Arbeit nicht sauber erledigt wurde, weil der Brief verloren gegangen ist.	Sie sagt in einem beiläufigen Ton: »Nun ja, man kann nicht immer gewinnen.«
Er ist wütend, denn ohne den Brief kann er seine Kompetenz nicht unter Beweis stellen.	Sie sagt leichthin: »Ah, jetzt kann ich mir vorstellen, warum man Sie so gut bezahlt...«
Er ist traurig, weil so viel Zeit vergeudet wurde und er wieder von vorne beginnen muss.	Sie sagt in einem nüchternen Ton: »Man kann nur tun, was man tun kann.«
Er macht sich Sorgen, weil er nicht weiß, wie sie die verlorene Zeit wieder einholen sollen.	Sie sagt in einem hoffnungsvollen Ton: »Es ist erst vorbei, wenn es vorbei ist.«
Er bedauert es, dass der Brief verloren ging, weil das Projekt so nicht rechtzeitig erledigt werden kann.	Sie sagt in einem unbeschwerten Ton: »Nun ja, deshalb geht die Welt auch nicht unter.«
Er ist wütend, dass der Brief verloren ging, weil jetzt eine andere Firma das Geschäft machen wird.	Sie sagt in fröhlicher Erleichterung: »Was bin ich froh, dass ich diesen Brief nicht verlegt habe.«

Sein Gefühl:	Was sie Bestätigendes sagen kann:
Er ist verletzt, weil er sich so sehr für das Projekt eingesetzt hat, und jetzt ist es gescheitert.	Sie sagt in einem entspannten Ton: »Sie werden es überleben.«
Er hat Angst, dass die Firma schlecht dasteht und vielleicht keine zweite Chance mehr hat.	Sie sagt in einem vertrauensvollen Ton: »Dann holen wir uns etwas anderes.«
Er ist beschämt darüber, dass das Projekt gescheitert ist und die Firma schlecht dasteht.	Sie sagt in einem friedlichen Ton: »Es kann immer etwas schief gehen. So ist das Leben.«

Durch Rollenspiele und spielerische, nüchterne Ermutigungen kann eine Frau lernen, einem Mann Unterstützung zu geben, wie er sie braucht. Nimmt sie ihren eigenen Widerstand gegenüber einer solchen Art von Unterstützung wahr, kann sie erahnen, wie wenig Männer die bestätigenden Gesten schätzen, die auf der Venus so beliebt sind.

Gefühle am Arbeitsplatz ausdrücken

Wer am Arbeitsplatz beliebt sein will, erreicht dies am einfachsten durch den Ausdruck positiver Gefühle. Eine selbstbewusste Ausstrahlung schafft Vertrauen. Wer mit sich selbst und mit seiner Arbeit zufrieden ist, zieht andere Menschen an. Die eigene Ruhe kann anderen Halt geben. Wer die sich bietenden Gelegenheiten schätzt und wahrnimmt, zieht ganz von selbst neue Chancen an.

Wer mit sich selbst und mit seiner Arbeit zufrieden ist, zieht andere Menschen an.

Man kann Gefühle direkt durch Worte ausdrücken, aber am wirksamsten vermittelt man sie durch Tonfall, Gestik und Mimik. Wenn man zum Beispiel eine Aufgabe abgeschlossen hat, dann ist es ein großer Unterschied, ob man einen Seufzer der Erleichterung oder einen Seufzer der Verzweiflung hören lässt. In beiden Fällen atmet man tief durch, aber der Tonfall und der Gesichtsausdruck vermitteln eine völlig andere Empfindung. Ein Seufzer kann positive, neutrale und negative Gefühle vermitteln.

Nachfolgend eine kurze Liste, wie Männer negative Emotionen falsch interpretieren können:

Negative Gefühle:	*Marsianische Fehlinterpretation:*
Sie drückt Bedauern und peinliches Berührtsein aus.	Er fasst es so auf, dass sie gescheitert und inkompetent ist.
Sie drückt Besorgnis und Furcht aus.	Er meint, dass sie unsicher, hilflos oder schwach ist.
Sie drückt Verletztheit, Enttäuschung und Traurigkeit aus.	Er fasst es so auf, dass sie anderen die Schuld an ihren Schwierigkeiten gibt.
Sie drückt Frustration, Zorn und Groll aus.	Er glaubt, dass sie Selbstmitleid hat oder jammert, statt etwas zu unternehmen.

Negative Gefühle zurückhalten

Auf dem Mars sind negative Gefühle ein Zeichen von Schwäche, weshalb man Probleme lieber mit sich selbst abmacht. Gesunde Männer haben ein gesundes Gespür dafür, dass ihre inneren Dämonen niemanden etwas angehen. Wenn persönliche Empfindungen der Frustration, des Ärgers oder der Enttäuschung auftauchen, halten sie diese Gefühle geschickt zurück, bis sie sie zu einem späteren Zeitpunkt verarbeiten und auflösen können. Dies geschieht meist dadurch, dass sie etwas tun, was ihnen Spaß macht, sie entspannt oder eine Herausforderung darstellt, die nicht direkt mit ihrer Arbeit zu tun hat. Wenn sie wieder entspannt und ruhig sind, können sie noch einmal aus einer positiveren Perspektive über das Vorgefallene nachdenken.

Schwache und unsichere Männer zeigen einfach ihre negativen Gefühle, und deshalb trifft sie dieselbe Geringschätzung, die auch eine Frau treffen würde. Auf dem Mars ist derjenige ein Profi, der seinen Job erledigen kann, gleichgültig, wie er sich innerlich fühlt. Im Showbusiness heißt das: »The show must go on.«

Auf dem Mars ist derjenige ein Profi, der seinen Job erledigen kann, gleichgültig, wie er sich innerlich fühlt.

Was die Äußerung negativer Gefühle am Arbeitsplatz betrifft, werden Männer und Frauen von Männern mit derselben Messlatte gemessen: Negative Emotionen nicht für sich behalten zu können ist unprofessionell. Wenn Männer negative Gefühle nicht beherrschen können, sinken sie in der Achtung anderer Männer. Besitzt ein Mann nicht gerade ganz besondere Fähigkeiten, die ihn unersetzlich machen, dann ist ihm der Weg zum Erfolg verbaut, wenn er negative Gefühle zeigt.

Das Entscheidende ist, dass auf der Venus auch gesunde und starke Frauen ihre negativen Emotionen keineswegs so streng auf ihre Privatsphäre beschränken. Auf ihrem Planeten nimmt keine daran Anstoß, wenn jemand negative Emotionen zeigt. Dies ist im Gegenteil ein Symptom für eine gesunde Selbstachtung. Wie wir schon gesagt haben, ist auf der Venus die Äußerung negativer Gefühle eine wirksame Methode, um Stress abzubauen und gleichzeitig Verbundenheit und Vertrauen zu schaffen.

Auf der Venus nimmt keine daran Anstoß, wenn jemand negative Emotionen zeigt. Dies ist im Gegenteil ein Symptom für eine gesunde Selbstachtung.

Trotzdem überlegen es sich auch auf der Venus Frauen, wann und wem gegenüber sie ihre Gefühle mitteilen. Starke Frauen haben wie Männer ebenfalls die Fähigkeit, negative Emotionen zurückzuhalten. Eine Venusianerin, die sich zu benehmen weiß, gibt ihre negativen Gefühle nicht jemandem gegenüber preis, den sie nicht kennt oder der sie nicht unterstützt. Auch sie hält sich bis zum richtigen Zeitpunkt und Ort zurück. Wenn sie mehr Vertrauen haben kann, öffnet sie sich und redet darüber. Dies erklärt, warum manche Frauen, die offensichtlich über etwas beunruhigt sind, auf entsprechendes Nachfragen darauf beharren, dass nichts los sei.

Manche Frauen behaupten, dass »nichts los« sei, obwohl sie offensichtlich etwas beunruhigt.

Eine Frau meint damit allerdings: »Es ist etwas nicht in Ordnung, aber ich weiß nicht, ob jetzt der richtige Zeitpunkt ist, darüber zu sprechen. Wenn Sie es wirklich wissen wollen und noch etwas Zeit haben, dann fragen Sie mich später noch einmal, und ich will darüber reden.«

Der Unterschied zwischen Männern und Frauen liegt in diesem Fall also darin, dass ein Mann, wenn er sagt, dass nichts los sei, nicht nur seine Gefühle zurückhält, sondern definitiv auch nicht darüber reden will.

Diese Zurückhaltung negativer Emotionen ist für Frauen nicht einmal so schwierig. Sie brauchen hierfür keineswegs ihre ureigenste Natur zu verleugnen. Frauen sind schon Expertinnen darin,

Gefühle in Situationen zurückzuhalten, in denen sie sich nicht sicher fühlen. Um am Arbeitsplatz erfolgreich zu sein, können sie genau diese Fähigkeit einsetzen. Sie brauchen dann nicht mehr darüber zu rätseln, warum ihnen Männer die Achtung und Unterstützung entziehen – sie können dies einfach ändern.

Bringen Männer und Frauen die nötige Disziplin und Selbstbeherrschung auf, können sie lernen, ihre negativen Emotionen und Reaktionen am Arbeitsplatz zurückzuhalten. Auf dem Mars nennt man so etwas professionelles Verhalten. Manche Frauen glauben fälschlich, dass dies ungesund sei, aber es ist in Wirklichkeit für Männer und Frauen eine sehr gesunde Disziplin. Ungesund wäre es nur, wenn eine Frau sich nicht außerhalb des Arbeitsplatzes Zeit dafür nehmen würde, ihren Stress abzubauen.

Negative Emotionen zurückzuhalten schafft nicht nur mehr Erfolg, sondern trainiert auch die »Muskeln« der emotionalen Beherrschung. Übt man es, sich zurückzuhalten und erst später zu geeigneter Zeit Emotionen ungehindert auszudrücken, dann bekommt man sie immer besser unter Kontrolle. Dadurch schult man auch seine Fähigkeit, mit Stress umzugehen. Statt sich von seinen Emotionen beherrschen zu lassen, lernt man allmählich, diese zu beherrschen.

Lassen Sie sich nicht von Ihren Emotionen beherrschen, sondern halten Sie Ihre Gefühle zurück und lernen Sie, diese zu beherrschen.

Dass es hilfreich ist, beunruhigende Gefühle in einer Therapie zu erkunden, bedeutet keineswegs, dass man dasselbe auch am Arbeitsplatz tun sollte. Der Arbeitsplatz ist kein Therapiezimmer und kann es auch nicht sein. Es ist unangemessen, die Bürozeiten für seine persönliche Seelenpflege zu benutzen und dort seinen emotionalen Stress abzubauen. Ein Privatleben außerhalb der Arbeitswelt sorgt für die nötige Zeit und Unterstützung, um zurückgehaltene Emotionen zu verarbeiten. Wer in seinem Privatleben die emotionale Unterstützung nicht bekommt, die er oder sie außerhalb des Arbeitsplatzes braucht, sollte sich um therapeutische Hilfe bemühen.

Negative Gefühle zu einem späteren Zeitpunkt zu verarbeiten ist eine äußerst gesunde Übung.

Eine solche Anpassung des emotionalen Verhaltens ist wie ein neues Make-up, das die besten Züge einer Frau am Arbeitsplatz zur Geltung bringt. Manche Frauen sträuben sich, einen Teil von sich selbst zu verbergen, aber tatsächlich tun sie dies ohnehin schon auf vielerlei Weise. Viele Frauen haben kein Problem damit, Make-up aufzulegen, um eine Hautunreinheit zu verbergen; sie lassen sich Zahnkronen machen und tragen Kleider, die ihrer Figur schmeicheln. Negative Emotionen zurückzuhalten gehört genau in dieselbe Kategorie: Es hilft einer Frau, ihre besten Merkmale zu betonen.

Das bedeutet ja nicht, dass sie nicht sie selbst sein könnte, sondern lediglich, dass sie es nicht uneingeschränkt und die ganze Zeit sein kann. Alle erfolgreichen Menschen haben irgendwann einmal gelernt, verschiedene Teile von sich selbst zu verschiedenen Zeiten authentisch zum Ausdruck zu bringen. Sie wissen, dass man nicht immer und überall »man selbst« sein kann. Aber es gibt immer eine Zeit und einen Ort für jeden Aspekt der eigenen Persönlichkeit.

Alle erfolgreichen Menschen haben irgendwann einmal gelernt, verschiedene Teile von sich selbst zu verschiedenen Zeiten authentisch zum Ausdruck zu bringen.

Aber nicht nur Frauen, sondern auch Männer müssen lernen, nicht jederzeit alles auszudrücken, was sie empfinden. Männer sind im Allgemeinen diesem Gedanken gegenüber zugänglicher, weil sie ohnehin die ganze Zeit daran arbeiten müssen. Frauen gelten meist als emotionaler, aber dieses Pauschalurteil ist nicht richtig. Die unterschiedliche Neigung, emotional zu reagieren, basiert auf einem unterschiedlichen Temperament und ist nicht geschlechtsspezifisch. Der eigentliche Unterschied zwischen Männern und Frauen liegt in ihrem anderen Umgang mit Emotionen.

Männer haben viel eher die Tendenz, ohne nachzudenken zu handeln, wenn sie negative Emotionen erfahren. Im Kampf kann ein Mann große Furcht empfinden, aber er lernt, diese zu beherrschen und sich nicht von ihr überwältigen zu lassen, indem er wegläuft. Er hält seinen Zorn zurück und achtet darauf, nicht impulsiv zu handeln. Er lernt, seine Trauer zu beherrschen und seine Arbeit zu tun, gleichgültig, was er in seinem Inneren empfindet. Männer sind mit dieser Notwendigkeit, Gefühle zurückzuhalten, schon vertrauter, und so können sie dies leichter in die Praxis umsetzen. Sie müssen nur noch lernen, mehr auf die Bedürfnisse von Frauen zu achten.

Nehmen sich Männer und Frauen die Zeit, ihre zurückgehaltenen Gefühle zu Hause oder in persönlicheren Beziehungen zu verarbeiten, dann fällt diese Zurückhaltung am Arbeitsplatz umso leichter. Gibt es jedoch im persönlichen Leben kein Ventil für Gefühle, dann kann diese kleine Verhaltensänderung eine schier unmögliche Herausforderung sein.

7

Männer hören nicht zu... wirklich nicht?

Eines der größten Hindernisse für Männer, das Vertrauen von Frauen am Arbeitsplatz zu gewinnen, liegt an der Haltung der Männer gegenüber dem »Endergebnis«. Am Arbeitsplatz sind Männer oft so in ihr Projekt vertieft, dass sie alle sozialen Kontakte aufgeben und dadurch den Eindruck vermitteln, ihnen seien die Menschen gleichgültig, mit denen und für die sie arbeiten. Sie legen all ihren Ehrgeiz darein, das beste Produkt zu liefern und den besten Preis anzubieten. Aber wenn sie darüber vergessen, die Menschen in ihrer Umgebung wahrzunehmen, verspielen sie bald deren Vertrauen und deren Unterstützung. Sie werden nicht mehr als verlässlich wahrgenommen, sondern eher mit Misstrauen betrachtet.

Nimmt sich ein Mann keine Zeit mehr zuzuhören, dann erweckt er damit den Eindruck, dass ihn seine Umgebung nicht interessiert. Männer vermitteln Frauen oft das Gefühl, dass sie ihnen nicht zuhören oder ihre Wünsche und Bedürfnisse überhaupt nicht wahrnehmen. Sie sind große Problemlöser, aber es fällt Frauen schwer, ihre Fähigkeiten zu erkennen und anzuerkennen. Männer sabotieren die erfolgreiche Zusammenarbeit mit Kolleginnen vor allem dadurch, dass sie sich nicht genug Zeit dafür nehmen, menschliche Zuwendung zu zeigen.

Eines der größten Hindernisse für Frauen, sich den Respekt von Männern zu verschaffen, ist ihre Haltung im Zusammenhang mit geschäftlichen Interaktionen am Arbeitsplatz. Nimmt eine Frau Dinge persönlich und fühlt sie sich durch typisch marsianisches Verhalten verletzt, ausgeschlossen, nicht geschätzt oder beleidigt, dann schadet sie sich damit selbst. Es führt dazu, dass sie als Problem und nicht als Teil der Lösung betrachtet wird. Man begegnet ihr nicht mehr mit persönlichem Mitgefühl und Zuwendung, sondern betrachtet sie ungerechterweise als Hindernis.

Marsianer haben dann das Gefühl, dass die Frau ganz unnötige Probleme schafft. Auf dem Mars gibt es ein Sprichwort, das Frauen kennen sollten: »Wer beleidigt ist, beleidigt.« Frauen sabotieren ihren Erfolg am Arbeitsplatz vor allen Dingen dadurch, dass sie beleidigt sind oder das Verhalten von Männern persönlich nehmen. Selbst wenn es persönlich ist, kann man Spannungen dadurch auflösen, dass man es trotzdem nicht persönlich nimmt.

Auf dem Mars gibt es ein Sprichwort, das Frauen kennen sollten: »Wer beleidigt ist, beleidigt.«

Lernen Frauen, das Verhalten von Männern am Arbeitsplatz richtig zu interpretieren, dann nehmen sie Dinge nicht mehr persönlich, die sie normalerweise auf ihrem eigenen Planeten verletzen würden. Fühlen sie sich von Männern nicht mehr respektlos behandelt oder zurückgestoßen, werden sie umso leichter von Männern akzeptiert und geschätzt.

Wissen Männer ihrerseits nicht über den Unterschied zwischen Mars und Venus Bescheid, dann tun sie unwissentlich Dinge, die Frauen persönlich nehmen müssen. Dann gibt eine Frau dem Mann seine Beleidigung zurück, indem sie sich selbst beleidigt fühlt. Männer verletzen Frauen am meisten dadurch, dass sie nicht in der Weise zuhören oder reagieren, wie diese es erwarten. Auf allen Ebenen und in allen Bereichen der Arbeitswelt reagieren Männer auf Frauen in einer unpersönlichen Weise, und Frauen nehmen es persönlich.

Fühlt sich eine Frau persönlich übergangen oder angegriffen, dann liegt dem Verhalten des Mannes oft einfach der Druck zu Grunde, ein Projekt abzuschließen. Mit dieser neuen Einsicht in das Denken und Verhalten von Männern sollte es Frauen leichter fallen, Verhaltensweisen zu akzeptieren, zu ignorieren oder auch darüber zu lachen, die sie bisher als ärgerlich oder bedrohlich empfanden. Auf dem Mars ist Geschäft eben Geschäft, und Persönliches wird streng davon getrennt gehalten.

Wie Männer sich selbst um den Erfolg bringen

Männer wirken vor allen Dingen deshalb unpersönlich, weil sie nicht zuhören oder nicht zuzuhören scheinen. Frauen nehmen es persönlich, wenn sie zu dem Schluss kommen, dass ein Mann sie ignoriert. Sie fassen dies so auf, dass sie für ihn keine Rolle spielen. Betrachten wir einige Beispiele.

Eine erfolgreiche High-Tech-Firma wollte an die Börse gehen. Die Geschäftszahlen waren glänzend, aber man brauchte einen bekannten Namen, um Vertrauen in die Firmenleitung zu schaffen. Von den vielen Bewerbern wurde Richard Adkins favorisiert. Er hatte schon eine ähnliche Firma aufgebaut und schließlich mit einem persönlichen Gewinn von dreihundert Millionen Dollar wieder verkauft. Auf dem Mars und für die Männer im Vorstand war er mit diesen Referenzen der ideale Bewerber.

Die Firma vertrieb eine Produktlinie, entwickelt von Linda Tompkins, einer Wissenschaftlerin, die auch Geschäftsführerin war. Es war ihre Firma, und der Aufsichtsrat brauchte ihre Genehmigung für die Bestellung des neuen Vorsitzenden. Die männlichen Mitglieder des Vorstands waren von seiner Vorstellung restlos begeistert, aber Linda wollte nichts mit ihm zu tun haben. Wenn Richard die Venusianerinnen verstanden hätte, hätte er einen viel besseren Eindruck hinterlassen können. Das Verhalten, das die Männer im Vorstand beeindruckte, hatte bei der Firmeninhaberin Misstrauen geweckt.

Bei seiner Vorstellung erklärte sie ihm, in welcher Weise ihre Firma anders sei und dass es viele spezielle Herausforderungen gäbe. Richard antwortete auf alle ihre Aussagen mit selbstbewussten Kommentaren wie: »Ich weiß. Aber das können wir so machen...« Er war voller Selbstvertrauen, und sein Lebenslauf berechtigte ihn dazu. Auf jeden Problempunkt, den sie ansprach, hatte er eine Antwort parat. Sein Scharfblick und seine Konzentration auf Lösungen beeindruckte die Männer, während Linda dies als frustrierend und sogar beleidigend empfand. Nachdem er ihr fünfzehn Minuten lang Lösung um Lösung präsentiert hatte, gingen bei ihr innerlich die Rollläden herunter, und sie wollte nichts mehr mit ihm zu tun haben. Als sie ihn schließlich als neuen Firmenchef ablehnte, konnten es die Männer und Richard selbst einfach nicht fassen.

Scharfblick und Konzentration auf Lösungen beeindrucken Männer, während Frauen dies als frustrierend und sogar beleidigend empfinden können.

In diesem Beispiel konnte Richard mit den Männern sofort eine Vertrauensbasis herstellen, weil er schnelle und vertrauenerweckende Lösungen präsentierte. Aber weil er nur schnelle Lösungen anbot, statt etwas mehr zuzuhören, konnte er Lindas Vertrauen nicht gewinnen. Er hätte nur ein wenig ruhiger agieren, etwas nachdenken und einige weitere Fragen zu dem Problem stellen müssen. Hätte er sich etwas mehr in die spezielle Situation der Firma eingedacht, wäre mehr Verbundenheit und eine größere menschliche Nähe entstanden.

Männer kann man durch Selbstbewusstsein und schnelle Antworten für sich einnehmen, aber Frauen vertrauen nur einem Mann, der ihre speziellen Probleme versteht. Linda konnte Richards Selbstbewusstsein nicht überzeugen, weil sie wusste, dass er ihre speziellen Probleme und Herausforderungen auf dem Markt einfach nicht kannte. Sie wusste es deshalb, weil sie noch gar keine Gelegenheit gehabt hatte, sie darzustellen, und dieser Mann glaubte, schon alle Antworten zu kennen. Linda empfand ihn als arrogant und herablassend, und es war ihm offenbar gleichgültig, was sie eigentlich mitteilen wollte. Sie wollte nicht jemandem ihre Firma anvertrauen, der einfach nicht zuhören konnte.

Die Vorteile des Zuhörens

Wohlwollendes Interesse bekundet man auf der Venus eher durch die Art, wie man zuhört und reagiert, als durch das, was man sagt und tut. Die meisten Männer verstehen überhaupt nicht, was Frauen eigentlich meinen, wenn sie darüber klagen, dass Männer nicht zuhören. Venusianerinnen das Gefühl zu geben, dass man ihnen zuhört und sie versteht, hat aber mindestens zehn Vorteile:

1. Hört man einer Frau zu und stürmt nicht sofort auf das Ziel los, macht man ihr seine Aufmerksamkeit deutlich und flößt ihr Vertrauen ein. So ist sie eher geneigt, eine Geschäftsbeziehung aufzunehmen oder mit einem zusammenzuarbeiten.
2. Stellt man einer Frau Fragen, um weitere Informationen zu bekommen, hat sie das Gefühl, einbezogen zu werden, weshalb sie eher bereit ist, ein Geschäft abzuschließen.
3. Unterbricht man eine Diskussion mit einer Frau nicht durch Lösungen, erkennt man dadurch an, dass man ihre Probleme als solche wahrnimmt, und dies gibt ihr das Vertrauen, dass die angebotenen Lösungen hilfreich sein werden.
4. Geht man auf das ein, was sie gesagt hat, hilft man ihr bei ihren eigenen Überlegungen, und sie schätzt einen als Gesprächspartner. Je mehr Klarheit sie bezüglich des Problems bekommt, desto mehr Vertrauen und Unterstützung kann man von ihr erwarten.
5. Hört man ihren Einwendungen zu, ohne sie zu unterbrechen, zeigt man ihr sein Bemühen, ihr zu helfen, und so fühlt sie sich sicher. Umso eher ist sie dann bereit, einen Kauf zu tätigen oder eine Vereinbarung zu unterschreiben.
6. Behält man im Gedächtnis, was sie gesagt hat, und stellt interessierte Fragen, dann macht man ihr damit deutlich, dass man in der Lage ist, auf ihre Bedürfnisse einzugehen. Sie bekommt das Gefühl, sich auf einen verlassen zu können.
7. Hört man ihre Frustration, ihre Beunruhigung oder ihre Enttäuschung an, ohne über ihre Gefühle mit einer schnellen Erklärung oder Entschuldigung hinwegzugehen, erwirbt

man ihre Wertschätzung. Geht man auf ihre Gefühle in einer Weise ein, die Verbundenheit schafft, entsteht auch in einer geschäftlichen Verbindung Vertrauen.

8. Ist man nicht sofort mit einer Lösung zur Hand, wenn eine Frau über Probleme redet, dann gibt man ihr das Gefühl, geachtet zu werden, weil man ihr auch zutraut, das Problem selbst zu lösen. Sie fühlt sich bestätigt und ist umso eher bereit, die eigenen Dienste und Ratschläge anzunehmen.
9. Hört ein Mann Klagen und Probleme geduldig an, dann wirkt er auf eine Frau vertrauenerweckend. Sie kann darauf zählen, dass er zu Lösungen fähig ist, dass er sie als Kollegin schätzt und nicht nur am Endergebnis interessiert ist. Dies schafft Verbundenheit.
10. Einer Frau mit Empathie zuzuhören, gibt ihr Sicherheit. Sie hat das Gefühl, dass sie sich auf einen verlassen kann. Dadurch gewinnt man ihre Unterstützung, und sie wird einen weiterempfehlen.

Lernen, auf der Venus zuzuhören

Wenn Frauen Dinge persönlich nehmen, dann vor allem deshalb, weil sie das Gefühl haben, nicht wahrgenommen zu werden. Erkennt eine Frau, dass Männern oft nicht klar ist, wie Frauen Situationen interpretieren, dann fällt es sicher leichter, Dinge nicht so persönlich zu nehmen.

Käme jemand in Ihren Porzellanladen und würde anfangen, das Geschirr zu zertrümmern, dann würden Sie sich missachtet fühlen. Würde aber ein Elefant durch die schmalen Gänge traben und Dinge umstoßen, dann wäre man nicht beleidigt. Vielleicht sollten sich Frauen wirklich vorstellen, dass Männer Elefanten im Porzellanladen sind; dann erschiene ihnen der Arbeitsplatz nicht mehr so sehr als kalter und herzloser Ort. Scheint ein Mann nicht zuzuhören, dann ist dies in den meisten Fällen auf seinem Planeten kein Ausdruck der Missachtung. Er würde so auch seinen besten Freund behandeln.

*Bezüglich der Gefühle von Venusianerinnen ist ein
Marsianer ein Elefant im Porzellanladen.*

Sagen Frauen, dass Männer nicht zuhören, dann können sie damit Verschiedenes meinen. Nachfolgend einige Beispiele, die einem Mann klarmachen können, wie sich eine Frau fühlt, wenn er nicht zuhört. Dieselben Beispiele können auch einer Frau zu verstehen helfen, warum ein Mann glaubt, dass er zuhört, während sie dies überhaupt nicht so empfindet.

1. Wenn ein Mann eine Frau ignoriert
Eine Frau hat das Gefühl, dass ein Mann nicht zuhört, wenn er einfach ignoriert, was sie sagt. Mitten im Gespräch sieht er weg oder denkt an etwas anderes. Wenn er wieder bei der Sache ist, sagt er: »Was haben Sie gesagt?« oder »Könnten Sie das bitte wiederholen?« Dies erscheint einer Frau respektlos und beweist für sie, dass er nicht zugehört hat. Aus seiner Perspektive hat er nur einen Augenblick die Konzentration verloren, und jetzt ist er wieder »da«. Auf dem Mars würde seine Frage nur beweisen, dass er interessiert ist.

Widmet eine Frau jemandem ihr Interesse, dann denkt sie an nichts anderes, wenn der Betreffende redet. Es ist ein Zeichen ihrer Zuwendung, dass sie sich nicht ablenken lässt. Wenn ein Mann also geistesabwesend ist, schließt sie daraus, dass er sie nicht richtig wahrnimmt.

*Wenn ein Mann geistesabwesend ist, schließt eine Frau
daraus, dass er sie nicht richtig wahrnimmt.*

Seine Neigung, sich ablenken zu lassen, hat möglicherweise überhaupt nichts mit ihr zu tun, sondern mit der Art ihrer Kommunikation. Wenn ein Mann Stress hat und die Frau nicht sofort auf den Punkt kommt, beginnen seine Gedanken zu wandern und er denkt an Dinge, die ihm dringlicher zu sein scheinen. Eine Frau empfindet so etwas als respektlos. Sie kann sich nicht im Entferntesten vorstellen, dass sie sich in einer wichtigen Arbeitsbeziehung in einer solchen Weise verhalten würde. Ein anderer Mann dagegen würde dies durchaus nicht persönlich nehmen und instinktiv erfassen, dass der Betreffende wohl unter großem Druck stehen muss. Ist ein Mann abgelenkt, fasst eine Frau dies nur deshalb falsch auf, weil sie nicht weiß, dass Männer vom Mars sind.

Ignoriert ein Mann eine Frau vorübergehend, dann ist ihm dies nicht einmal bewusst. Seine Gedanken sind woanders, mit einer Problemlösung beschäftigt. Männer sollten sich aber dieses Verhalten einmal klar machen und sich bewusst bemühen, ihre Aufmerksamkeit auf die Frau gerichtet zu halten und sich nicht ablenken zu lassen. Glauben Frauen ihrerseits, dass »Männer nicht zuhören«, dann sollten sie sich vielleicht zutreffender sagen, dass sie zwar zuhören, aber ihnen nicht die ganze Aufmerksamkeit schenken.

2. Wenn ein Mann eine Lösung anbietet

Frauen haben das Gefühl, dass Männer nicht zuhören, wenn diese schon eine Lösung für ihr Problem präsentieren, bevor sie selbst überhaupt ausgeredet haben. Er glaubt, das Problem zu kennen, für das sie eine Lösung braucht, aber aus ihrer Sicht kann das nicht sein, denn sie hat es noch gar nicht vollständig dargestellt. Frauen skizzieren oft erst den allgemeinen Rahmen, bevor sie auf das eigentliche Problem zu sprechen kommen. Männern ist dies nicht bewusst, denn wenn sie selbst über ein Problem reden, kommen sie sofort auf den Punkt. Ein Mann glaubt, gerade deshalb ein guter Zuhörer zu sein, weil er sofort eine gute Lösung weiß.

Platzt ein Mann sofort mit seiner Lösung heraus, dann glaubt er, dass er ihr schon zugehört hat und auf ihre Frage eingeht. Wenn sie dann sagt, dass er nicht zuhört, ist ihm das unverständlich, denn er hat doch zugehört, bevor er seine Lösung gab. Er weiß nicht, dass das Problem, das er für sie zu lösen glaubt, nur einen kleinen Teil des Ganzen ausmacht, was sie sagen möchte. Mit einer schnellen Lösung gibt er ihr nicht, was sie eigentlich möchte. Auf dem Mars wäre sein schneller Vorschlag ein Beweis für seine Kompetenz; auf der Venus ist dies respektlos. Wenn eine Frau redet, möchte sie erst angehört werden; die Lösung hat Zeit. Sie kann seiner Lösung nicht trauen, wenn sie ihm nicht zuerst das ganze Problem mit allen seinen Facetten schildern konnte.

Auf der Venus spricht man erst eine Reihe von Ideen aus, bevor man über das eigentliche Problem diskutiert.

Wenn Frauen glauben, dass »Männer nicht zuhören«, wäre es genauer zu sagen, dass ein Mann zwar zugehört hat, aber nicht allem, was sie eigentlich sagen wollten. Einer solchen Auffassung könnte sich ein Mann eher anschließen, und die Frau bräuchte sich nicht so missachtet zu fühlen. Frauen schätzen Herrn Ich-mach-das-schon sehr, aber erst, nachdem er ihnen ganz zugehört hat.

3. Wenn ein Mann glaubt, dass sie eine Lösung bräuchte

Eine Frau glaubt, dass ein Mann ihr nicht zuhört, wenn er ihr eine Lösung anbietet, um die sie gar nicht gebeten hat. Sie möchte ihn einfach auf das Problem aufmerksam machen, für das sie eine Lösung vorschlagen wird. Präsentiert er gleich eine Lösung, dann macht dies den Eindruck, als ob er ihr nicht selbst eine Lösung zutrauen würde. Er ist sich sicher, zugehört zu haben, denn er hat ja eine gute Lösung angeboten. In diesem Fall wäre es zutreffender zu sagen, dass er zwar zugehört hat, aber der Meinung war, sie selbst hätte keine Lösung.

Hier müssen Frauen aufpassen. Wenn sie dem nicht gezielt vorbeugen, kommt ein Mann zu dem Schluss, dass sie inkompetent seien, oder er lässt sie anderen gegenüber als inkompetent erscheinen. Bietet er vor anderen eine Lösung an, muss eine Frau sofort reagieren und deutlich machen, dass sie selbst sehr wohl über eine Lösung verfügt. Sie könnte ihr Gesicht dadurch wahren, dass sie sagt: »Mein Vorschlag zielt in die gleiche Richtung, aber ich möchte zuerst sicherstellen, dass alle das Problem richtig verstanden haben.«

Am besten ist es natürlich, wenn sie solche Situationen überhaupt vermeidet, indem sie ihrer Präsentation eine Bemerkung vorausschickt, die allen deutlich macht, dass sie eine Lösung hat. Sie könnte etwa sagen: »Ich möchte einen wirksamen Maßnahmenkatalog vorschlagen, aber zuerst möchte ich das Problem etwas ausführlicher umreißen.«

Redet eine Frau mit ihrem Chef unter vier Augen und macht dieser einen Vorschlag, bevor sie selbst etwas dazu sagen kann, könnte sie ganz freundlich und sachlich sagen: »Oh, ich habe natürlich schon eine Lösung. Ich wollte Ihnen nur das Problem etwas ausführlicher erläutern.«

Gibt er die Lösung, die sie selbst anbieten wollte, könnte sie sagen: »Das ist auch genau mein Vorschlag. Ich habe bereits mit der Vertriebsabteilung gesprochen, und dort ist man einverstanden.«

So kann sie nachträglich klarstellen, dass sie schon eine Lösung hatte, indem sie einige Details ihrer Bemühungen erwähnt, die Lösung zu finden, die er jetzt für seine eigene hält. Ein Mann akzeptiert es, dass sie schon versucht hat, eine Lösung zu finden, bevor sie mit dem Problem zu ihm kam.

Bietet ein Mann eine Lösung an, muss man ihm immer zugute halten, dass er wirklich nicht davon ausgegangen ist, dass sie schon eine Lösung hatte. Auf eine Frau wirkt sein Verhalten herablassend, und sie nimmt es persönlich. Dies braucht sie nicht, wenn sie sich klarmacht, dass Männer und Frauen unterschiedlich über Probleme kommunizieren.

4. Wenn ein Mann vergisst, etwas zu tun

Eine Frau hat das Gefühl, dass ein Mann nicht zuhört, wenn er etwas vergisst, worum sie ihn gebeten hat. Sie schließt daraus, dass er ihr nicht zugehört hat, statt zu akzeptieren, dass er es einfach vergessen hat, oder es hatte bei ihm nicht oberste Priorität.

Sich an Bitten zu erinnern, ist auf der Venus sehr wichtig. Männern ist es gleichgültig, wenn man kleine Dinge vergisst, solange man sich an die großen erinnert und überzeugende Ergebnisse liefert. Frauen dagegen finden, dass man auch die Wichtigkeit kleiner Dinge anerkennen sollte, indem man sich an sie erinnert. Auf der Venus schafft so etwas das Vertrauen, dass man auch die großen Dinge bewältigt. Denkt ein Mann an die kleinen Dinge, gibt er einer Frau das Gefühl, dass er sie respektiert.

Vergessen Männer kleine Dinge, dann nehmen Frauen es persönlich.

Vergisst ein Mann eine kleine Aufgabe, aber denkt an das, was besonders dringlich war, dann ist einem anderen Mann völlig klar, dass die kleinen Dinge eben »untergegangen« sind. Es berührt ihn nicht sonderlich, geschweige denn, dass er es persönlich nimmt. Frauen sind anders. Wenn ihnen jemand etwas bedeutet, dann sind die kleinen Dinge ebenso wichtig wie die großen. So pflegt eine Frau auch das Persönliche in einer Arbeitsbeziehung.

Oft fühlt sich eine Frau am Arbeitsplatz überfordert, weil ihr einfach alles wichtig ist. Sie versucht, große Dinge genauso zu erledigen wie die kleinen. Manche Männer halten so etwas aber für ein Zeichen von Unfähigkeit. Während eine andere Frau dieses liebevolle Bemühen, auf alles zu achten, sehr schätzen würde, sähe ein Mann darin nur das Unvermögen, Prioritäten zu setzen. Frauen, die viel mit Männern zusammenarbeiten, können viel Druck von sich nehmen, indem sie sich diesen Unterschied bewusst machen.

Auf dem Mars ist es kein Problem, wenn man Kleinigkeiten vergisst, solange man sich um die »großen Dinge« kümmert.

Eine Frau könnte die ganze Nacht aufbleiben, um etwas zu erledigen, was ein Mann vergessen hat, weil er es nicht für so wichtig hielt. Aus seiner Perspektive hätte sie sich diese Mühe sparen können, und deshalb schätzt er ihren Einsatz nicht wirklich. Sie glaubt, ihm geholfen und Anerkennung verdient zu haben. Er wünscht sich aber nur, dass sie sich mehr Schlaf gegönnt hätte und besserer Laune wäre.

Trotzdem ist die Auffassung von Männern falsch, dass Frauen keine Prioritäten setzen könnten. Sie tun dies durchaus – aber ihre Prioritäten sind anders. Für einen Mann ist vor allem das Endergebnis wichtig, für eine Frau die Qualität der Beziehungen am Arbeitsplatz. Heute ist Erfolg am Arbeitsplatz nur noch durch eine geschickte Mischung dieser manchmal im Widerstreit befindlichen Interessen möglich. Viele venusianische Instinkte bewähren sich bei Beziehungen unter Frauen, nicht aber auf dem Mars. Zu wissen, warum Männer manchmal Dinge vergessen, hilft einer Frau, dies nicht persönlich zu nehmen, und so findet sie auch die Freiheit, selbst weniger zu tun, ohne Kritik befürchten zu müssen.

5. Wenn ein Mann tut, was er selbst für richtig hält
Frauen glauben oft, dass ein Mann nicht zuhört, wenn er nicht tut, worum sie ihn gebeten haben. Folgt er seinen eigenen inneren Überzeugungen, dann hat sie das Gefühl, dass er sie nicht wahrnimmt. Aus seiner Perspektive hat er sehr wohl zugehört, aber dann getan, was er selbst für richtig hielt. Denkt eine Frau in einem solchen Fall, dass ein Mann nicht zuhört, dann sollte sie richtigerweise sagen, dass er zwar zugehört, aber nicht getan hat, was sie ihm aufgetragen hatte.

Was Frauen für Ungehorsam halten, gilt auf dem Mars als Selbstbewusstsein. Ein Mann verdient sich immer den Respekt anderer Männer, wenn er das Risiko eingeht, seinem eigenen Instinkt zu folgen. Und es ist ein Risiko: Wenn er richtig liegt, ist er ein Held, aber wenn er scheitert, dann gilt er als verantwortungslos. Nicht der Ungehorsam trägt ihm den Tadel ein, sondern nur ein schlechtes Ergebnis seines Ungehorsams.

Männliche Vorgesetzte lassen Eigenmächtigkeit durchgehen, wenn das Ergebnis stimmt. Andernfalls muss der Betreffende die Konsequenzen tragen. Bestraft wird nur die Tatsache, dass nicht das gewünschte Ergebnis erzielt wurde.

Frauen ziehen sich die Abneigung von Männern zu, wenn sie sagen, dass ein Mann nicht hörte oder nicht tat, was sie ihm sagten. Hört ein anderer Mann solche Vorwürfe, dann denkt er sich vielleicht: »Tja, vielleicht hatte er eine bessere Idee.« Um eine solche Reaktion zu vermeiden, sollten sich Frauen auf das nicht erreichte Ergebnis konzentrieren. Damit machen sie deutlich, dass sie es nicht persönlich nehmen und ihre persönlichen Gefühle nicht über das Projektziel stellen.

6. Wenn ein Mann keinen Anteil nimmt
Eine Frau hat das Gefühl, dass ein Mann nicht zuhört, wenn er nicht die anteilnehmende Reaktion zeigt, wie sie Frauen normalerweise zeigen. Aber dass ein Mann ohne Empathie reagiert, bedeutet nicht, dass er ihr nicht zugehört hätte. Er geht nur nicht auf ihre Gefühle ein und drückt seine Unterstützung nicht in der Weise aus, wie eine Frau sie ausdrücken würde. Frauen sollten also in einem solchen Fall davon ausgehen, dass der Mann durchaus zugehört hat, aber eben nicht voller Anteilnahme reagiert.

Es ist wichtig, dass Frauen diese Reaktion richtig interpretieren und nicht persönlich nehmen. Ein Mann nimmt vielleicht ihre Gefühle durchaus wahr, aber auf seinem Planeten macht man von der emotionalen Beunruhigung anderer nicht so viel Aufhebens, weil man dadurch Vertrauen in den anderen und seine Fähigkeit bezeugt, das Problem selbst zu lösen. Statt anzunehmen, dass ein Mann gleichgültig ist, sollte eine Frau sich vor Augen halten, dass er einfach nicht weiß, wie man auf der Venus Anteilnahme ausdrückt.

7. Wenn ein Mann eine Frau unterbricht
Eine Frau glaubt, dass ein Mann ihr nicht zuhört, wenn er sie mitten im Gespräch unterbricht. Männer unterbrechen einander oft, um einen Gedanken vorzubringen, und niemand denkt dabei,

dass der andere nicht zuhören würde, vor allem dann nicht, wenn die Idee gut und wichtig war. Wenn der Kommentar treffend ist, dann ist das der Beweis dafür, dass der Betreffende zugehört hat. Wenn eine Frau in einem solchen Fall glaubt, dass Männer nicht zuhören, dann sollte sie richtigerweise sagen, dass der Betreffende zugehört hat, aber vielleicht ein unhöflicher Mensch ist, weil er sie nicht ausreden ließ.

Die Kommunikation unter Männern verläuft nach anderen Regeln. Es ist wie beim Basketball: Das Ziel ist es, den Ball in den Korb zu bekommen. Die Spieler werfen sich den Ball ständig zu, bis ihn jemand im Netz versenkt. Kein Spieler stört sich daran, dass sich einer den Ball schnappt, wenn er dann einen Punkt macht. Es ist nur dann ein Problem, wenn er nicht trifft. Unterbricht ein Mann einen anderen im Gespräch, um etwas beizutragen, was der Sache dient, dann hat er nicht im Mindesten das Gefühl, unhöflich gewesen zu sein. Eine Frau aber wäre unangenehm berührt – und er fragt sich, warum er kein Lob einheimst. Er würde von ihr eher eine Bemerkung erwarten wie »Das ist eine gute Idee.« Sie erwartet dagegen, dass er sich entschuldigt.

Männer können lernen, Frauen nicht zu unterbrechen, wenn sie wissen, dass dies von ihnen erwartet wird. Vielleicht ist hier wiederum das Beispiel Basketball hilfreich. Manchmal bekommt ein Spieler einen Freiwurf. Dann nimmt er sich alle Zeit, die er braucht, und niemand stört ihn. Findet es eine Frau in einem Gespräch unergiebig, einander immer nur mit Ideen zu »bombardieren«, dann könnte sie in freundlichem Ton ganz direkt sagen: »Lassen Sie mich das jetzt einige Minuten im Detail erklären, und sagen Sie mir dann Ihre Meinung.« Dies braucht sie überhaupt nicht mit Nachdruck vorzubringen. Es macht einem Mann gar nichts aus zuzuhören, wenn er weiß, dass dies von ihm erwartet wird. Eine solche kleine Bitte macht den ganzen Unterschied aus. Fällt ein Mann ihr trotzdem wieder ins Wort, dann kann sie einfach in einem freundlichen Ton sagen: »Einen Augenblick noch, ich bin gleich so weit, und dann würde ich mich freuen, Ihre Meinung zu hören.«

Mit einer solchen freundlichen Haltung kommt man viel weiter als mit Verärgerung darüber, dass jemand nicht zuhört. Nachfolgend acht häufige Äußerungen, wie Frauen ihrer Verärgerung darüber Ausdruck geben, dass man ihnen nicht zuhört. Auch hier gilt wiederum: Der Ton macht die Musik. Die folgenden Äußerungen könnten durchaus auch zum Ziel führen, wenn sie in einem humorvollen Ton ohne jede Beimischung von Ärger vorgebracht werden. Um eine Ahnung davon zu bekommen, wie bei einem Mann solche Bemerkungen ankommen, sollte man sich vorstellen, dass eine Frau sich ausgeschlossen fühlt und ärgerlich ist und dann eine der folgenden Aussagen macht:

1. Darf ich bitte ausreden?
2. Kann ich hier auch einmal zu Wort kommen?
3. Jetzt möchte ich auch einmal etwas sagen.
4. Darf ich vielleicht meine Gedanken zu Ende führen?
5. Sie hören einfach nicht zu.
6. Sie nehmen gar nicht wahr, was ich sage.
7. Ich komme hier einfach nicht zu Wort.
8. Warum verstehen Sie das nicht?

Bringt eine Frau solche Äußerungen in einem vorwurfsvollen Ton vor, fühlt sich ein Mann in die Defensive gedrängt. Aus seiner Sicht hört er durchaus zu, und sie kann ihn ja ihrerseits unterbrechen, um ihre Gedanken vorzubringen. Er hat das Gefühl, als Foulspieler angeprangert zu werden, während er doch nach den Regeln spielt. Kennen Männer und Frauen ihre gegenseitige Haltung nicht, dann arbeiten sie gegeneinander statt miteinander.

Fühlt sich eine Frau unterbrochen, dann ist es am besten, wenn sie dies nicht persönlich nimmt, den Mann ihrerseits unterbricht und weiter ihre Gedanken vorträgt. Am problemlosesten geht dies, wenn sie kurz zuhört, ihm etwas Nettes sagt und dann damit fortfährt, was sie sagen wollte. Dies hört sich etwa so an: »Eine gute Idee, aber...« oder »Genau, aber wenn ich es etwas anders ausdrücken darf...« Es ist ein gewaltiger Unterschied, ob man sagt: »Sie hören nicht zu« oder »Genau, aber ich würde es vielleicht so sagen...« Der Inhalt ist praktisch derselbe, aber die zweite Aussage enthält keinen Vorwurf, und dies ist ein klares Zeichen, dass sie seine Unterbrechung nicht persönlich nimmt.

8. Wenn ein Mann ihren Satz zu Ende führt

Eine Frau hat das Gefühl, dass ein Mann nicht zuhört, wenn er ihren Satz zu Ende führt. Tun dies Männer untereinander, nimmt keiner Anstoß. Es wird vielmehr so aufgefasst, dass der andere es ganz genau verstanden hat, und darum geht es schließlich in einer Kommunikation. Würde der andere nicht zuhören und hätte er es nicht verstanden, dann hätte er den Satz auch nicht zu Ende führen können. Glaubt eine Frau, dass ein Mann nicht zuhört, wo er doch ihren Satz zu Ende führen konnte, so ist dies für einen Mann völlig unbegreiflich. Männer müssen verstehen lernen, dass eine Frau nicht möchte, dass sie ihre Sätze zu Ende führen. Und statt zu denken, dass Männer nicht zuhören, sollte eine Frau sich klarmachen, dass sie sehr wohl zuhören, wenn auch nicht in der Weise, wie sie das möchte. Ein Mann vollendet ihren Satz nur deshalb, um ihr deutlich zu machen, dass er sie verstanden hat.

Eine Frau hat nicht schon dann das Gefühl, dass man ihr zuhört, wenn ihre Ideen verstanden werden, sondern erst dann, wenn sie das sagen konnte, was sie sagen wollte. Auf dem Mars ist es vielleicht in Ordnung, Sätze für andere zu vollenden, nicht aber auf der Venus. Auf der Venus kann man, indem man Worte ausspricht, oft noch zu einem tieferen Verständnis eines Sachverhalts kommen. Unterbricht ein Mann eine Frau mitten im Satz, kann dies für sie desorientierend sein und ihren kreativen Ausdruck empfindlich stören.

Sich verbal zu äußern, hilft einer Frau, auch sich selbst besser zu verstehen.

Ein Mann glaubt, einer Frau deutlich zu machen, dass er verstanden hat, was sie sagt, aber sie fasst dies keineswegs so auf. Sie versteht vielmehr: »Ich weiß schon, was Sie sagen wollen; also halten

Sie uns nicht länger auf.« Dies wirkt auf eine Frau als Missachtung, weil sie davon überzeugt ist, dass sie wahrscheinlich mehr zu sagen hat, als er jetzt gerade zum Ausdruck gebracht hat. Er glaubt vielleicht zu wissen, worauf sie hinauswill, aber dies ist schon deshalb nicht möglich, weil sie es oft selbst noch nicht genau weiß, solange sie nicht zu Ende geredet hat. Eine solche Parallelität von Reden und Denken gibt es auf dem Mars nicht. Männer überlegen sich in der Regel zuerst, was sie sagen wollen, und dann tragen sie es vor. Frauen haben eine Inspiration und lassen sich von ihr tragen; dabei entdecken sie nach und nach, wo ihr Ziel liegt.

9. Wenn ein Mann zu wissen glaubt, was eine Frau möchte
Eine Frau hat das Gefühl, dass ein Mann nicht zuhört, wenn er so tut, als wüsste er schon, was sie möchte, während sie selbst noch gar nicht zu einer Entscheidung gekommen ist. Aber die Tatsache, dass er zu einem falschen Schluss gekommen ist, bedeutet nicht, dass er nicht zugehört hätte. Er glaubt ihr zu helfen, indem er zu erraten versucht, worauf sie hinauswill. Auf dem Mars ist dies in Ordnung, aber auf der Venus kann es grob und aufdringlich sein. Eine Frau sollte in einem solchen Fall davon ausgehen, dass der Mann zwar zugehört, aber fälschlicherweise angenommen hat, dass er wüsste, was sie wollte.

Männer machen ihrerseits den Fehler zu glauben, dass eine Frau bei ihrer Entscheidungsfindung ihre Hilfe bräuchte. Man muss hier zwei Dinge auseinander halten. Sie möchte vielleicht, dass er auf mögliche Lösungen verweist und ihr Fragen stellt, aber sie möchte nicht, dass er ihr die Entscheidung abnimmt oder so tut, als ob sie nicht selbst entscheiden könnte.

Frauen schätzen einen Dialog über ihre Bedürfnisse, aber sie möchten sich nicht von einem Mann ihre Entscheidung abnehmen lassen, solange sie nicht konkret darum bitten.

Unterhält sich auf dem Mars ein Mann mit jemandem, den er für einen Experten hält, dann stört es ihn überhaupt nicht, wenn der andere ihm sagt, was er zu tun hat. Wenn ein Mann Fragen stellt, erkennt er an, dass der andere mehr Sachverstand hat. Deshalb möchte er auch die Meinung des anderen hören, was er tun sollte. Wenn also eine Frau über einen bestimmten Sachverhalt viele Fragen stellt, dann nimmt ein Mann ebenfalls an, dass sie von ihm hören möchte, was sie tun soll.

Frauen sind oft der Meinung, dass Männer keine Anweisungen von anderen annehmen wollen. Aber dies trifft nur dann zu, wenn ein Mann glaubt, etwas selbst tun zu können. Wendet er sich an einen anderen um Hilfe, weil er glaubt, dass dieser mehr Sachverstand hat als er, dann nimmt er Anweisungen ohne weiteres entgegen.

Diese Dynamik kann man sehr gut im Sprechzimmer einer Arztpraxis beobachten. Eine Frau möchte, dass ein Arzt Fragen stellt und ihre Fragen beantwortet, damit sie weiß, welche Möglichkeiten es gibt, und eine Entscheidung fällen kann. Ein Arzt, der nicht so tut, als wüsste er, was die Frau möchte, erringt bei Frauen großes Vertrauen und Wertschätzung.

Geht ein Mann in das Sprechzimmer, möchte er ebenfalls wissen, welche Möglichkeiten es gibt, aber er ist mehr daran interessiert, was er nach Meinung des Arztes tun sollte. Für einen Mann ist die Meinung eines Arztes, dem er vertraut, das Entscheidende.

Männer sträuben sich anfänglich, um Anweisungen zu bitten, aber wenn sie einen Experten fragen, nehmen sie dessen Anweisungen gerne an.

In ihren persönlichen Beziehungen sind Männer davon überzeugt, dass Frauen wollen, dass Männer wissen, was Frauen wollen. Und es ist eine romantische Vorstellung, dass ein Mann einer Frau jeden Wunsch von den Augen abliest. Am Arbeitsplatz vertrauen Frauen darauf, dass ein Mann ihnen die Unterstützung gibt, die sie von ihm erwarten. Aber sie erwarten nicht, dass er für sie entscheidet, was sie wollen. Das möchten sie auch deshalb nicht, weil sie sich dadurch unter Druck gesetzt fühlen. Auf der Venus besteht viel stärker die Tendenz, andere zuvorkommend zu behandeln. Weil Frauen viel sensibler für die Bedürfnisse anderer sind, ist es für sie oft schwieriger, ihre eigenen Bedürfnisse klar zu erkennen. Sie schätzen die Unterstützung eines Mannes, so weit sie ihnen behilflich ist. Aber sie möchten sich nicht dem Druck ausgesetzt sehen, dem Mann einen Gefallen zu tun, indem sie ihm Recht geben, während sie noch nach ihrer eigenen Lösung suchen. Dies möchten sie entspannt und in aller Ruhe tun.

Nachfolgend fünf Beispiele, wie ein Mann den oben beschriebenen Fehler begehen kann:

1. Er sagt: »Dieses Büro an der Seite ist doch genau das, was Sie sich gewünscht haben.« Er sollte stattdessen sagen: »An dieser Seite hat man eine tolle Aussicht; möchten Sie dort Ihr Büro?«

2. Er sagt: »Sie möchten dieses Problem also hinter sich bringen und vorwärts kommen. Rufen Sie doch bei... an.« Stattdessen sollte er sagen: »Na, zum Glück haben Sie dieses Problem hinter sich und können nach vorne blicken. Möchten Sie jetzt nicht... anrufen?«

3. Er sagt: »Das ist genau das Richtige für Sie. Da ist alles enthalten, was Sie von einem Auto erwarten.« Stattdessen sollte er sagen: »In diesem Paket ist alles enthalten, was Sie haben wollten. Ist es das, was Sie sich vorgestellt haben?«

4. Er sagt: »Dieser Platz ist genau richtig für Sie. Dort ist alles vorhanden, was Sie brauchen. Sie können...« Stattdessen sollte er sagen: »Dies ist sicher ein guter Platz. Hier ist alles vorhanden, was Sie haben wollten. Möchten Sie sich umsehen?«

5. Er sagt: »Ich könnte am Donnerstagnachmittag kommen, um Ihnen diese Präsentation vorzuführen, und sonst bin ich auch am

Freitag in Ihrer Gegend.« Stattdessen sollte er sagen: »Soll ich bei Ihnen vorbeikommen, um Ihnen diese Präsentation zu zeigen? Donnerstagnachmittag hätte ich Zeit, und am Freitag bin ich ebenfalls in Ihrer Gegend.«

In allen diesen Beispielen tut ein Mann so, als ob er schon wüsste, was eine Frau möchte, und macht ihr einen Vorschlag, bevor sie noch Zeit hatte, sich selbst eine Entscheidung zu überlegen. Nimmt er ihre Entscheidung nicht vorweg, setzt er sie auch nicht unter Druck, seinen Wünschen zu entsprechen. Durch eine solche das Ergebnis offen lassende Haltung gewinnt er ihr Vertrauen, und umso eher ist sie bereit, auf seine Vorstellungen einzugehen.

Tut ein Mann so, als wüsste er schon, was eine Frau möchte, kann sie in der folgenden Weise freundlich auf ihrer eigenen Meinung beharren, ohne sich unter Druck setzen zu lassen:

1. Er sagt: »Von diesem hübschen Büro an der Seite hat man eine großartige Aussicht. Das ist doch genau, was Sie sich vorgestellt haben.«

Dann könnte sie sagen: »Warum glauben Sie das?« Wenn er eine Antwort gibt, könnte sie erwidern: »Da bin ich mir nicht so sicher. Ich möchte gerne wissen, welche anderen Möglichkeiten es noch gibt.«

2. Er sagt: »Sie möchten sicher dieses Problem hinter sich bringen und vorankommen. Rufen Sie... an.«

Dann könnte sie sagen: »Ich bin mir noch nicht so sicher, ob ich damit fertig bin. Ich habe noch einige Ideen, denen ich erst nachgehen möchte.«

3. Er sagt: »Das ist das Richtige für Sie. Es enthält alles, was Sie bei einem Auto brauchen.«

Dann könnte Sie sagen: »Ja, es ist ein nettes Paket, aber ich möchte mir noch etwas anderes ansehen, bevor ich ein Auto kaufe.«

4. Er sagt: »Dieser Platz ist genau das, was Sie haben wollten. Hier ist alles vorhanden, was Sie suchen. Sie können...«
Dann könnte sie sagen: »Schön, dass Sie das meinen. Aber ich habe noch viel Zeit, um mich umzusehen; ich bin nicht in Eile.«

5. Er sagt: »Ich könnte am Donnerstagnachmittag bei Ihnen vorbeikommen, um Ihnen die Präsentation zu zeigen. Und am Freitag bin ich auch in Ihrer Gegend.«
   Dann könnte sie sagen: »Vielen Dank, aber ich möchte mir das noch überlegen. Ich rufe demnächst zurück.«

Indem sie einfach sagt, dass sie sich noch nicht entschieden hat, kann sie den Vorschlag eines Mannes ablehnen, ohne ihn zurückweisen zu müssen. Frauen sollten es vermeiden, einen Mann zu brüskieren, indem sie seine Dreistigkeit persönlich nehmen und sagen: »Nein, das will ich nicht.«
   Beachten Sie auch hier wiederum, dass es nicht auf die Worte ankommt, sondern auf den Ton. Selbst die kühle Feststellung: »Nein, das will ich nicht« wäre auf dem Mars völlig akzeptabel, wenn sie in einem freundlichen und vertrauensvollen Ton vorgebracht wird. Die oben vorgeschlagenen Antworten sind besonders für Frauen hilfreich, die dazu neigen, die Aufdringlichkeit eines Mannes persönlich zu nehmen, oder denen es schwer fällt, sich zu behaupten und dabei freundlich und kooperativ zu bleiben.

10. Wenn ein Mann zu wissen behauptet, was eine Frau fühlt
Eine Frau glaubt, dass ein Mann nicht zuhört, wenn er so tut, als wüsste er, was sie fühlt. Oft sagen Männer: »Ah, ich verstehe.« Sie glauben, Unterstützung zu geben, indem sie sagen, dass sie zuhören und wüssten, was die Frau fühlt. Aber auf der Venus kann man nicht verstehen, bevor man nicht alles gehört hat. Zu sagen, dass man verstanden hat, kann beleidigend sein, weil es sich anhört wie »Ach ja, ich weiß schon. Sie brauchen mir gar nichts mehr zu erzählen. Kommen wir zum nächsten Punkt.«
   Frauen haben eine größere Toleranz gegenüber emotionalen

Belastungen. Weil ihre Schwelle höher liegt, können sie geduldig dem Kummer anderer zuhören, ohne sich schon nach den ersten Worten gedrängt zu fühlen, etwas zu unternehmen. Hört ein Mann von einem Problem, versucht er sofort, es zu lösen. Teilt eine Frau mit, was sie empfindet, dann glaubt er, dass sie ihn lediglich auf die Tatsache aufmerksam machen möchte, dass es ein Problem gibt, das er lösen soll. Es ist ihm nicht bewusst, was sie wirklich möchte: Er soll geduldig zuhören.

Sagt er: »Ah, ich verstehe«, dann drückt er damit aus, dass er motiviert ist, in irgendeiner Weise zu helfen, und schon genug gehört hat, um einen Vorschlag machen zu können. Die Frau hört dagegen: »Sie brauchen mir nichts mehr zu erzählen. Entweder unternehmen wir jetzt etwas, oder wir reden von etwas anderem.«

Statt in einem solchen Fall zu glauben, dass Männer nicht zuhören, wäre es richtiger zu sagen: Der Mann hat zugehört, aber seine Annahme war falsch, dass er schon wüsste, was sie fühlt. Darüber hinaus nahm er an, dass sie eine Lösung von ihm erwartete, während sie nur wollte, dass er ihr zuhörte und anschließend seinen Standpunkt äußerte. Männer müssen daran denken, dass der Ausdruck »Ah, ich verstehe« zum falschen Zeitpunkt eine Beleidigung sein kann.

Statt zu sagen »Ich weiß schon«, kann er einer Frau zu verstehen geben, dass er zuhört, indem er nickt und gelegentlich zustimmende Geräusche macht wie »Mhm«, »Oh« oder »Ja«. Auf der Venus bedeuten solche bestätigenden Äußerungen: »Ich höre zu und versuche zu verstehen, was Sie sagen.«

Männer nicken normalerweise nicht und geben keine bestätigenden Laute von sich, weil es auf dem Mars bedeuten würde, dass sie den Standpunkt einer Frau teilen. Wenn sie sich gerade so hilflos und hoffnungslos fühlt, dann möchte ein Mann aber keineswegs die Botschaft vermitteln, dass sie dazu allen Grund habe. Er möchte ihr vielmehr Hoffnung geben und sie aufrichten. Aber wenn ein Mann das oben Gesagte beherzigt, kann er eher in einer Weise reagieren, die ihr wirklich hilft.

11. Wenn ein Mann zu wissen behauptet, wie sich eine Frau fühlen sollte

Frauen glauben, dass ein Mann nicht zuhört, wenn er so tut, als wüsste er, wie sie sich fühlen sollten. Männer machen oft Bemerkungen wie »Da sollten Sie sich keine Gedanken machen« oder »Das ist alles nicht so schlimm«. Sie glauben, dass sie diese zutreffenden Bemerkungen nicht hätten machen können, wenn sie nicht zuhören würden.

Auf der Venus aber können solche Bemerkungen bedeuten, dass man jemanden nicht ernst nimmt, und sie werden als klares Zeichen verstanden, dass der Betreffende nicht in einer mitfühlenden Weise zuhört. Glauben Frauen in diesem Fall, dass Männer nicht zuhören, dann ist es richtiger zu sagen, dass sie zwar zuhören, aber fälschlicherweise annehmen, dass verharmlosende Bemerkungen hilfreich sein könnten. Macht sich eine Frau dies bewusst, ist sie weniger schnell gekränkt.

Auf dem Mars tut ein Mann die Gefühle eines Freundes oft als Überreaktionen ab und fordert ihn auf, diese Gefühle nicht so wichtig zu nehmen. Mit einem solchen Vorschlag käme man auf der Venus vor Gericht. Gefühle sind ernst zu nehmen, und wer dies tut, gibt seiner Unterstützung Ausdruck. Auf der Venus ist die Verharmlosung von Kummer ein Affront.

Auf der Venus sind Gefühle ernst zu nehmen, und wer dies tut, gibt seiner Unterstützung Ausdruck.

Nachfolgend einige Sätze, mit denen Männer einander üblicherweise in emotional belastenden Situationen unterstützen:

1. Es hat keinen Zweck, darüber zu klagen.
2. Das ist bloß eine Überreaktion.
3. Das ist nicht so schlimm.
4. Du siehst zu viel dahinter.
5. So ist das ja gar nicht.

6. Es ist nicht so schlimm, wie du meinst.
7. Hör schon auf.
8. Ach was, vergiss es einfach.
9. Machen wir doch etwas Aufheiterndes.
10. Schon gut, ich weiß schon Bescheid.
11. Vorbei ist vorbei.
12. Können wir jetzt wieder von etwas anderem reden?

Es ist ratsam, solche Wendungen nicht gegenüber Fremden oder Kunden zu gebrauchen. Man redet so mit Menschen, denen man sich eng verbunden fühlt. Noch ratsamer ist es, so nicht mit einer Frau zu reden, selbst wenn man sehr eng mit ihr zusammenarbeitet. Verharmlost ein Mann ihre Gefühle, sollte eine Frau ihrerseits seine Absicht nicht falsch interpretieren und sich bewusst machen, dass er es nur gut meint und helfen will.

Ist eine Frau in der Lage, über verharmlosende Bemerkungen eines Mannes hinwegzusehen, dann kann sie besser mit ihm zusammenarbeiten. Macht er eine verharmlosende Bemerkung, kann sie durch eine unbeschwerte Reaktion ein Gefühl der Kameradschaft und der gegenseitigen Achtung erzeugen. Nachfolgend einige Beispiele, wie man auf eine scherzhafte Weise Spannungen zwischen den Geschlechtern vorbeugt:

Er sagt:	*Ihre lockere Reaktion:*
Es hat keinen Zweck, darüber zu klagen.	Hey, man wird wohl noch etwas Dampf ablassen dürfen.
Das ist bloß eine Überreaktion.	Das vergeht schon wieder.
Das ist nicht so schlimm.	Vielleicht nicht, aber ich möchte noch ein paar Minuten darauf herumreiten.
Sie sehen zu viel dahinter.	Schon gut, schon gut, lassen Sie mich noch ein bisschen reden, und dann geht es mir wieder besser.

Er sagt:	*Ihre lockere Reaktion:*
So ist das ja gar nicht.	Dann einigen wir uns doch einfach darauf, dass wir uns hier nicht einigen können.
Es ist nicht so schlimm, wie Sie meinen.	Vielleicht haben Sie recht. Bestimmt habe ich es bald verwunden.
Hören Sie schon auf.	Ja, aber erst, wenn ich fertig bin. Drei Minuten möchte ich noch jammern dürfen.
Ach was, vergessen Sie es einfach.	Ja ja, Sie wollen jetzt nichts mehr davon hören. Aber ich bin fast fertig.
Machen wir doch etwas Aufheiterndes.	Sie haben ganz Recht. Warum sollten wir uns beide ärgern. Gehen wir wieder an die Arbeit!
Schon gut, ich weiß schon Bescheid.	Sie vertragen schon noch etwas. Geben Sie mir noch drei Minuten, dann bin ich wirklich mächtig beeindruckt.
Vorbei ist vorbei.	Ja gut, ich höre ja schon auf. Ein klein wenig noch, dann habe ich es.
Können wir jetzt wieder von etwas anderem reden?	Aber ja, ich glaube, Sie haben genug gelitten.

Solche lockeren Antworten sind vielleicht nicht bei allen Gelegenheiten am Platz, aber in einer zwanglosen Arbeitsplatzsituation, im privaten Bereich oder in Gruppen baut ein solcher spielerischer und wohlwollender Ton sofort emotionale Spannungen ab, die entstehen, wenn Männer sich keine Gefühle anhören wollen.

12. Ein Mann wechselt das Thema, bevor sie fertig ist
Frauen haben das Gefühl, dass ein Mann nicht zuhört, wenn er das Thema wechselt, statt ihnen weitere Fragen zu stellen, um zu helfen. Auf der Venus sagt eine Frau bewusst nicht alles, damit der Zuhörer sein Interesse deutlich machen kann, indem er weitere Fragen stellt. Durch eine Pause gibt sie ihm Gelegenheit, selbst etwas zu sagen. Dies ist nicht nur eine freundliche Geste, sondern schafft auch Verbundenheit zwischen beiden. Wenn der Zuhörer eine Frage stellt, hat die Sprecherin Gelegenheit, mehr Klarheit über das zu gewinnen, was sie sagt. Sie weiß, dass die Beantwortung von Fragen ihr selbst weiterhilft.

———◄o►———

Frauen demonstrieren ihr Verständnis, indem sie weitere Fragen stellen, um mehr Details zu erfahren.

———◄o►———

Männer wissen oft nicht über diese venusianische Eigenheit Bescheid und nehmen an, dass eine Frau, die nur eine Pause macht, alles gesagt hat. Stellt ein Mann keine weiteren Fragen, bedeutet dies für sie, dass es ihn nicht interessiert, was sie noch zu sagen hat. In diesem Beispiel hat ein Mann zwar zugehört, aber es war ihm nicht bewusst, dass sie noch weitere Fragen von ihm erwartete.

Auf dem Mars lässt man sich nicht von anderen alles »aus der Nase ziehen«. Vielmehr legt man seine besten Gedanken sofort auf den Tisch. Frauen sollten sich bewusst sein, dass Langatmigkeit in Besprechungen ihren Erfolg am Arbeitsplatz gefährden kann. Männer neigen eher dazu, sofort ihre überzeugendsten Argumente vorzubringen, bevor sie eine Pause machen und Raum für Fragen geben. Wartet eine Frau erst, bis andere sie mit Fragen »löchern«, dann erzeugt dies bei Männern den Eindruck, dass ihre Präsentation unausgegoren und lückenhaft ist. Stellt eine Frau Männern ein Projekt vor, dann muss sie wissen, dass es vor allem auf ihre ersten Ideen ankommt. Ihrem beruflichen Image kommt es nicht zugute, wenn sie sich lange bitten lässt.

In Diskussionen zeigen Frauen in ganz natürlicher Weise ihr Interesse, indem sie Fragen stellen, um mehr zu erfahren. Aber sie sind sich dabei nicht bewusst, dass Männer dies eher beleidigend finden. Stellt eine Frau eine Frage, dann wirkt dies auf einen Mann so, als ob er sich nicht klar genug ausgedrückt hätte. Weist sie ihn auf etwas hin, das in seiner Präsentation zu fehlen scheint, respektiert er diese Frage. Versucht sie aber, ihr Interesse zu zeigen, indem sie an manchen Punkten nachhakt, empfindet er dies vielleicht als Affront. Wissen Männer und Frauen über diese Unterschiede Bescheid, können sie lernen, Fragen bzw. das Ausbleiben von Fragen nicht als persönlichen Angriff zu verstehen.

Verweist eine Frau auf eine Lücke in der Präsentation eines Mannes, dann respektiert er ihre Fragen.

Ein Mann kann es vermeiden, eine Frau zu beleidigen, indem er Fragen stellt, die einer weiteren Klärung dienen, statt direkt seine eigenen Lösungen zu präsentieren. Benutzt umgekehrt eine Frau Klärungsfragen, um mehr von einem Mann zu erfahren, kann dies auf ihn beleidigend wirken, während er sie zugleich für etwas langsam hält, weil sie es nicht beim ersten Mal verstanden hat. Es ist in Ordnung, wenn eine Frau von einem Mann nähere Erläuterungen verlangt, solange sie wirklich für sich selbst eine Klärung haben möchte und nicht versucht, ihm mehr zu entlocken, oder indirekt für ihn seine Gedanken klären möchte. Nachfolgend einige Beispiele für Klärungsfragen:

1. Sie meinen also, dass...?
2. Ist dies so gedacht, dass...?
3. Trifft es wirklich zu, dass...?
4. Wie muss man sich das vorstellen, dass...?
5. Ist das wirklich ernst gemeint, dass...?
6. Ist es sinnvoll zu sagen, dass...?
7. Ist es wirklich die beste Lösung, wenn man....?

8. Soll ich dies so verstehen, dass….?
9. Ich fasse das so auf, dass…, oder?
10. Was würden Sie sagen, wenn… ?

Eine Frau empfindet Nachfragen als hilfreich, während ein Mann sie als Herausforderung empfinden kann. Fühlt sich eine Frau durch die Aussagen eines Mannes persönlich angegriffen, dann können ihre Nachfragen als Angriff erscheinen. Muss ein Mann sich verteidigen, dann hat er praktisch seine Chance verspielt, seine Lösung durchzusetzen. Männer vermeiden dies, indem sie nicht persönlich reagieren.

Was Männer am Arbeitsplatz überhaupt nicht ausstehen können, sind Fragen, die nur gestellt werden, um Kontakt herzustellen. Dagegen lieben es Männer, als Fachmann bewundert zu werden und helfen zu können. Stellt eine Frau weitere Fragen und macht sie durch ihren Tonfall deutlich, wie sehr ihr seine Ideen und Antworten helfen, dann ist er sehr gerne für sie da, und so schafft sie in der Arbeitsbeziehung Vertrauen und Achtung.

Männer können am Arbeitsplatz Fragen nicht ausstehen, die nur gestellt werden, um Kontakt zu schaffen.

Die obige Liste von Klärungsfragen kann Männern helfen, wenn eine Frau redet und sie das Thema wechseln wollen. Diese Fragen geben einer Frau das Gefühl, dass der Mann zuhört. Umgekehrt können Frauen mit Hilfe dieser Liste erkennen, welche unterschiedlichen Wirkungen der Tonfall erzeugen kann. Bringt eine Frau diese Fragen im Rollenspiel in einem misstrauischen Tonfall hervor, dann bekommt sie eine sehr gute Vorstellung davon, wie sie vielleicht Männer brüskiert hat. Frauen können sicherstellen, dass ihre Fragen richtig ankommen, indem sie hin und wieder wohlwollende Bemerkungen voranstellen. Nachfolgend einige Beispiele:

1. Das ist sehr hilfreich; Sie meinen also, dass...?
2. Das ist eine sehr gute Idee; es ist also so, dass...?
3. Darauf wäre ich nie gekommen. Trifft es tatsächlich zu, dass...?
4. Das erstaunt mich. Wie ist es möglich, dass...?
5. Wie sollte man darauf kommen? Sicher scherzen Sie nur...?
6. Ich bin wirklich froh, dass ich gerade mit Ihnen reden kann. Wäre es sinnvoll zu sagen, ...?
7. Sie haben zweifellos Recht, aber ist es wirklich am besten, ...?
8. Das leuchtet mir vollkommen ein, kann ich daraus schließen, dass...?
9. Das ist eine wirklich gute Idee. Wenn ich es recht verstehe, meinen Sie...?
10. Phantastisch! Was würden Sie sagen, wenn...?

Fügt eine Frau ihrer Frage etwas Lobendes hinzu, dann kommt die Frage auch richtig an, und der Mann braucht sich nicht herausgefordert zu fühlen. Was man genau sagt, ist nicht so wichtig; entscheidend ist einfach, dass man sich um eine lobende Äußerung bemüht.

Strengen sich umgekehrt Männer an, höflich zuzuhören und Fragen zu stellen, dann aktivieren sie ihre innere Zuwendung, und dies drückt sich auch in ihrem Tonfall aus. Spricht man in einem freundlichen Ton, dann braucht man nicht zu befürchten, dass andere Anstoß nehmen.

Männer stören bohrende Fragen nicht, solange sie das Gefühl haben können, dass sie die Fragen nicht persönlich nehmen müssen. Haben sie das Gefühl, dass jemand sie persönlich angreifen möchte, dann reagieren sie darauf sehr heftig. Verhält sich jemand feindselig, nehmen sie sofort eine Verteidigungshaltung ein, und der Angreifer ist ihr Feind. Männer werden persönlich, wenn sich andere persönlich äußern. Deshalb herrscht in einer Arbeitsumgebung im Allgemeinen die Tendenz, persönliche Empfindungen auszuschließen und alles nur unter dem Blickwinkel des Projektziels zu sehen.

Aber indem Männer sich nur ein klein wenig persönlicher geben, können sie bei ihren Kolleginnen, Chefinnen und Kundinnen viel mehr erreichen. Und lernen Frauen, das Zuhörverhalten von Männern richtig zu interpretieren, dann schützen sie sich dadurch vor der Tendenz, ihren eigenen Erfolg zu sabotieren, indem sie auf männliches Verhalten persönlich reagieren. So können durch mehr gegenseitiges Verständnis beide Geschlechter am Arbeitsplatz gewinnen.

8
Regeln sind vom Mars, Umgangsformen von der Venus

Männer halten sich an bestimmte stillschweigende Regeln, um in der von Wettbewerb geprägten unpersönlichen Arbeitswelt Kränkungen möglichst zu vermeiden. Mit Hilfe dieser Regeln drückt ein Mann am Arbeitsplatz aus, dass seine Entscheidungen und Motive nicht persönlich zu verstehen sind. Gleichgültig, ob man einander mag oder sogar befreundet ist – Entscheidungen werden in erster Linie mit Blick auf das Projektziel gefällt.

Frauen neigen eher zu einer beziehungsorientierten Verhaltensweise. Dies ist insbesondere für die Erziehung von Kindern hilfreich, aber auch am Arbeitsplatz kann man damit Harmonie, gute Zusammenarbeit und Loyalität schaffen. Stehen Kundinnen und Kunden vor der Entscheidung zwischen zwei ansonsten völlig gleichen Angeboten, dann werden sie letztlich denjenigen den Vorzug geben, zu denen sie eine bessere Verbindung herstellen können. Persönliche Verbundenheit hat schon oft den Ausschlag für eine Auftragserteilung gegeben.

Persönliche Verbundenheit kann bei einer Auftragserteilung den Ausschlag geben.

Die Arbeitswelt hat sich heute ganz wesentlich verändert. Die alten Regeln auf dem Mars waren in Zeiten einer beschränkten Kommunikation und beschränkter Wahlmöglichkeiten sehr hilfreich, aber heute sind sie überholt. Sind Männer nicht bereit, sich über die alten Regeln hinwegzusetzen, dann geraten sie rasch ins Hintertreffen. Dank der technischen Fortschritte hinsichtlich der

Geschwindigkeit und Effektivität der Kommunikation haben Anbieter und Kunden heute viel mehr Auswahl. Wer auf dem sich verändernden Weltmarkt konkurrenzfähig bleiben will, muss einen Ausgleich zwischen den Regeln, Verhaltensweisen und Werten finden, wie sie auf dem Mars einerseits und auf der Venus andererseits gebräuchlich sind.

Sind Männer nicht bereit, sich über die alten Regeln hinwegzusetzen, dann geraten sie rasch ins Hintertreffen.

Die alten Regeln vom Mars stehen oft in direktem Gegensatz zu den beziehungsorientierten Verhaltensweisen auf der Venus. Verhalten, das auf dem Mars normal und akzeptiert ist, gibt Frauen oft das Gefühl, dass sie ausgeschlossen und übervorteilt werden und niemandem vertrauen können. Auf dem Mars wiederum können die fürsorglichen Verhaltensweisen der Venusianerinnen oft als Zeichen der Schwäche aufgefasst werden. Machen sich Frauen mit den marsianischen Regeln vertraut, dann haben sie damit die Mittel an der Hand, um sich auch in den vielen Bereichen der Arbeitswelt behaupten zu können, die heute noch von Männern beherrscht sind.

Damit neue Umgangsformen in der Arbeitswelt entstehen können, müssen Männer und Frauen ihr Bewusstsein dafür schärfen, wie sie dort gegen die Regeln und Gebräuche der jeweils anderen Welt verstoßen. Wissen Frauen und Männer besser darüber Bescheid, wie sie mehr füreinander tun können, dann kann am Arbeitsplatz eine harmonische Mischung aus marsianischen Regeln und venusianischen Umgangsformen entstehen.

Für viele Frauen bedeutet es eine große Umstellung, sich in die von Wettbewerb geprägte marsianische Umgebung hineinzubegeben, in der das oberste Ziel die pragmatischste Lösung zur Steigerung des Profits ist. Diese Herausforderung ist umso größer, wenn eine Frau die vom Mars stammenden Regeln am Arbeitsplatz nicht versteht.

Diese Regeln sind nicht geheim, aber es wird auch nicht ausdrücklich darüber gesprochen. Niemand enthält Frauen diese wichtigen Informationen absichtlich vor. Bei Männern sind sie teils instinktiv, teils durch die Teilnahme an Wettbewerbssportarten erlernt. Sofern eine Frau nicht mit vielen Brüdern aufgewachsen ist, ist es für sie sehr schwer, diese Regeln zu erkennen.

Manche Frauen passen sich mühelos an, weil sie vielleicht von Geburt an mehr marsianische Hormone im Blut haben. Sie folgen instinktiv den gleichen Regeln wie Männer. Dies sind oft diejenigen Frauen, die beruflich Karriere machen. Die meisten Frauen müssen sich allerdings erst mit den Regeln der Männer vertraut machen, um erfolgreich sein zu können.

Man kann sich ja einmal vorstellen, dass man Fußball spielen wollte, ohne die Regeln zu kennen. Man wäre verwirrt und hätte ständig das Gefühl, dass einem Unrecht geschieht. Man würde unwissentlich Fouls begehen und Fouls reklamieren, die keine sind. Man könnte nicht verstehen, warum man nicht gewinnt. Wer nichts über Spielzüge und taktisches Verhalten weiß, schadet dem ganzen Team.

Wie begabt man auch ist und wie sehr man sich auch bemüht – wenn man die Regeln nicht kennt, führt kein Weg zum Erfolg.

Kennen Frauen die Spielregeln der Männer am Arbeitsplatz nicht, erscheinen sie ihnen leicht als arrogant, unsensibel, fordernd und lieblos, während sie letztlich nur ihre Arbeit tun und sich an die Regeln des Mars halten, die nun einmal für die am Arbeitsplatz bestehende Konkurrenzsituation gelten. In ihren persönlichen Beziehungen können dieselben Männer großzügig, rücksichtsvoll und nachsichtig sein. Selbst in ihren Beziehungen am Arbeitsplatz können diese Eigenschaften zum Vorschein kommen, aber ohne Kenntnis der marsianischen Regeln wird dies nicht wahrgenommen.

Veränderungen am Arbeitsplatz herbeiführen

Erfolg stellt sich in jedem Lebensbereich dann ein, wenn man das Alte respektiert und Raum für das Neue schafft. Eine solche Zusammenführung entgegengesetzter Werte ist das Geheimnis der Kreativität und des Fortschritts.

Eine Synthese marsianischer und venusianischer Werte ist das Geheimnis von Kreativität und Fortschritt.

Die alten marsianischen Regeln müssen zweifellos auf einen neuen Stand gebracht werden. Dieser Prozess braucht jedoch seine Zeit. In der Zwischenzeit sollten Sie sich kundig machen, nach welchen Regeln die anderen spielen, damit Sie eine Entscheidung treffen können, wie Sie selbst spielen möchten. Zumindest wissen Sie dann, wenn Sie von anderen gefoult werden, warum das so ist. Wollen andere Sie nicht in ihrem Team haben, dann nehmen Sie dies nicht persönlich, sondern erkennen an, dass Sie selbst nicht nach deren Regeln spielen wollen.

In einem Seminar, das ich in London abhielt, sprach ich über meine eigenen Erfahrungen mit den Nachrichtenmedien: »Manchmal glaubt man, wirklich nette Interviewpartner zu haben. Dann aber gehen sie nach Hause und schreiben ganz hässliche und gemeine Artikel über einen. Natürlich lässt sich alles Gesagte aus dem Zusammenhang reißen und daraus ein Artikel basteln, der genau das beweist, was die andere Seite beweisen möchte. Wenn sie jemanden heruntermachen wollen, dann können sie jeden so darstellen, wie es ihnen beliebt.«

Nach dieser Bemerkung stand eine Frau auf und sagte, dass sie eine jener bösen Reporterinnen sei. Ihre schlichte Aussage war: »Sehen Sie es uns nach. Wenn wir nicht zynisch und tough sind, dann druckt die Zeitung unsere Artikel nicht, und dann bekommen wir kein Geld. Wenn Sie genauer hinsehen, dann werden Sie feststellen, dass wir durchaus auch einige der guten Dinge erwähnen, die Sie sagen.«

Dies war für mich eine völlig neue Sichtweise. Im Grunde hatte sie ja völlig Recht: Ich sollte es einfach nicht so persönlich nehmen. Sie hielten sich an ihre Spielregeln und taten, was für ihren Job erforderlich war. Als ich aufhörte, es persönlich zu nehmen, war mein öffentliches Leben wieder entspannter. Statt mich auf das Negative zu konzentrieren, konnte ich jetzt auch das Positive sehen.

Die Arbeitswelt ist manchmal ungerecht, kalt, manipulierend und korrupt. Aber sie kann eben auch hilfreich, bereichernd und erfüllend sein. Es ist ein unvollkommenes System, das von unvollkommenen Menschen geschaffen wurde. Wer Vollkommenheit erwartet, wird zwangsläufig enttäuscht. Aber in der heutigen Arbeitswelt bessert sich vieles.

Sie können nach den Regeln spielen oder auch nicht. Es liegt ganz bei Ihnen selbst. Möchten Sie die Regeln ändern, dann müssen Sie sie zunächst respektieren. Die einzige Möglichkeit, Regeln zu ändern, besteht darin, sie zuerst einmal anzuwenden. Nimmt man sie persönlich, dann beraubt man nur sich selbst der Möglichkeit, eine positive Veränderung herbeizuführen.

Man kann letztlich nicht sagen, dass die Regeln auf dem Mars besser wären als die Umgangsformen auf der Venus und umgekehrt. Sie sind einfach anders. Beide stehen in einem sinnvollen Kontext. Ändert sich der Kontext, dann müssen allerdings auch die Regeln geändert werden. Und wenn Männer und Frauen nebeneinander arbeiten, dann *ist* der Kontext ein anderer. An die Spitze gelangen dabei diejenigen, die fähig sind, sich anzupassen, indem sie andere und sich selbst respektieren.

An die Spitze gelangen diejenigen, die fähig sind, sich anzupassen, indem sie andere und sich selbst respektieren.

Respektiert und schätzt man marsianische Regeln und venusianische Verhaltensweisen, kann man eine Synthese herstellen, und so ergibt sich schließlich ein neuer und besserer Kodex von Regeln und Umgangsformen.

Geschäft und Wettbewerbssport

Auf dem Mars gleichen die geschäftlichen Regeln manchmal den Regeln einer Wettbewerbssportart. Auf dem Platz und im Ring bekämpft man einander. Das Ziel ist es, den Gegner zu schlagen und zu gewinnen. Solange bestimmte Regeln eingehalten werden, ist alles Übrige fair, und niemand nimmt den Wettkampf persönlich. Das Ziel ist es, sein Bestes zu geben, und der Bessere soll gewinnen. Nach dem Spiel können zwei Männer beste Freunde sein; aber während des Spiels setzen sie alles daran, einander zu besiegen. Dazu gehört es auch, dass man eine Strategie entwickelt und Pläne macht, wie man seinen Gegner schlagen kann.

In Sportarten wie Bogenschießen, Bowling und Golf kann man gewissermaßen gegen sich selbst antreten, um sein Bestes zu geben, während man sich in anderen Sportarten wie Tennis, Basketball, Fußball und Boxen aktiver mit einem Gegner auseinandersetzt. Die Mars-Regeln gelten insbesondere für diese wettkampfbetonteren Sportarten. Das Ziel ist, wie herzlos es auch auf der Venus erscheinen mag, dass der andere verliert und man selbst gewinnt. Man tut also sein Bestes, den anderen zu ermüden, ihn zu hetzen oder auch k.o. zu schlagen. Alles andere wäre eine Beleidigung. Kein Marsianer möchte das Gefühl haben, dass ihn der Gegner gewinnen lässt. Ein Sportereignis ist der Wettbewerb der Fähigkeiten und Begabungen. Wenn jemand gewinnen soll, muss es auch jemanden geben, der verliert.

In diesen wettbewerbsorientierten Sportarten kommen die Regeln des Mars zum Tragen. Diese Regeln erlauben es Männern, solche Kämpfe gegeneinander auszutragen, ohne es persönlich zu nehmen. Sie können versuchen, ihren Gegner zu schlagen, ohne einander wirklich wehtun zu wollen. Sie wollen gewinnen, aber sie sind nicht brutal. Sie wollen fair und sauber gewinnen. Dabei halten sie sich an bestimmte Regeln, und gezielte Schläge unter die Gürtellinie gibt es nicht. Durch die Einhaltung vorab vereinbarter Regeln erringen sie Ehre, wenn sie einem Gegner eine Niederlage zufügen. Missachten sie die Regeln, dann verlieren sie ihre Ehre, selbst wenn sie gewinnen.

Regeln im Sport erlauben es Männern, eine Art Krieg zu führen, ohne dies persönlich zu nehmen.

Ein solches Denken ist den Bewohnerinnen der Venus fremd. Dort spielt man nach anderen Regeln. Aufopferung und bedingungslose Hingabe sind hohe Werte. Solange alle diese Haltung haben, bekommen auch alle Zuwendung.

Auf der Venus gilt: Wenn alle geben, dann bekommen alle etwas.

Diese Haltung des Gebens funktioniert auf der Venus, aber nicht im Sport und nicht in einer marsianischen Arbeitswelt. Man kann ein Fußballspiel nicht gewinnen, wenn man ständig dem Gegner Vorlagen gibt. Man hält den Ball in den eigenen Reihen und wehrt die Schüsse der Gegner ab. Dieser direkte Widerstand ist freundschaftlich und fair, weil alle dieselben Möglichkeiten haben. Dadurch ist sichergestellt, dass die bessere Mannschaft gewinnt.

Ein Mann muss sich mit den Sitten und Gebräuchen von der Venus vertraut machen, wenn er das Vertrauen und die Achtung von Frauen gewinnen will. In einer venusianischen Geschäftswelt gewinnt man Kundinnen manchmal dadurch, dass man sie auf jemand anderen verweist, der ihnen besser helfen kann. Sie werden es in Erinnerung behalten, dass man sie gut beraten hat, und einen dafür weiterhin unterstützen.

Seit immer mehr Frauen berufstätig sind, ändern sich allmählich die alten Regeln. Wo es früher hieß »Ich gewinne, und du verlierst«, heißt es jetzt immer öfter »Ich gewinne, und du gewinnst«. Natürlich wollen Firmen nach wie vor ihre Konkurrenten ausstechen, aber zwischen Kolleginnen und Kollegen, zwischen Vorgesetzten und Angestellten und zwischen Dienstleistern und Kunden findet immer mehr die Haltung Anklang, dass beide gewinnen können. Diese Haltung ist eine Synthese von marsianischem und venusianischem Denken. Achtet man darauf, dass die Unterschiede am Arbeitsplatz respektiert werden, dann schafft man die Voraussetzungen dafür, dass Männer und Frauen gleichermaßen die Chance zu wachsendem Erfolg haben.

Mars und Venus im Besprechungszimmer

Wenn Männer eine Besprechung abhalten, kann es manchmal zu hitzigen Diskussionen kommen, aber niemand nimmt es persönlich. Sie werden wütend, sind enttäuscht oder geben ihrem Ärger Ausdruck. Wenn es Mittag ist, gehen dieselben Männer gemeinsam essen und genießen die Mahlzeit. Die Auseinandersetzungen sind dann völlig vergessen, Geschäft ist Geschäft, und beleidigt sein gilt nicht. Ein gemeinsamer Drink bekräftigt die Botschaft, dass es keine unterschwelligen Abneigungen gibt.

Etwas ganz anderes ist es, wenn Frauen aus verschiedenen Abteilungen zusammenkommen und diskutieren. In der Arbeitswelt muss eine Frau eine Idee verkaufen. Wenn diese Idee nicht akzeptiert wird, dann hat eine Frau oft das Gefühl, dass man sie nicht hört und nicht achtet, und dies belastet sie.

Wenn es Zeit zum Mittagessen ist, gehen Frauen nicht wie die Männer miteinander essen, sondern bewusst in unterschiedliche Richtungen, um mit einer Vertrauten über die Diskussionen zu reden. In dieser Weise bauen sie ihre Spannungen ab, weil sie sich jetzt gehört und verstanden fühlen.

Wenn auf der Venus Frauen in ihren Selbsthilfegruppen zusammenkommen, entsteht dort eine andere Dynamik als bei Gesprächen am Arbeitsplatz. Alle Frauen haben das Gefühl, dass man ihnen zuhört und dass sie wahrgenommen werden. Dies ist viel einfacher, wenn man keine geschäftlichen Entscheidungen und Bewertungen treffen muss, oder wenn jemand das Sagen hat und die endgültige Entscheidung fällt.

Die Belastungen für Frauen nehmen erheblich zu, wenn sie mit Männern in schwierigen Besprechungen beisammensitzen. Männer drücken sich unwissentlich in einer Weise aus, die Frauen das Gefühl geben kann, persönlich angegriffen zu werden. Dann kann eine Frau ihrerseits mit Zorn, Frustration, Besorgnis und Misstrauen reagieren. Doch damit bringt sie die Männer nur gegen sich auf. Die Argumentation einer Frau verliert in den Augen von Männern sofort an Wert, wenn sie sie in einer solch emotionalen Weise vorbringt.

Gleichberechtigung am Arbeitsplatz

Wenn Menschen am Arbeitsplatz Gleichberechtigung verlangen, dann möchten sie in der Regel mehr Geld, mehr Chancen und mehr Privilegien. Wir sehen, dass andere mehr bekommen, und möchten selbst auch mehr. Wissen wir nicht, nach welchen Regeln am Arbeitsplatz gespielt wird, dann staut sich Ärger auf.

Mit neuen Einsichten darüber, wie Männer und Frauen am Arbeitsplatz unterschiedlich denken, fühlen und kommunizieren, haben beide jetzt dieselbe Chance, sich am Arbeitsplatz die Achtung anderer zu erringen. Doch selbst wenn Chancengleichheit am Arbeitsplatz erreichbar ist, wird es keine Gleichheit geben.

Es gibt Unterschiede im Gehalt und andere Privilegien, und dies wird immer so sein. In der freien Wirtschaft müssen wir alle uns dem Wettbewerb stellen; es wird uns nicht einfach etwas zugeteilt. Unsere Bezahlung und unser Wert regeln sich nach dem Gesetz von Angebot und Nachfrage. Wenn die eigene Dienstleistung gefragt ist und das Angebot knapp, dann steigt der eigene Wert. Damit erringt man auch mehr Ansehen. Wenn Sie zum Beispiel die Einzige sind, die sich mit einem Computer auskennt, dann wird man Sie dort, wo etwas repariert werden muss, mit großer Hochachtung empfangen. Sitzen dagegen im Büro lauter Programmierer mit ähnlichen Fähigkeiten, dann erregt dieses Können keinerlei Aufmerksamkeit.

In einer freien Wirtschaft gibt es nichts geschenkt. Wir müssen uns unser Auskommen verdienen.

Machen sich Frauen mit den Regeln vertraut, nach denen Männer denken, dann können sie mit einigen wenigen Verhaltensanpassungen deren Achtung ebenso erringen, wie sie auch andere Männer erringen müssten. Und dazu müssen sie nicht einmal Marsianer werden. Es ist ja nicht so, dass Männer Frauen grundsätzlich nicht respektieren würden. Männer mögen nur bestimmte Verhaltensweisen nicht, die gegen die stillschweigenden Regeln auf dem Mars verstoßen. Alle, ob Männer oder Frauen, die gegen diesen Kodex für geschäftliche Abmachungen und Professionalität verstoßen, sinken in der Achtung von Männern.

Dies mag vielleicht ungerecht erscheinen, weil sich Frauen Verhaltens- und Kommunikationsformen aneignen sollen, die von Männern für Männer gemacht sind. Aber Männer stehen ja vor derselben Herausforderung: Wenn sie die Achtung und Unterstützung von Frauen gewinnen wollen, müssen auch sie ihr Verhalten und ihre Interaktionen anpassen.

Auch manche Männer, die sich unter Männern nicht den gebührenden Respekt verschaffen können, profitieren von einem besseren Verständnis der Mars-Regeln. Wenn ein Mann unter lauter Mädchen aufwuchs, ein sehr enges Verhältnis zu seiner Mutter hatte, nie einen Mannschaftssport betrieb oder einfach weniger marsianische Hormone in sich hat, dann hat er vielleicht ebenfalls diese Regeln nicht verinnerlicht.

Marsianische Regeln und venusianische Umgangsformen

Fassen wir einmal diese Regeln vom Mars zusammen und vergleichen wir sie mit den entsprechenden Regeln von der Venus. Um es zu wiederholen: Beides hat seine Berechtigung, und keines von beiden ist besser. Wenn wir diese Unterschiede betrachten, dann deshalb, um zu verstehen, wie man andere falsch interpretieren oder selbst von anderen falsch interpretiert werden kann.

Regeln vom Mars:	*Umgangsformen von der Venus:*
Rede nur über ein Problem, wenn du auch die Lösung hast.	Wenn es ein Problem gibt, dann sprich einfach darüber.
Kompetent ist, wer seinen Standpunkt mit möglichst wenigen Worten vorbringen kann.	Es stärkt die kollegialen Beziehungen, ausführlicher darüber zu reden, wie man bestimmte Dinge wahrnimmt.
Man soll sich nicht zu sehr zurückhalten. Damit schwächt man seine Führungskraft.	Hebe dich nicht auf Kosten anderer hervor. Dies erzeugt Spaltung.
Gefühle zu zeigen, ist ein Zeichen der Schwäche, und dies werden deine Gegner gegen dich ausnutzen.	Sprich über deine Verletzlichkeit, um Vertrauen zu schaffen und Unterstützung zu bekommen.
Habe immer eine Antwort bereit, und zeige niemals Verunsicherung.	Gehe nicht davon aus, dass du die beste Antwort hast. Beziehe andere in die Problemlösung mit ein.
Zeige Stärke und Selbstvertrauen, indem du dich nicht erschüttern lässt.	Zeige Engagement und Selbstachtung, indem du an Missachtung Anstoß nimmst.

Regeln vom Mars:	*Umgangsformen von der Venus:*
Halte deine Gefühle zurück, bleibe kühl, gelassen und ruhig, dann respektieren andere dich mehr.	Drücke deine persönlichen Empfindungen aus, um mehr gegenseitiges Verständnis und Unterstützung zu schaffen.
Bitte nur um Hilfe, wenn du sie unbedingt brauchst. Du wirst daran gemessen, wie viel du selbst erledigen kannst.	Hilfe zu geben und selbst anzunehmen erzeugt Verbundenheit und Teamgeist.
Man hat es selbst in der Hand, ein Geschäft abzuschließen oder sich zu holen, was man haben möchte. Wer nichts verlangt, der bekommt auch nichts.	Demonstriere dein Engagement, indem du dein Bestes gibst, dann werden andere von selbst auf dich aufmerksam und dir geben, was du verdient hast.
Das Gesetz der Effizienz: Tue niemals etwas, das du nicht tun musst. Wenn du mehr tust, dann achte darauf, dass es dir vergütet wird.	Die goldene Regel: Gib anderen, was du von diesen für dich selbst erwartest. Gib mehr, dann bekommst du auch mehr.
Rücke deine Erfolge ins richtige Licht und streiche deine Verdienste heraus. Fördere dich selbst, dann werden auch andere dich fördern.	Streiche immer die Verdienste anderer heraus, die dir geholfen haben. Fördere andere, und sie werden dich fördern.
Geschäft ist Geschäft: Lasse dich vom Projektziel leiten, nicht von deinen Gefühlen.	Hilfst du mir, so helfe ich dir. Denke an deine Freunde, und deine Freunde werden an dich denken.
Der Zweck heiligt die Mittel: Nur das Ergebnis zählt, nicht der Weg dorthin.	Der Erfolg ist eine Reise, kein Ziel. Es kommt nicht darauf an, was man tut, sondern wie man es tut.

Mit einem neuen Bewusstsein kann man sein Verhalten und seine Reaktionen an den Kontext anpassen, in dem man arbeitet. Arbeiten Sie mit einer Frau oder mehreren Frauen zusammen, dann sollten Sie auf venusianische Umgangsformen achten. Arbeiten Sie mit einem Mann oder einer Gruppe von Männern, dann ist es ebenfalls hilfreich, sich daran zu erinnern, mit welchem Maßstab Sie gemessen werden.

Wer über diese Regeln und Umgangsformen Bescheid weiß, kann seine Reaktionen leichter anpassen und in der jeweils angemessenen Weise interagieren.

Wie man um Unterstützung bittet und sie bekommt

Bekommt man am Arbeitsplatz nicht die gewünschte Unterstützung, dann kann ein wichtiger Grund darin liegen, dass man nicht mit genügend Nachdruck oder in der falschen Weise darum bittet. In dieser Hinsicht gelten auf dem Mars und auf der Venus völlig unterschiedliche Regeln. Männer haben oft einen größeren Widerstand dagegen, um Anweisungen zu bitten, aber sie bitten leichter um mehr Gegenleistungen. Wer um Anweisungen bittet, erweckt den Eindruck, überfordert zu sein; wer um Gegenleistungen bittet, bringt damit zum Ausdruck, dass er nur haben möchte, was er aufgrund seiner Fähigkeiten verdient hat. Frauen bitten sowohl um Unterstützung als auch um Gegenleistungen, aber in einer Weise, die auf dem Mars oft nicht wahrgenommen oder falsch verstanden wird.

Wenn Frauen um Unterstützung bitten, dann tun sie dies oft so indirekt, dass Männer es überhaupt nicht wahrnehmen. Andererseits sind Männer in dieser Hinsicht oft zu direkt oder klingen respektlos. Sie sollten sich immer vor Augen halten, wie die eigenen Bitten und Forderungen beim anderen Geschlecht ankommen; dann gelingt es viel eher, die Achtung, die Sie verdient haben, die Unterstützung, die Sie brauchen, und die Zusammenarbeit zu bekommen, die Sie sich wünschen.

Warum Frauen nichts verlangen

Frauen denken oft, dass man nicht direkt um Unterstützung bitten darf. Weil man auf der Venus intuitiv die Bedürfnisse anderer wahrnimmt und gibt, was man geben kann, glauben sie irrtümlich, dass sie von Männern am Arbeitsplatz dasselbe erwarten können. Arbeiten Frauen miteinander, dann sind sie immer wach dafür, ob nicht eine von ihnen ihre Hilfe braucht. Frauen lassen keine Gelegenheit ungenutzt, ihre Hilfe anzubieten. Je mehr eine Frau jemanden schätzt, desto bereitwilliger bietet sie ihre Unterstützung an, ohne sich lange bitten zu lassen. Auf der Venus hilft man sich immer, weshalb man gar nicht erst etwas zu verlangen braucht. Haben Männer am Arbeitsplatz kein Gespür für die Bedürfnisse einer Frau, dann schließt diese fälschlich daraus, dass sie nicht geachtet und nicht geschätzt wird.

———◄○►———

Frauen verlieren Unterstützung, wenn sie nicht darum bitten, aber Männer sinken in der Achtung von Frauen, wenn sie ihnen keine Unterstützung anbieten.

———◄○►———

Frauen bitten meist auf zweierlei Weise indirekt um Unterstützung: indem sie sehr viel geben oder indem sie ihre negativen Empfindungen bezüglich eines Problems äußern. Auf dem Mars genügt es nicht, Unterstützung zu geben und dann zu erwarten, dass man seinerseits unterstützt wird. Gibt eine Frau bereitwillig Unterstützung, bittet aber nicht ihrerseits um Hilfe oder eine Gegenleistung, dann nimmt ein Mann an, dass sie eben schon alles hat, was sie braucht. Drückt sie dagegen ihre Frustration oder Besorgnis aus, während sie über ein Problem spricht, empfindet ein Mann ebenfalls keine Notwendigkeit, ihr zu helfen, wenn sie nicht konkret darum bittet. Er macht ihr vielleicht einen Vorschlag, aber er unternimmt selbst nichts.

Aber ein Mann hält seine aktive Unterstützung nicht deshalb

zurück, weil er vielleicht nicht helfen möchte. Er wartet einfach respektvoll, bis er gebeten wird. Es gehört sich auf dem Mars eben nicht, unerbetene Hilfe anzubieten. Um einen Mann zum Handeln zu bewegen, muss eine Frau lernen, direkt um Unterstützung zu bitten. Damit bekommt sie gegebenenfalls nicht nur Unterstützung, sondern auch Gehaltserhöhungen, mehr Personal und bessere Aufstiegschancen.

Gibt eine Frau bereitwillig Unterstützung, schließt ein Mann daraus, dass sie schon alles hat, was sie braucht.

Bittet eine Frau nicht direkt um das, was sie haben möchte, dann fasst ein Mann dies so auf, dass sie es nicht haben möchte oder dass sie schon alles hat, was sie braucht. Vielleicht wundert er sich sogar im Stillen, warum sie ihn nicht um seine Hilfe bittet, während sie mit einem Problem kämpft. Die Frau ihrerseits fragt sich ärgerlich, warum er nicht seine Hilfe anbietet. Aber solange sie nicht darum bittet, glaubt er, dass sie schon alleine damit zurechtkommt oder zurechtkommen will.

Fragt eine Frau nicht nach Unterstützung, dann nimmt ein Mann an, dass sie schon hat, was sie braucht.

Kluge Männer sammeln bei einer Frau viele Punkte, indem sie stets darauf achten, ob sie ihr irgendwie helfen können. Bieten sie ihr ungefragt ihre Hilfe an, dann schätzt sie dies in jedem Fall, selbst wenn sie diese Hilfe gar nicht braucht. Männer sollten sich also immer bewusst sein, dass man auf der Venus mit kleinen Dingen große Wirkung erzielen kann. Mit einer kleinen Geste der Hilfsbereitschaft gewinnt ein Mann die Sympathie einer Frau, und so entsteht ein für alle Seiten befriedigendes Arbeitsklima.

Wie man auf der Venus Bewunderung erringt

Wenn ein Mann heute am Arbeitsplatz vorankommen will, dann geht es für ihn letztlich darum, sich die Achtung und die Bewunderung seiner Kolleginnen, Chefinnen, Angestellten und Kundinnen zu verschaffen. Und diese Bewunderung erringt er mit nichts so einfach und schnell wie mit kleinen Hilfsangeboten. Dafür genügt es nicht, nur bereit zu sein zu tun, worum sie bittet. Es genügt nicht zu sagen: »Sie brauchen mich nur zu fragen, dann helfe ich sehr gerne.« Punkte sammelt er vielmehr dadurch, dass er selbst wahrnimmt, wo er vielleicht gebraucht wird, und seine Unterstützung anbietet.

Oft glaubt ein Mann, hilfsbereit zu sein, während eine Frau Kritik hört. Er stellt eine Frage, statt ihr direkt seine Hilfe anzubieten. Er denkt etwa: »Vielleicht muss ich ihr helfen, diese neuen Formulare zu sortieren. Wenn sie das noch nicht getan hat, dann mache ich es für sie.«

Aber statt dies deutlich auszudrücken, sagt er etwas Ähnliches wie: »Haben Sie die neuen Formulare schon sortiert?« Er will ihr seine Hilfe nicht aufdrängen. Dies ist seine marsianische Neigung. Auf seinem Planeten könnte er mit einem unerbetenen Hilfsangebot jemanden beleidigen. Er würde damit unterschwellig zum Ausdruck bringen, dass er den anderen vielleicht für unfähig hält, eine Aufgabe selbst zu bewältigen.

Eine Frau zu fragen, ob sie die neuen Formulare schon sortiert hat, könnte eine sehr unerwartete Reaktion auslösen. Wenn sie sich schon ein wenig unter Druck fühlt und die Formulare noch nicht sortiert hat, dann kommt seine Frage bei ihr möglicherweise so an, als ob er sie drängen wollte, sich noch mehr anzustrengen, während sie schon alles in ihren Kräften Stehende tut. Sie antwortet vielleicht, dass er sich um seine eigenen Aufgaben kümmern solle, oder sie verbittet sich seine Einmischung.

Solche Missverständnisse können Männer vermeiden, indem sie ihre Hilfe direkt anbieten, ohne erst zu fragen, ob sie erwünscht ist. Er könnte ihr einfach sagen: »Kann ich Ihnen helfen, diese Formulare zu sortieren?« Oder er könnte sich einfach freundlich erkundigen und sagen: »Wo sind die neuen Formulare, die noch sortiert werden müssen? Ich habe gerade etwas Zeit übrig. Sortieren wir sie doch gemeinsam.« Sagt ein Mann »Darf ich ...« oder »Lassen Sie mich ...«, dann bittet er um Erlaubnis, statt eine Frau dazu zu zwingen, selbst um Hilfe zu bitten.

Sagt ein Mann »Darf ich ...« oder »Lassen Sie mich ...«, dann fällt es einer Frau leichter, seine Unterstützung zu akzeptieren.

Gibt ein Mann in einer solchen Weise seine instinktive Zurückhaltung auf, sammelt er bei einer Frau viele Punkte. Auch sollte er es vermeiden zu fragen, ob sie es gerne hätte, dass er etwas für sie tut. Er muss sich vor Augen halten, dass sie auch dann, wenn sie ihn nicht direkt fragt, vielleicht doch auf sein Hilfeangebot wartet. Zu fragen, ob sie »es gerne hätte«, dass er ihr hilft, ist kein konkretes Hilfsangebot. Es ist bloß eine Frage, die sie wiederum zwingen würde, ihn zu bitten. Wenn sie schon keine Lust mehr hat zu bitten, dann antwortet sie wahrscheinlich: »Nein, ist schon in Ordnung. Trotzdem danke.«

Zu fragen, ob sie »es gerne hätte«, dass er ihr hilft, ist kein konkretes Hilfsangebot.

Die bessere Art zu fragen wäre »Darf ich Ihnen helfen?« Diese kleine Änderung erleichtert es ihr sehr, Hilfe zu akzeptieren, und sie wird ihn dafür bewundern. Sagen Männer »Soll ich Ihnen helfen?«, dann antworten Frauen oft mit nein, auch wenn sie eigentlich ja meinen. Auf ihrem Planeten denkt sie letztlich: »Nun, ich möchte Sie nicht so sehr in Anspruch nehmen, aber wenn Sie ein wenig Zeit übrig haben, wäre mir Ihre Hilfe wirklich sehr willkommen. Bestehen Sie einfach darauf, dass Sie mir helfen wollen, und dann akzeptiere ich Ihre Hilfe gerne.«

Sagen Männer »Soll ich Ihnen helfen?«, dann antworten Frauen oft mit nein, auch wenn sie eigentlich ja meinen.

Wenn eine Frau helfen möchte, dann tut sie das einfach und packt mit an. Auf der Venus arbeiten alle zusammen. In einer kooperativen Umgebung ist ihre Hilfe immer willkommen. Eine Venusianerin würde niemals ihre Hilfe mit den Worten anbieten »Soll ich Ihnen helfen?« Damit würde sie ausdrücken: »Wenn Sie meine Hilfe wirklich brauchen, dann helfe ich Ihnen. Andernfalls habe ich selbst zu tun.«

Um diese Formen von Hilfsangeboten noch einmal zusammenzufassen, gebe ich im Folgenden eine Übersicht, was man sagen sollte oder besser nicht sagen sollte und wie eine Frau es auffasst, wenn ein Mann seine Hilfe nur indirekt anbietet.

Wie man Frauen seine Hilfe anbietet

Direktes Hilfsangebot. Fragen Sie:	*Indirektes Hilfsangebot. Sagen Sie nicht:*	*Was eine Frau versteht, wenn ein Mann nicht direkt Hilfe anbietet:*
Lassen Sie mich doch helfen.	Soll ich Ihnen beim Sortieren dieser neuen Formulare helfen?	Ich helfe Ihnen schon, wenn es unbedingt sein muss, aber eigentlich habe ich jetzt Dringenderes zu tun.
Heute war sehr viel los. Lassen Sie mich	Brauchen Sie Hilfe?	Ich mache schon so viel, aber wenn Sie

Direktes Hilfsangebot. Fragen Sie:	*Indirektes Hilfsangebot. Sagen Sie nicht:*	*Was eine Frau versteht, wenn ein Mann nicht direkt Hilfe anbietet:*
Ihnen doch beim Sortieren dieser Unterlagen helfen.		wirklich Hilfe brauchen, dann helfe ich.
Ich habe gerade etwas Zeit übrig. Darf ich Ihnen beim Sortieren dieser Unterlagen helfen?	Wie kann ich Ihnen behilflich sein?	Sie sehen schon ein bisschen erschöpft aus. Wenn Sie wirklich Hilfe brauchen, kann ich helfen.
Lassen Sie mich Ihnen helfen, diese Unterlagen fertig zu sortieren.	Sind Sie noch nicht fertig mit dem Sortieren dieser Unterlagen?	Sie sollten eigentlich schon mit dem Sortieren dieser Unterlagen fertig sein.
Darf ich vorschlagen, dass Sie dies morgen machen? Wir brauchen diese Formulare nicht sofort.	Warum machen Sie dies nicht morgen?	Sie müssen noch lernen, Prioritäten zu setzen. Vielleicht werden Sie morgen damit fertig.
Heute hatten wir wirklich sehr viel zu tun. Ich frage Tom mal, ob er Ihnen nicht helfen kann, diese neuen Formulare zu sortieren.	Haben Sie Tom gefragt, ob er Ihnen helfen kann, diese Formulare zu sortieren?	Sie wissen noch nicht, wie man im Team arbeitet und sich von anderen helfen lässt.
Sie haben noch so viele Anrufe zu erledigen, lassen Sie mich Ihnen beim Sortieren der Unterlagen helfen.	Machen Sie doch Ihre Anrufe fertig, dann sortiere ich diese Unterlagen.	Sie kommen hier wohl nicht zurecht; ich gebe Ihnen ein paar Tipps.

Direktes Hilfsangebot. Fragen Sie:	Indirektes Hilfsangebot. Sagen Sie nicht:	Was eine Frau versteht, wenn ein Mann nicht direkt Hilfe anbietet:
Ich habe gerade etwas Zeit übrig, lassen Sie mich diese Unterlagen fertig sortieren.	Reicht Ihnen die Zeit noch, um diese Unterlagen fertig zu sortieren?	Sie brauchen zu lange.

Warum Frauen ärgerlich werden

Frauen fällt es oft schwer, um mehr zu bitten. Sie möchten nicht Gefahr laufen, jemanden zu verärgern, indem sie zu viel verlangen. Frauen geben es oft nur indirekt zu verstehen, wenn sie etwas brauchen; sie bitten nicht direkt darum. Geht niemand auf diese indirekten Bitten ein, staut sich in ihnen Ärger an. Irgendwann haben sie das Gefühl, ungerecht behandelt zu werden, und dann gehen sie aus sich heraus und stellen Forderungen. Aber weil sie diese dann in einem vorwurfsvollen Ton vorbringen, sinkt die Bereitschaft der Männer, ihnen entgegenzukommen.

Um am Arbeitsplatz respektiert zu werden, müssen Frauen erkennen, wie wichtig es ist, direkt zu fragen, und lernen, in einer anderen Weise zu fragen. Wenn man auf dem Mars nicht klar und deutlich um etwas bittet, bekommt man es nicht. Um mehr zu bekommen und voranzukommen, muss man fragen und nochmals fragen. Doch was man letztendlich bekommt, hängt auch davon ab, *wie* man fragt und *wie viel* man verlangt.

Fünf Tipps, wie man direkt fragt

Es gibt fünf »Geheimnisse«, wie man auf dem Mars um Hilfe bittet und Hilfe bekommt. Den meisten Männern sind diese nicht einmal bewusst, aber sie halten sich instinktiv daran. Diese Geheimnisse sind: richtiger Zeitpunkt, nicht-fordernde Haltung, Kürze, Direktheit und richtige Wortwahl. Sehen wir uns diese Geheimnisse im Folgenden etwas näher an.

1. Richtiger Zeitpunkt: Bitten Sie ihn nie um etwas, was er ohnehin tun will oder wollte. Wenn er zum Beispiel intensiv damit beschäftigt ist, einen Bericht fertig zu stellen, dann kann es beleidigend sein, wenn man zu ihm sagt: »Könnten Sie diesen Bericht heute noch für mich fertig stellen?« Das gibt ihm das Gefühl, dass er überwacht wird und dass seine Bemühungen nicht geschätzt werden. Wenn eine Frau sicherstellen möchte, dass der Bericht noch am selben Tag fertig wird, dann sollte sie ihre Frage in einer direkteren Weise stellen. Sie könnte etwa sagen: »Glauben Sie, dass Sie es heute noch schaffen?«

Selbst wenn eine Frau alle anderen Geheimnisse des richtigen Fragens beherzigt, kommt es doch ganz besonders auf den richtigen Zeitpunkt an. Ist ein Mann gerade mit einer anderen Aufgabe beschäftigt, dann muss sie mit seinem Widerstand rechnen, wenn sie ihn unterbricht. Dieser Widerstand gilt nicht ihrer Bitte, sondern der Unterbrechung. Es ist nicht so, dass er nicht tun will, worum sie ihn bittet, aber er kann es nicht ausstehen, dass er deshalb eine Arbeit unterbrechen soll, mit der er gerade beschäftigt ist. Am besten wartet eine Frau mit einer Bitte, bis ein Mann eine Pause macht oder sich etwas anderem zuwendet.

Wenn sie ihn wirklich unterbrechen muss, dann kann sie Irritationen immer noch dadurch vermeiden, dass sie sich einfach entschuldigt. In einem solchen Fall muss sie darauf achten, ihre Bitte ohne Umschweife vorzubringen und es nicht persönlich zu nehmen, wenn er murrt. Geht sie dann stillschweigend über seinen Widerstand hinweg, dann wird er künftig umso kooperationsbereiter sein. Kommt er jedoch später zu dem Schluss, dass die Unterbrechung unnötig war, dann sinkt sie in seiner Achtung.

Im Zweifelsfall kann sie ihn auch immer fragen, ob es ihm im Moment passt, über eine dringende Frage zu sprechen. Dadurch überlässt sie es ihm, und er fühlt sich weniger unterbrochen. Dann kann er fragen: »Worum geht es?« So liegt die Entscheidung bei ihm, und er entwickelt ihr gegenüber weniger Widerstand. Indem sie seine »Höhlenzeit« respektiert, bleibt es ihm selbst überlassen, wann er auf ihre Bitte eingehen will.

2. Nicht-fordernde Haltung: Eine Bitte ist keine Forderung. Männer können auf Forderungen oder Ultimaten recht allergisch reagieren. Auch Frauen lieben Forderungen nicht, aber sie akzeptieren sie, wenn gute Gründe dahinter stehen. Hier sind Männer und Frauen wieder sehr unterschiedlich. Nimmt jemand in einem fordernden Ton die Zeit und die Aufmerksamkeit eines Mannes in Anspruch, dann ist dies für diesen ein Affront. Er hat das Gefühl, dass jemand einfach über ihn verfügen möchte, und in einem solchen Fall interessiert es ihn überhaupt nicht mehr, ob das Verlangen vielleicht gerechtfertigt ist; er beginnt sofort sein Recht zu verteidigen, die Forderung abzulehnen.

Wenn Männer mit Kundinnen, Kolleginnen, Chefinnen und Mitarbeiterinnen zu tun haben, dann müssen sie wissen, dass eine Frau, die eine Forderung stellt, angehört werden will, ohne es mit seinen Abwehrmechanismen zu tun zu bekommen. Damit sammelt er bei ihr viele Punkte. Wenn andererseits eine Frau mit einem Begehren Erfolg haben möchte, dann sollte sie es nicht in einer zornigen, ärgerlichen oder fordernden Weise vorbringen.

Frauen sind oft bereit, sich für andere in jeder Weise aufzuopfern. Wenn sie dann nicht die Unterstützung bekommen, auf die sie ein Anrecht zu haben glauben, nehmen sie es persönlich. Sie reagieren emotional und in einem fordernden Ton. Damit gewinnen sie aber nicht die freundschaftliche und aufrichtige Unterstützung eines Mannes, sondern provozieren nur seinen Widerstand. Sehen wir uns ein Beispiel an.

Carol war gerade mit ihrer Website fertig und musste einen neuen Service Provider einrichten. Dabei traten verschiedene Probleme auf. Sie rief die Hotline an, wo man sie sehr ungeduldig und verständnislos behandelte und ihr auch nicht weiterhalf. Sie war wütend auf den Mann, mit dem sie sprach. Sie wollte ihm die Meinung sagen, aber sie entschied sich dafür, sich zurückzuhalten und das Gespräch abzubrechen. Sie fühlte sich sehr hilflos.

Dann beschloss sie, direkte Fragen zustellen. Damit hatte sie schon den ersten wichtigen Schritt gemacht. Sie war nicht mehr wütend auf den Betreffenden. Sie gönnte sich ein wenig Zeit, um sich zu beruhigen. Dann rief sie nochmals an, um sich darin zu üben, wie man direkt, aber ohne einen fordernden Ton um etwas bittet.

Es wurde ihr klar, dass man erst selbst ein wenig Unterstützung geben muss, wenn man in einer nicht-fordernden Weise um Unterstützung bitten will. Sie überlegte sich, wie sie dem Betreffenden zuerst etwas Nettes sagen könnte. Sie sagte ihm also, wie sehr sie das vorige Gespräch geschätzt habe. Dann fuhr sie in freundlichem Ton fort, dass sie immer noch nicht weitergekommen sei. Sie sagte: »Ich weiß nicht, ob Sie mir dabei helfen können – ich kenne mich mit Computern nicht so besonders gut aus.«

Dies war ein Appell an den immer vorhandenen Wunsch eines Mannes, akzeptiert und geschätzt zu werden und Vertrauen zu genießen. Erstaunt stellte sie fest, dass er jetzt plötzlich außerordentlich hilfsbereit war und sie kaum vom Telefon ließ. Am Ende sagte er: »Rufen Sie mich jederzeit an, wenn Sie noch weitere Probleme haben, und wenn ich nicht da bin, fragen Sie nach meinem Kollegen.« Es hatte ihn motiviert, dass ihn jemand brauchte, dass es ein Problem zu lösen gab und dass er so akzeptiert wurde, wie er war.

Statt es persönlich zu nehmen, dass er bei ihrem ersten Anruf nicht so hilfsbereit war, rief sie zurück, und statt sich auf den Standpunkt zu stellen, dass sie das Recht hätte, jetzt Forderungen zu stellen, tat sie das Gegenteil und gab sich friedlich, indem sie in einem nicht-fordernden Ton um seine Unterstützung bat.

3. Kürze: Wenn eine Frau um Unterstützung oder um eine Gehaltserhöhung bittet, sollte sie es vermeiden, ihrem Wunsch mit einer langen Liste von Gründen Nachdruck zu verleihen. Je mehr sie glaubt, einen Mann überzeugen zu müssen, desto schwächer wird in seinen Augen ihre Position. Mit Kürze demonstriert man Selbstvertrauen. Glaubt man, sich umständlich erklären zu müssen, dann gibt man einem Mann unterschwellig zu verstehen, dass man an seinem Entgegenkommen zweifelt. Dies motiviert einen Mann sehr viel weniger, als wenn man selbstbewusst und mit der Überzeugung auftritt, dass man die Unterstützung bekommen wird, um die man bittet.

Mit langwierigen Erklärungen und Begründungen für das eigene Anliegen rennt man bei ihm möglicherweise offene Türen ein – und gerade dadurch kann seine Bereitschaft zu helfen sinken. Männer lieben keine umständlichen Begründungen, warum sie einer bestimmten Bitte nachkommen sollten.

Frauen geben einfach deshalb langwierige Rechtfertigungen für ihr Anliegen, weil sie irrtümlich glauben, dass der Gefragte ihnen nicht entgegenkommen möchte – andernfalls hätte er seine Hilfe doch längst angeboten. Weiß eine Frau aber, warum Männer nicht von sich aus Hilfe anbieten, dann kommt sie zu dem richtigen Ergebnis, dass ein Mann sehr wohl bereit ist, Hilfe zu geben: Er braucht nur noch den »Startschuss«, den sie ihm mit einer kurzen Bitte geben kann. Wenn er dann wirklich eine Begründung braucht, fragt er danach, und in diesem Fall kann sie immer noch Begründungen geben. Doch auch diese sollte sie kurz halten.

4. Direktheit: Frauen glauben oft, dass sie einen Mann um Unterstützung bitten, während dies auf dem Mars keineswegs so empfunden wird. Möchte eine Frau Unterstützung oder Hilfe, dann redet sie oft nur über das Problem, ohne konkret um Hilfe zu bitten. Eine implizite Bitte ist keine direkte Bitte. Bei einem Mann kommt sie am weitesten, indem sie sich ganz genau klarmacht, was sie eigentlich haben möchte, und dies mit sehr wenigen Worten deutlich zum Ausdruck bringt. Manchmal kann zwar auch eine indirekte Bitte zum Ziel führen, aber wenn sie feststellt, dass ein Mann nicht reagiert, dann kann sie dies durch eine direktere Formulierung sehr schnell ändern.

Spricht eine Frau einen Mann nicht direkt an, dann lässt sie ihm damit Raum für alle möglichen Interpretationen. Er findet vielleicht, dass sie ihn kritisieren oder ihm Vorwürfe machen will. Damit aber weckt sie gewiss nicht seine Kooperationsbereitschaft.

Was ein Mann hört, wenn eine Frau sich indirekt äußert

Was sie sagen sollte:	*Was sie nicht sagen sollte:*	*Was er hört, wenn sie indirekt redet:*
Würden Sie das für mich übernehmen?	Ich muss noch die Tickets abholen und habe einfach keine Zeit mehr, mich darum zu kümmern.	Wenn Sie jetzt die Tickets nicht abholen, dann sind Sie nicht sehr kooperativ. (Forderung)
Würden Sie bitte diese Unterlagen kopieren und spätestens bis fünf Uhr wegschicken?	Diese Unterlagen müssen noch kopiert und bis fünf Uhr weggeschickt werden.	Das ist eigentlich Ihre Aufgabe. Warum muss ich eigentlich noch extra fragen? (Erwartung)
Würden Sie bitte prüfen, was mit der Sendung geschehen ist?	Die Sendung ist noch nicht angekommen.	Sie waren bezüglich dieser Lieferung nicht auf dem Laufenden. Sie sollten verantwortungsbewusster sein. (Kritik)
Könnte Ihre Abteilung sich darum kümmern, dass diese Änderung durchgeführt wird?	Ihre Abteilung ist für diese Änderung zuständig.	Sie sind schuld daran, dass dies noch nicht geschehen ist. (Vorwurf)
Würden Sie sich um diese Angelegenheit kümmern? Es ist sehr dringend.	Diese Sache ist immer noch nicht erledigt.	Ich bin nicht sehr erfreut über Ihre Arbeitsauffassung. (Unzufriedenheit)
Würden Sie hier wieder Ordnung schaffen? Ich komme hier nicht klar.	Das ist ein großes Durcheinander. Ich komme damit überhaupt nicht klar.	Sie haben das nicht richtig organisiert. Sie sollten mehr Verantwortungsbewusstsein zeigen. (Zurückweisung)

Was sie sagen sollte:	Was sie nicht sagen sollte:	Was er hört, wenn sie indirekt redet:
Würden Sie das etwa um drei Uhr übernehmen? Ich arbeite noch daran.	Ich sollte schon fertig sein, aber ich habe noch andere Arbeit. Ich glaube nicht, dass ich es bis zwölf Uhr schaffe.	Sie müssen das tun, da es keine andere Lösung gibt. Wenn Sie es nicht tun, dann sind Sie nicht sehr kollegial. (Appell an das Pflichtgefühl)
Würden Sie bitte neues Papier in den Drucker geben, wenn Sie es aufgebraucht haben?	Sie haben schon wieder das ganze Druckerpapier verbraucht.	Sie haben schon wieder vergessen, neues Papier in den Drucker zu geben. Sie hören mir nicht zu. (Missbilligung)
Könnten Sie ein paar Minuten erübrigen, damit wir darüber reden können? Ginge es heute um vier Uhr?	Wir haben immer noch nicht darüber geredet.	Meine Bedürfnisse sind Ihnen gleichgültig. Sie sollten etwas hilfsbereiter sein. (Verärgerung)

5. Die richtige Wortwahl: Im Hinblick auf Bitten sind Männer sehr eigen. Der häufigste Fehler, den man ihnen gegenüber bei einer Bitte um Hilfe begehen kann, liegt in der Verwendung der Wörter »Könnten Sie« und »Können Sie« statt »Würden Sie bitte...«. »Könnten Sie sich um dieses Problem kümmern?« ist bloß eine Frage, mit der man eine Auskunft einholt. »Würden Sie sich bitte um dieses Problem kümmern?« ist dagegen eine unmittelbare Aufforderung.

Frauen begehen oft diesen Fehler. Auf ihrem Planeten ist es einfach höflich, indirekt zu fragen: »Könnten Sie dies tun?« Werden indirekte Bitten gelegentlich vorgebracht, dann fallen sie vielleicht gar nicht auf. Gebraucht aber eine Frau ständig solche Sätze, dann kann dies für Männer sehr irritierend sein. Sie wissen vielleicht nicht einmal warum, aber sie mögen es einfach nicht. In den meisten Fällen überhört ein Mann Bitten einfach, die nicht direkt an ihn gerichtet werden.

»Würden Sie bitte« statt »Könnten Sie«

In meinen Seminaren habe ich Tausende von Frauen in der Kunst unterrichtet, direkt zu fragen, und immer wieder hatten sie damit durchschlagenden Erfolg. Indem Frauen einfach in einer Weise fragen, die Männer unzweideutig verstehen, bekommen sie von Männern völlig andere Reaktionen.

Nachfolgend eine von Tausenden von Erfolgsgeschichten. Die Empfangssekretärin Kelly ärgerte sich fast jeden Tag über die männlichen Außendienstmitarbeiter, die für die Firma arbeiteten. Sie musste pünktlich um fünf Uhr nach Hause, weil ihr Kind im Kindergarten war. Sie bat alle Vertreter, die Tipparbeiten bis spätestens vier Uhr zu bringen. Dann hatte sie noch Zeit, alles am selben Tag zu erledigen, und sie konnte pünktlich nach Hause. Obwohl sie die Männer immer wieder bat, hielten sie sich einfach nicht daran.

Nachdem Kelly gelernt hatte, in der direkteren Art zu fragen, die man auf dem Mars versteht, wurde plötzlich alles anders. Wie die meisten Frauen hatte sie gesagt: »Könnten Sie« statt »Würden Sie bitte«. »Könnten Sie« ist indirekt, »Würden Sie bitte« ist direkt. Männer nehmen es hier sehr genau. Wenn man sagt: »Könnten Sie…«, dann sagt sich ein Mann ohne viel nachzudenken: »Natürlich kann ich das.«

Für einen Mann ist »Könnten Sie« eine Frage, keine Aufforderung

Fragt man dagegen »Würden Sie bitte…«, dann werden Männer hellhörig. Man spricht damit einen anderen Teil ihres Gehirns an, und sie sagen: »Hm, mal nachdenken, will ich das? Sollte ich das tun? Was geschieht, wenn ich es nicht tue? Was muss ich tun, damit ich das tun kann?«

Leitet eine Frau eine Bitte mit »Würden Sie bitte« ein, dann antwortet ein Mann darauf nicht mit einem »Jaja.« Stattdessen überlegt er sich etwas. Weil er über ihre Bitte nachdenken muss, prägt er sie sich besser ein, und er spürt eine größere Verpflichtung, sich daran zu halten.

Antwortet ein Mann auf ein »Würden Sie bitte« mit ja, dann hat er das Gefühl, etwas versprochen zu haben. Bejaht er ein »Könnten Sie«, dann beantwortet er einfach eine Frage. Er ist vielleicht zu diesem Zeitpunkt sogar bereit, auf ihre Bitte einzugehen, aber dann vergisst er es einfach.

Antwortet ein Mann auf ein »Würden Sie bitte« mit ja, dann hat er das Gefühl, etwas versprochen zu haben.

Kelly hatte also gelernt, dass Männer ihre Bitte oft vergessen, wenn eine Frau sagt »Könnten Sie« statt »Würden Sie bitte.« Seither beginnt sie ihre Bitten immer mit einem »Würden Sie bitte.« Mit dieser kleinen Veränderung erzielte sie durchschlagenden Erfolg.

Weil die Vertriebsleute ganz bewusst darüber nachdenken mussten, ob sie bereit waren, die Arbeiten bis vier Uhr zu ihr zu bringen, hielten sie sich in den meisten Fällen daran, weil sie sich bewusst dafür entschieden hatten. Deshalb bekam Kelly jetzt in 98% der Fälle die Arbeiten rechtzeitig geliefert. Die Einleitung »Würden Sie bitte« erleichterte ihr nicht nur die Arbeit, sondern beseitigte auch die Spannungen, die zwischen dem Schreibpersonal und dem Vertrieb entstanden waren.

9
Grenzen ziehen

Am Arbeitsplatz ist es immer auch wichtig, Grenzen zu ziehen, um sich Respekt zu verschaffen. Je besser man seine Grenzen deutlich macht, desto mehr wird man respektiert. Damit andere Menschen die Grenzen achten, muss man sie in einer Weise bekannt machen, die auch verstanden werden kann. Es wäre naiv zu glauben, dass andere die eigenen Wünsche und Bedürfnisse stets vorausahnen, vor allem dann, wenn diese anderen ein völlig anderes Wertsystem und andere Empfänglichkeiten haben. Um Erfolg zu haben, müssen wir lernen, nein zu dem zu sagen, was wir nicht wollen, und direkt um das bitten, was wir wollen.

Damit andere Menschen unsere Grenzen achten, müssen wir sie bekannt machen.

Männer und Frauen ziehen Grenzen auf unterschiedliche Weise. Männer nehmen oft das »Nein« einer Frau nicht wahr und bleiben bei einem Verhalten, das sie nicht schätzt und nicht hinnehmen will. Auf der Venus würden ihre Grenzen deutlich wahrgenommen, aber Männer erkennen diese nicht. Frauen wiederum verstehen »nein«, wenn ein Mann ihnen in Wirklichkeit helfen will. Frauen nehmen oft Grenzen wahr, wo keine sind, und fühlen sich ausgeschlossen.

Um am Arbeitsplatz mehr Vertrauen und gegenseitige Achtung zu verwirklichen, müssen Männer und Frauen ihre Sensibilität dafür schärfen, was tatsächlich gesagt wird. Um eine Frau so zu respektieren, wie sie es möchte, muss ein Mann deutlich erkennen, wo sie eine Grenze gezogen hat. Andernfalls überschreitet er diese und verliert dadurch nicht nur ihr Vertrauen, sondern dämpft auch ihre Bereitschaft zu kooperativem Verhalten.

―◄o►―

Um eine Frau so zu respektieren, wie sie es möchte, muss ein Mann deutlich erkennen, wo sie eine Grenze gezogen hat.

―◄o►―

In ähnlicher Weise müssen Frauen erkennen, warum sie manchmal übergangen werden, und lernen, sich so zu behaupten, dass ein Mann ihre Botschaft versteht. Viele Frauen beherrschen dies nicht instinktiv. Sie glauben vielleicht, dass sie sich deutlich genug ausgedrückt haben, aber bei einem Mann kommt es trotzdem nicht an. Ein vertieftes Verständnis, wie Männer und Frauen in unterschiedlicher Weise Grenzen ziehen und um etwas Gewünschtes bitten, kann beiden Seiten helfen, am Arbeitsplatz erfolgreicher Hilfe zu gewähren und Hilfe anzunehmen.

Grenzen ziehen auf der Venus und auf dem Mars

Auf der Venus herrscht weniger Wettbewerb und mehr Kooperation als auf dem Mars. Grenzen zu ziehen ist dort deshalb weniger wichtig, weil alle auf Zusammenarbeit bedacht sind und den Erfolg teilen. Selbstbehauptung und die Abwehr der Ansprüche anderer spielen keine so große Rolle, wenn niemand versucht, anderen etwas wegzunehmen. Das gilt im Gegenteil als schlechtes Benehmen. In einer Kultur des Miteinander und des Teilens wird schon die leiseste Andeutung einer Grenze sofort wahrgenommen und respektiert. Wegen dieser erhöhten Sensibilität für Grenzen glaubt eine Frau oft, dass ein Mann »nein« sagt, wenn er in Wirklichkeit »ja«, »vielleicht« oder »später« meint. Spürt eine Frau einen solchen Widerstand, bittet sie nicht länger um Unterstützung, weil er für sie klar und deutlich »nein« gesagt hat.

Aber auf dem Mars würde man dies völlig anders auffassen. Männer drücken Grenzen in anderer Weise aus, weil auf dem Mars das Gesetz des Wettbewerbs gilt. Dort werden immer Schlachten geschlagen, um sich zu behaupten, und neue Territorien des Erfolgs beansprucht. Auch in einer Firma wetteifert man darum, wer den anderen übertreffen und sich in irgendeiner Hinsicht als kompetenter erweisen kann. Es ist klar, dass man in einer solchen Umgebung viel mehr darauf achten muss, klare und unmissverständliche Grenzen zu ziehen.

Zieht eine Frau Grenzen nicht entschlossen genug, dann interpretiert ein Mann dies so, dass diese Grenzen nicht ganz ernst gemeint sind oder dass sie unsicher ist. Dann hat er auch keine Hemmungen, solche Grenzen zu missachten. Sie glaubt, ihm klare Signale zu geben, aber er nimmt sie einfach nicht wahr. Reagiert sie darauf mit Verärgerung, dann fühlt er sich ungerecht behandelt. Versteht ein Mann, wie Frauen denken und fühlen, dann kann er besser auf ihre subtilen Botschaften achten. Und Frauen können lernen, sich entschlossener zu *zeigen*.

Warum Männer penetrant sein können

Auf der Venus nehmen alle auf alle Rücksicht, aber auf dem Mars gibt es nichts geschenkt. Männer haben vielmehr den Antrieb, sich zu holen, was sie bekommen können. Wenn jeder versucht, einem den Job oder den Marktanteil wegzunehmen, dann achtet man notgedrungen mehr darauf, seinen Besitzstand zu wahren. Wird Männern nicht sehr deutlich gemacht, dass sie nicht willkommen sind, dann versuchen sie einfach weiterhin, sich zu holen, was sie haben möchten.

Auf der Venus wird man sich immer bemühen zu vermeiden, dass sich jemand ausgeschlossen fühlen muss. Auf dem Mars ist man vor allen Dingen bestrebt, auf die nächste Stufe der Erfolgsleiter zu klettern. Wo eine Frau darauf wartet, eingeladen zu werden, drängt sich ein Mann selbst hinein. Wenn eine Frau nicht einbezogen wird, ist für sie klar, dass sie nicht willkommen ist.

Wird ein Mann nicht einbezogen, dann nimmt er an, dass er sich den Einlass noch nicht verdient hat.

◄o►

Wird ein Mann nicht einbezogen, dann nimmt er an, dass er sich den Einlass noch erkämpfen muss.

◄o►

Ein Mann betrachtet daher Grenzen nicht als Stoppschilder, sondern als Herausforderungen, die es zu überwinden gilt. Dies hat zur Folge, dass ein Mann eine Zurückweisung nicht persönlich zu nehmen braucht, aber andererseits neigt er auch dazu, Frauen auf die Zehen zu treten. Auf dem Mars hat er nichts anderes gelernt, als dass man die Keule schwingen muss, um anderen Marsianern die Grenzen deutlich zu machen. Täte er dies nicht, müsste er immer wieder mit Übergriffen rechnen. Gibt sich eine Frau in Bezug auf ihre Grenzen nur im Geringsten unsicher, dann interpretiert ein Mann dies als Zeichen, dass sie sich möglicherweise doch noch überreden oder überrumpeln lässt.

Hört ein Mann auf dem Mars ein »Nein«, dann ist es für ihn kein Nein. Er versteht »später«, »noch nicht« oder »reden wir noch darüber«. Meint ein Marsianer wirklich nein, dann sagt er das mit aller Deutlichkeit, weil er weiß, dass Männer nicht so schnell aufgeben.

◄o►

Hört ein Mann auf dem Mars ein »Nein«, dann versteht er »später«, »noch nicht« oder »reden wir noch darüber«.

◄o►

Männern ist diese Haltung, die durch Wettbewerbssportarten noch verstärkt wird, instinktiv klar, aber Frauen ist sie nicht unmittelbar einsichtig. Auf ihrem Planeten genügt oft schon ein missbilligender Blick, um eine andere Frau in die Schranken zu weisen. Sagt sie aber zu einem Mann: »Ich glaube nicht, dass mich das interessiert«, dann interpretiert ein Mann ihr Zögern als Einladung weiterzumachen. Auf ihrem Planeten dagegen ist sie einfach höflich und zieht trotzdem eine Grenze.

Selbstbewusste Kommunikation

Sich zu behaupten heißt, eine Botschaft selbstbewusst vorzubringen. Die beste Technik, eine Grenze festzulegen, ist Wiederholung. Dies ist umso wirksamer, je mehr man dabei Emotionen vermeidet. Lässt eine Frau Verärgerung oder Zorn erkennen, dann treibt sie einen Mann damit nur in die Defensive. Zieht sie in einem neutralen Ton eine Grenze und wiederholt sie dies, dann kann ein Mann sein Gesicht wahren. Eine nichtemotionale Reaktion kommt seinem Bedürfnis entgegen, sich akzeptiert zu fühlen.

Sagt sie in einem nichtemotionalen Ton: »Es interessiert mich wirklich nicht«, dann ist dies für einen Mann ein Nein, das er nicht als persönliche Zurücksetzung empfinden muss. Reagiert sie dagegen ärgerlich oder wütend, dann können dieselben Worte für ihn beleidigend sein. Bleibt sie fest, aber ohne Emotionen, dann sieht sich ein Mann nicht in die Defensive gedrängt. Muss sie ihre Aufforderung dreimal wiederholen, dann sollte sie nachdrücklicher werden und sagen: »Ich habe es Ihnen jetzt dreimal gesagt. Ich möchte, dass Sie meine Haltung respektieren.« Dies ist respektvoller als »Warum können Sie ein Nein nicht kapieren?« Muss eine Frau Grenzen setzen, dann braucht sie einem Mann gegenüber nicht übervorsichtig zu sein – dies würde ihm nur den Eindruck vermitteln, dass ihre Grenze nicht endgültig ist. Ein Mann braucht von ihr neutrale Klarheit, keine Rücksichtnahme.

———◄o►———

Muss sie ihre Bitte dreimal wiederholen, dann sollte sie eine nachdrücklichere Haltung einnehmen, um eine Grenze zu ziehen.

———◄o►———

In der nachfolgenden Spalte 1 sind Beispiele für subtile Grenzen aufgeführt, mit denen man auf der Venus Erfolg haben kann, nicht aber auf dem Mars. In Spalte 2 ist angegeben, wie man deutlicher formulieren könnte. Bleibt ein Mann hartnäckig, nachdem eine Frau eine Grenze gezogen hat, dann kann sie kurz zuhören und ihren letzten Satz klar und deutlich wiederholen. Wenn der Betreffende dann immer noch nicht reagiert, muss sie zu den entschiedeneren Formulierungen greifen, die in der dritten Spalte angegeben sind. Diese mögen grob erscheinen, aber sie sind es nicht. Auf dem Mars sind sie eine angemessene Reaktion auf Aufdringlichkeit.

Unbestimmte Grenze:	*Bestimmte Grenze:*	*Sehr bestimmte Grenze:*
Vielleicht können Sie ein andermal vorbeischauen.	Jetzt im Augenblick habe ich keine Zeit. Rufen Sie vielleicht nächsten Donnerstag an, dann können wir etwas abmachen.	Ich habe es Ihnen jetzt schon dreimal gesagt: Rufen Sie nächsten Donnerstag an.
Vielleicht sind wir schon zu viele.	Wir haben schon zu viele Leute. Ich bringe Sie nicht mehr unter.	Ich habe es Ihnen dreimal gesagt. Ich möchte, dass Sie meiner Bitte nachkommen und jetzt gehen.
Jetzt ist vielleicht keine gute Zeit.	Im Augenblick passt es nicht. Rufen Sie mich nächste Woche an.	Ich habe es Ihnen jetzt dreimal gesagt: Rufen Sie mich nächste Woche an.
Ich weiß nicht, ob ich das kaufen möchte.	Ich muss mir diesen Kauf noch einige Zeit überlegen. Ich rufe Sie in ein paar Wochen an und gebe Ihnen Bescheid.	Ich habe es Ihnen jetzt dreimal gesagt: Ich gebe Ihnen in ein paar Wochen Bescheid.

Unbestimmte Grenze:	Bestimmte Grenze:	Sehr bestimmte Grenze:
Ich glaube nicht, dass dies genau dem entspricht, was wir uns vorgestellt haben.	Das ist nicht das, was wir eigentlich wollten. Ich habe schon verstanden, was Sie anbieten. Wenn wir Ihre Hilfe trotzdem noch brauchen, rufe ich Sie an.	Ich habe es Ihnen jetzt dreimal gesagt: Ich rufe Sie an, wenn wir Ihre Hilfe brauchen.
Ich glaube nicht, dass ich jetzt diese Entscheidung fällen möchte.	Ich will diese Entscheidung jetzt nicht fällen. Ich komme wieder auf Sie zurück, wenn es so weit ist.	Ich habe es Ihnen jetzt dreimal gesagt: Ich rufe Sie an, wenn ich so weit bin.
Ich muss mir das noch eine Weile überlegen.	Ich habe im Augenblick zu tun. Ich rufe Sie nächste Woche an.	Ich habe es Ihnen jetzt dreimal gesagt: Ich rufe nächste Woche wieder an.
Es tut mir Leid, aber ich habe kein Interesse.	Ich habe mir Ihr Angebot durch den Kopf gehen lassen, aber ich bin nicht interessiert.	Ich habe es Ihnen jetzt dreimal gesagt: Ich bin nicht interessiert.

Mit Hilfe von Rollenspielen können Sie lernen, Grenzen entschiedener zu setzen. Sie können auch die Liste laut lesen. Es kommt dabei darauf an, Festigkeit auszudrücken, ohne Zorn oder Verärgerung zu äußern. Am besten setzen Sie sich gegenüber einem Mann durch, indem Sie sich mit solchem Selbstvertrauen äußern, dass Sie sich nicht mehr auf Begründungen, Erklärungen oder negative Emotionen zu stützen brauchen.

Männer können sich mit Hilfe dieser Liste klarmachen, dass Frauen oft eine Grenze setzen wollen, obwohl sie in ihren Ohren noch unentschlossen klingen. Ein Mann muss lernen, es wahrzunehmen, wenn eine Frau am Arbeitsplatz auf freundliche Art eines seiner Angebote ablehnt. Wenn er ihre höfliche Zurückweisung respektiert und nachgibt, dann fühlt sie sich respektiert und ist vielleicht ein andermal eher bereit, auf ihn einzugehen. Mit Hartnäckigkeit schwächt er dagegen möglicherweise nur seine Position.

Lernen, beharrlich zu sein

Wie Männer lernen müssen, nachzugeben und eine Grenze zu respektieren, so müssen Frauen lernen, Beharrlichkeit zu demonstrieren und nochmals zu fragen. Lehnt ein Mann ihre Bitte ab, dann ist dies nicht immer endgültig gemeint. Frauen müssen üben, ein Nein entgegenzunehmen und dann nochmals zu fragen, als ob es das erste Mal wäre. Wenn sie lernen, sich nicht zurückgestoßen zu fühlen, können sie einfach freundlich auf ihrem Anliegen beharren.

Dies ist die beste Vorbereitung für eine Frau, wenn sie um eine Gehaltserhöhung oder mehr Unterstützung bitten möchte. Ohne eine solche Vorbereitung fällt es ihr vielleicht schwer, sich nicht blockiert zu fühlen, wenn sie ein Nein als Antwort bekommt. Sie hat dann Mühe, bei weiteren Verhandlungen freundlich zu bleiben oder sich mit weniger zufrieden zu geben. Frauen, die gelernt haben, statt eines »Nein« ein »Noch nicht« zu hören, werden zu großen Verhandlerinnen und erringen die volle Bewunderung von Männern.

―◦―

Frauen, die gelernt haben, statt eines »Nein« ein »Noch nicht« zu hören, werden zu großen Verhandlerinnen.

―◦―

Je mehr sich eine Frau persönlich darüber ärgert, dass ihrer Bitte nicht entsprochen wird, desto schwieriger wird es für sie, erfolgreich um das zu verhandeln, was sie haben möchte. Bekommt eine Frau ein Nein zur Antwort, dann fragt sie oft lange Zeit nicht mehr. Aber es wäre viel klüger, wenn sie eine solche Ablehnung als ein »Noch nicht« oder »Ich überlege es mir noch« verstehen würde. Nimmt sie wahr, was neben dieser Ablehnung sonst noch gesagt wird, ohne gleich beleidigt zu sein, kann sie einfach weiterverhandeln. Stattdessen versuchen Frauen oft, ihrem Anliegen dadurch Rückhalt zu verleihen, dass sie über die Probleme reden, die sie überwinden mussten, oder darüber, wie viel sie zu tun hatten, aber dies macht einen wenig professionellen Eindruck.

Ein kluger Mann würde in einer solchen Situation unbedingt den Eindruck vermeiden, dass er jammert, sondern vielmehr objektiv auf seine Verdienste für die Firma hinweisen. Wenn Plan A nicht klappt, dann versucht er es eben mit Plan B. Verhandlungen laufen in der Weise ab, dass man sein Anliegen in verschiedenen Varianten vorbringt, die von der anderen Partei vielleicht eher akzeptiert werden können, während man zugleich seinen eigenen Vorteil nicht aus dem Auge verliert. Es ist immer wichtig, dass man bei Verhandlungen mehrere Pläne in der Schublade hat. Nimmt man eine Ablehnung nicht persönlich, dann bleibt man flexibel. Haben Vorgesetzte den Eindruck, dass man nicht beleidigt ist, dann brauchen sie sich nicht zu verteidigen und bleiben ihrerseits flexibel.

Männer und Frauen, die Sport treiben, können oft im Leben mit Zurückweisungen und Fehlschlägen besser umgehen. Durch den Sport sind sie es gewöhnt, einmal zu scheitern und ein andermal Punkte zu machen. Aus dieser Erfahrung wissen sie instinktiv, dass Beharrlichkeit ein Zeichen von Selbstvertrauen ist. Sind sie auf die Bank verbannt und möchten wieder ins Team, dann schaffen sie dies nur, indem sie ihre Trainer immer wieder bedrängen.

Für einen Mann bedeutet eine Ablehnung »später«,
während eine Frau ein schroffes »Nein« hört.

»Wenn es beim ersten Mal nicht klappt, dann musst du es eben noch einmal versuchen«, heißt es auf dem Mars. Möchte ein Mann eine Gehaltserhöhung, dann empfindet er dies nicht anders, als wenn er im Fußballspiel auf der Bank sitzen muss und auf den Platz möchte. Er fragt freundlich wiederholt nach, ob er nicht wieder mitspielen darf, wobei er durchaus mit einer Ablehnung rechnet. Er sagt etwa: »Ich kann es. Ich weiß, dass ich es kann. Kommen Sie, lassen Sie mich wieder auf den Platz.«

Genauso hält es ein Mann am Arbeitsplatz. Er lässt nicht nach, seinen Chef wissen zu lassen, dass er derjenige ist, der als nächster eine Beförderung oder eine Gehaltserhöhung verdient hat. Er wiederholt immer wieder: »Ich bin der Richtige für diese Aufgabe. Ich kann es. Ich werde gute Arbeit leisten. Sehen Sie, was ich schon gemacht habe. Sehen Sie sich meine Leistungen an. Ich möchte es unbedingt. Ich bringe alle Voraussetzungen mit. Ich weiß, dass ich es schaffen werde. Auf mich können Sie zählen. Bei mir können Sie ganz sicher sein.«

So bringt er seinen Chef dazu, ihm die Gehaltserhöhung zu geben. Genau diese Haltung bewegt Entscheidungsträger dazu, einem Wunsch zu entsprechen. Sind die Antragsteller selbstbewusst, dann flößen sie auch den Entscheidungsträgern damit Vertrauen ein.

Eine solche entspannte, nicht fordernde Haltung vermittelt eine klare Botschaft. Sie besagt: »Ich will mehr, aber ich schätze natürlich auch, was ich habe. Ich möchte mehr, weil ich glaube, mehr verdient zu haben, aber ich bin auch bereit, ihnen in jeder Weise zu beweisen, dass ich es verdient habe. Ich will mehr, und ich glaube, wenn Sie sehen, was ich kann oder was ich schon getan habe, werden Sie auch bereit sein, mir mehr zu geben.«

Ein Chef oder auch eine Chefin mit marsianischem Charakter sind viel eher bereit, mehr zu geben, wenn sie das Gefühl haben können, dass der oder die Angestellte wirklich mehr möchte. Oft bekommen Frauen in Verhandlungen weniger, weil die Entscheidungsträger spüren, dass sie auch mit weniger zufrieden sind. Dies erkennen sie an ihrem Tonfall und an ihrer Wortwahl.

Auf der Venus wird man zu einem netten, umgänglichen und

hilfsbereiten Menschen erzogen. Sie sind dort so nett zueinander, dass sie das zerdrückte Kuchenstück selbst nehmen und die schönen Stücke anderen anbieten. Eine solche aufopfernde und altruistische Haltung ist gut für das menschliche Miteinander, aber sie hilft wenig, wenn man mit marsianischen Vorgesetzten um mehr Geld verhandeln will.

───◄o►───

Mädchen lernen in ihrer Erziehung, nett zu sein, indem sie das zerdrückte Kuchenstück selbst nehmen und die schönen Stücke anderen anbieten.

───◄o►───

Ein Mann hält mit seinem Ehrgeiz nicht hinter dem Berg, wobei er stets darauf achtet, sich nicht zu beklagen. Aus einer positiven Haltung macht er immer wieder auf vielfältige Art deutlich, dass er mehr möchte. Sooft er sich und seine Erfolge in ein gutes Licht stellt, nimmt sein Chef dies wahr und registriert, dass der Betreffende mehr möchte.

Ein Mann bittet in einem Tonfall um eine Beförderung, der deutlich macht: »Ich kann damit leben, wenn Sie es sich überlegen müssen oder wenn Sie glauben, dass ich noch nicht so weit bin.« Dieser positive Tonfall besagt: »Ich habe volles Vertrauen, dass Sie alles wahrnehmen, was ich tue, und eines Tages werde ich auch die verdiente Gehaltserhöhung bekommen.« Ein Mann fragt nur wenige Male direkt in dieser Weise, aber wenn der Chef dann immer wieder positive Rückmeldungen erhält, wird er gerne darüber nachdenken, ob der Betreffende nicht doch eine Gehaltserhöhung verdient hat.

Reagiert ein Mann oder eine Frau auf die Ablehnung einer Gehaltserhöhung mit negativen Emotionen, dann bringen sie ihren Chef in die Defensive, und statt nach Gründen zu suchen, ob er nicht vielleicht doch eine Erhöhung gewähren kann, wird er sich vielmehr überlegen, wie er die Ablehnung begründen kann.

Über eine Gehaltserhöhung verhandeln

Zu lernen, um mehr zu bitten, ist sehr wichtig, wenn man Verhandlungen über eine Gehaltserhöhung aufnehmen will. Aber sehr viel wichtiger ist es noch, sich auszuzeichnen, und zwar so, dass dies auch wahrgenommen wird. Viele Frauen glauben, dass andere schon von selbst bemerken werden, wie viel sie arbeiten, und dann an ihre Tür klopfen. Dann werden sie mit einer Gehaltserhöhung, einer Beförderung oder sonstigen zusätzlichen Leistungen belohnt werden. So etwas geschieht vielleicht auf der Venus, nicht aber auf dem Mars.

Wissen Frauen dies nicht, dann sehen sie vielleicht am Arbeitsplatz, wie andere vorankommen, und glauben, dass sie eines Tages denselben Lohn empfangen werden, wenn ihre Arbeit anerkannt und gewürdigt wird. Sie arbeiten weiter fleißig und warten. Wenn die Anerkennung ausbleibt und sie nicht befördert werden, dann glauben sie, nicht geschätzt zu werden, und es entsteht Groll in ihnen.

Vielleicht werden sie durchaus geschätzt, aber wenn sie nicht aktiv auf sich aufmerksam machen und in erfolgversprechender Weise um etwas bitten, dann bekommen sie die verdiente Anerkennung nicht. Manche Frauen machen den Fehler zu glauben, dass sie von selbst vorankommen, wenn sie beliebt sind. Dies stimmt vielleicht in mancher Hinsicht, aber nicht immer. Natürlich ist es schwieriger, ein Gehaltserhöhung zu bekommen, wenn man unbeliebt ist. Aber wichtiger als persönliche Sympathie ist Selbstbewusstsein beim Vorbringen eigener Forderungen.

Viele Vorgesetzte mögen Angestellte, die niemals um Vergünstigungen oder Gehaltszulagen bitten. Und wer würde es nicht schätzen, wenn Leute gut arbeiten und nicht viel dafür verlangen? Das ist immer ein gutes Geschäft. Bekommen Sie in einem Laden ein gutes Angebot, dann bezahlen Sie auch nicht freiwillig mehr, nur weil Sie es dort nett finden. Ebenso bietet ein Chef einer Mitarbeiterin nur deshalb, weil er sie mag oder sie gute Arbeit leistet, nicht notwendigerweise ein höheres Gehalt an.

Absender:

_____

_____
(Postfach oder Straße und Hausnummer)

_____
(Postleitzahl) (Wohnort)

_____
(Telefon)   (Telefax)

_____
(e-mail)

☑ **Ja,** ich will mehr wissen!
Bitte schicken Sie mir Ihre Informationen

MVIB 03

Bitte
ausreichend
frankieren

Antwort

Mars Venus Institut
Hans-Joachim von Malsen
Postfach 1525

D- 82171 Puchheim

Fax: +49-(0)89-89 02 70 39

Mars Venus Workshops™

Gefällt Ihnen dieses Buch? Möchten Sie mehr wissen über positive Kommunikation zwischen Männern und Frauen am Arbeitsplatz und im beruflichen Alltag? Wollen Sie die Produktivität Ihres Unternehmens oder Ihres Teams steigern und unnötigen Stress aus Sitzungen und Meetings herausnehmen?

Dann senden oder faxen Sie uns diese Postkarte.

Wir informieren Sie gerne über Mars Venus Workshops im deutschen Sprachraum.

Mars Venus Workshops sind interaktive Seminare, die vom Autor Dr. John Gray entwickelt wurden. Die Kurse werden von speziell geschulten und autorisierten Trainern (Facilitators) durchgeführt.

Die Anforderung der Informationen ist für Sie unverbindlich. Sie verpflichten sich zu nichts!

Heute noch absenden!

Ein Chef bietet einer Mitarbeiterin nur deshalb, weil er sie mag oder sie gute Arbeit leistet, nicht notwendigerweise ein höheres Gehalt an.

Aus der Perspektive der Vorgesetzten ist es sehr beruhigend zu wissen, dass sie nicht allen mehr geben müssen. Sie haben schon genug mit den eher »marsianischen« Mitarbeitern zu tun, die dauernd mehr wollen. Für jede Firma zählt letztlich der Profit. Müssen Inhaber und Vorgesetzte weniger für Gehälter aufwenden, dann kommt dies ihrer Gewinnspanne zugute.

In der Arbeitswelt bekommt man nicht unbedingt freiwillig das, was man wert ist. Man braucht sich nur vorzustellen, dass man sein Haus verkaufen will und sagt: »Machen Sie mir einfach ein gutes Angebot« oder »Geben Sie mir, was Sie sich ohne weiteres leisten können«. Wer so vorgehen würde, würde niemals einen Marktpreis erzielen.

In der Arbeitswelt bekommt man nicht einfach angeboten, was man wert ist; man muss um seinen Wert handeln.

Niemand möchte freiwillig mehr bezahlen. Deshalb bekommt man auch am Arbeitsplatz nur das Gehalt, das bezahlt werden muss. Es ist möglich, mehr zu bekommen, aber dazu muss man etwas nachhelfen. Eine Gehaltserhöhung bekommen in der Regel nur diejenigen, die gelernt haben, sich durchzusetzen und über Erhöhungen und Zulagen zu verhandeln. Sie machen deutlich, dass sie solche Verbesserungen für sich wirklich wollen.

Der Wunsch nach mehr und das eigene Selbstwertgefühl

Einen starken Wunsch nach mehr aufrechtzuerhalten und zugleich Selbstvertrauen und Zuversicht auszustrahlen, stärkt die eigene Verhandlungsposition. Klagen gilt auf dem Mars als Ausdruck einer Anspruchshaltung ohne Selbstvertrauen. Frauen haben oft das Gefühl, Anspruch auf mehr zu haben, und zugleich sind sie unzufrieden mit dem, was sie bekommen. Nimmt ein männlicher Vorgesetzter Unzufriedenheit wahr, dann fasst er dies als Jammern auf, und die Frau verliert bei ihm an Ansehen. Das Geheimnis, wie man erfolgreich um eine Gehaltserhöhung oder eine Beförderung verhandelt, besteht darin, eine positive Haltung zu bewahren und es zu vermeiden, sich zu beschweren.

Dies gilt nicht nur für Frauen, sondern ebenso für Männer, die sich nicht in einer positiven Weise zu behaupten wissen. Vorgesetzte nehmen den Wunsch ihrer Angestellten nach einer Beförderung eher wahr, wenn diese sich diesbezüglich deutlich äußern und ihre Leistungen klar herausstellen, ohne zu jammern. Um Vorgesetzte zu motivieren, mehr Geld zu geben, müssen Mitarbeiter den starken Wunsch nach mehr und das dazu nötige Selbstwertgefühl ausstrahlen.

Um Vorgesetzte zu motivieren, mehr Geld zu geben, müssen Mitarbeiter den starken Wunsch nach mehr und das dazu nötige Selbstwertgefühl ausstrahlen.

Männer und Frauen verbessern ihre Chancen, mehr zu bekommen, wenn sie sich in die Perspektive ihrer Chefs versetzen. Dies gilt nicht nur für den Fall, dass sie befördert werden oder mehr Geld möchten, sondern bei allem, was sie ihren Vorgesetzten gegenüber vertreten. Entscheidungsträger sagen nicht ohne weiteres ja. Sie möchten von denjenigen überzeugt werden, die mit einem Anliegen zu ihnen kommen. Sie wollen die Gewissheit haben, dass sie ein gutes Geschäft machen. Sie haben kein Interesse daran, einen Fehler zu begehen. Geht von der Person, die ein Anliegen vorbringt, Unsicherheit und Unentschlossenheit aus, dann überträgt sich dies auf den Entscheidungsträger. Strahlt sie dagegen Selbstbewusstsein aus, dann fühlt sich auch der Entscheidungsträger sicher.

Für den Wunsch nach einer Gehaltserhöhung sollten Sie den richtigen Zeitpunkt wählen. Hierfür ist eine gute Vorbereitung erforderlich, damit Ihr Arbeitgeber Ihre Leistungen zu würdigen weiß. Sie sollten nicht erst dann Ihre Erfolge herauszustreichen beginnen, wenn Sie um eine Beförderung bitten. Wenn Sie eine Gehaltserhöhung möchten, muss Ihrem Vorgesetzten schon lange bekannt sein, wie gut Sie sind.

Reden Sie über Ihre Leistungen, dann sollten Sie dies einfach aus dem Bewusstsein tun, dass Sie Anerkennung verdient haben, und nicht deshalb, weil Sie auf eine Beförderung hoffen. Wer zu oft um mehr bittet, hinterlässt den Eindruck, habgierig zu sein. Vorgesetzte, ob männlich oder weiblich, müssen etwas Zeit haben, um über Beförderungen nachzudenken. Je mehr Sie sich bei ihnen mit Ihren Leistungen und Anstrengungen in Erinnerung bringen, desto eher sind sie bereit, dies entsprechend zu honorieren.

Wenn man um eine Gehaltserhöhung bittet, muss man realistisch sein. Einerseits muss man das verlangen, was man haben möchte, aber andererseits kann man auch seine Stelle verlieren, wenn man seine Forderungen überzieht und sein Gegenüber dadurch brüskiert.

Das Geheimnis liegt darin, maßvoll und in einer nicht-fordernden Weise um mehr zu bitten. Vorgesetzte möchten das Gefühl haben können, dass man schätzt, was sie einem bieten. Gibt man ihnen zu verstehen, dass das derzeitige Gehalt für die eigenen Bedürfnisse nicht ausreicht, dann bringt sie dies zu dem Schluss, dass man nicht der oder die Richtige an diesem Arbeitsplatz ist.

Wenn man zu viel verlangt, kann man seine Stelle verlieren.

Bevor Sie um eine Gehaltserhöhung bitten, sollten Sie prüfen, was Sie bisher für die Firma geleistet haben. Sind Sie sich über den Nutzen der eigenen Arbeit im Klaren, dann haben Sie eine Grundlage, auf der Sie um mehr bitten können. Wer klug ist, sagt etwa: »Ich schätze das, was ich bekomme, aber was ich für die Firma leiste, verdient eine etwas höhere Anerkennung« oder »Der Markt hat sich geändert; andere in einer vergleichbaren Stelle bekommen heute mehr.« Eine solche objektive Haltung ist entschieden besser als »Für diese Bezahlung arbeite ich viel zu viel« oder »Ich brauche mehr Geld, um meine Miete bezahlen zu können.«

Leute, die vorankommen, verstehen sich auf die Kunst, dafür zu sorgen, dass ihre Vorgesetzten ihre Fähigkeiten und Leistungen stets mitbekommen. Sie schicken Kopien von schmeichelhaften Briefen und verfassen Memoranden, in denen ihr Können deutlich zum Ausdruck kommt. So bereiten sie erfolgreich den Boden für Verhandlungen über Beförderungen oder Gehaltserhöhungen.

Fragen oder nicht fragen

Auf der Venus ist die Qualität der Beziehungen letztlich wichtiger als das Geld, das man verdient. Statt zu riskieren, den Chef oder die Chefin zu verärgern, gibt sich eine Frau lieber zufrieden und unterlässt es, nach mehr zu fragen. Durch diese Zurückhaltung versäumen es Frauen oft selbst, mehr zu bekommen. Zu wissen, wann und wie man fragt, und um wie viel man bittet, ist für alle eine Herausforderung. Weiß man darüber Bescheid, wie Chefs üblicherweise denken, hat man bessere Erfolgschancen.

Ziel bei allen Verhandlungen ist es herauszufinden, wie viel man der anderen Seite zumuten kann. Wenn man sein Auto verkaufen will und sagt, dass man sich einen Preis zwischen 15 000 und 18 000 Euro vorstellt, dann wird bestimmt niemand anrufen und sagen: »Dieses Auto gefällt mir so gut, ich bezahle 18 000.« Jeder würde den niedrigsten Preis bieten, den man zu akzeptieren bereit ist. So sind nun einmal die Spielregeln in einer freien Wirtschaft. Auf der Venus denkt man nicht so – aber so denken die meisten Vorgesetzten, ob weiblich oder männlich. Wer mehr haben will, muss mehr verlangen.

Auf der Venus möchte man nicht allzu fordernd erscheinen. Es ist dort nicht nett, mehr haben zu wollen. Oft müssen Frauen erst ärgerlich werden, bevor sie in ihrem Innern das Gefühl wahrzunehmen beginnen: »Ich tue mehr für diese Firma, also hätte ich auch ein besseres Gehalt verdient.« Oder sie sagen sich: »Jetzt habe ich bewiesen, dass ich für diese Firma wertvoll bin; ich habe es verdient, mehr zu bekommen.« Einer der Unterschiede zwischen Männern und Frauen liegt darin, dass Männer dieses Gefühl schon lange haben, bevor sie ärgerlich werden.

Sieht eine Frau, dass andere mehr bekommen als sie, dann entsteht in ihr Verärgerung, und sie geht zu ihrem Chef und verlangt mehr. Das Problem dabei ist, dass männliche Chefs auf emotional vorgetragene Ultimaten nicht sehr positiv reagieren. Chefs sind nicht herzlos, aber sie brauchen irgendeine Motivation, um mehr zu bezahlen und mehr zu geben. Dies dauert seine Zeit. Im Vertrieb gilt die Faustregel, dass Menschen siebenmal von einem Produkt gehört haben müssen, bevor sie in Erwägung ziehen, es zu kaufen.

―◂◦▸―

Chefs sind nicht herzlos, aber sie brauchen irgendeine Motivation, um mehr zu bezahlen und mehr zu geben.

―◂◦▸―

Auch dort, wo es um eine Gehaltserhöhung oder Beförderung geht, gilt: Steter Tropfen höhlt den Stein. Wenn eine Frau um eine Beförderung oder Gehaltserhöhung bittet, sollte sie sich beim ersten Mal darüber im Klaren sein, dass dies nur ein erster Anlauf war. Es wäre sehr unklug, hier sofort mit einer harten Forderung aufzutreten. Wenn man mehr will, muss man beharrlich seine Vorzüge zur Geltung bringen.

Bittet eine Frau um mehr und bekommt es nicht, dann ist ihr vielleicht nicht klar, dass sie, wenn sie diese Ablehnung nicht tragisch nimmt, auch um etwas weniger bitten kann. Zumindest kann sie sich einen Plan zurechtlegen, wie sie letztlich doch bekommen kann, was sie haben möchte. Dies ist die Kunst des Verhandelns.

Statt mit einem Nein aus dem Zimmer des Chefs herauszukommen, kann sie zumindest etwas mitnehmen. Chefs geben sehr gerne zu einem späteren Zeitpunkt mehr, wenn das, was sie im Augenblick geben können, geschätzt wird. Bittet ein Marsianer um eine Gehaltserhöhung und bekommt sie nicht, dann bittet er um etwas Geringeres, für das er sich dann auch sehr dankbar zeigt. Indem er in dieser Weise auch mit weniger glücklich ist, hält er sich die Tür offen, zu einem späteren Zeitpunkt mehr zu bekommen.

Bekommt ein Mann nicht das, was er möchte, dann bittet er um etwas weniger, das er dann auch sehr zu schätzen weiß.

Einer der größten Fehler, den Frauen machen können, wenn sie über eine Gehaltserhöhung verhandeln, besteht darin, diese Forderung mit ihrer persönlichen Unzufriedenheit zu begründen. Manche Frauen bringen sich selbst um alle Unterstützung, indem sie darüber reden, wie viel sie tun und wie wenig sie dafür bekommen. Verweist sie darauf, wie hart sie arbeitet und wie schwierig alles ist, sabotiert sie ihr Anliegen.

Solche Äußerungen werden manchmal emotional und in einem Ton der Erschöpfung vorgetragen. Auf der Venus könnte man damit mitteilen, wie hilfsbereit und liebevoll man ist und wie hart man arbeitet. Auf ihrem Planeten und bei venusianischen Vorgesetzten würden ihre Gefühle Bewunderung und eine mitfühlende Reaktion auslösen. Dadurch würde sie die Unterstützung bekommen, die sie braucht. Auf dem Mars aber und bei einem marsianischen Chef verliert sie durch die Äußerung negativer Gefühle und das Reden über ihre Probleme sehr viel Sympathie.

Und selbst bei venusianischen Vorgesetzten könnte es ihr geschehen, dass ihr diese nicht mehr Geld anbieten, sondern ihr vielmehr vorschlagen, ihr eine Arbeit zu geben, die sie weniger in Anspruch nimmt. Die Chefin könnte zu dem Schluss kommen, dass sie mit der Arbeitsbelastung, die sie jetzt hat, nicht zurechtkommt und ganz bestimmt nicht noch mehr vertragen kann. Unter diesem Blickwinkel ist für Vorgesetzte eine Gehaltserhöhung schwer vorstellbar. Die Unterstützung, die sie ihr geben, besteht vielleicht in einigen Vorschlägen, wie sie mit ihrer Arbeit besser zurechtkommen kann.

Es mag noch angehen, negative Emotionen zu äußern, um ein wenig Zuwendung von Kolleginnen und Kollegen zu bekommen, aber Vorgesetzte mit solchen Gefühlen zu belasten und dann zu erwarten, dass sie dies mit einer Gehaltserhöhung belohnen, ist unrealistisch. Viel hilfreicher wäre es, auf die eigenen Erfolge und Leistungen und auf die gesteigerte Effizienz zu verweisen.

Verletzlichkeit am Arbeitsplatz

Als ich einmal bei einer Personalchefin eine Empfehlung für eine Frau abgab, die für meine Firma gearbeitet hatte, fragte sie mich zu meiner Überraschung ganz direkt: »Hat sie jemals unter Druck geweint?« Offensichtlich wollte die Betreffende also keine Frau einstellen, die an ihrem Arbeitsplatz weinen würde. Dies erschien mir zuerst roh und herzlos, aber allmählich erkannte ich, dass diese Frau nicht so völlig Unrecht hatte. Natürlich würde ich eine Frau nicht entlassen, weil sie bei der Arbeit weint, aber ich würde sie auch nicht ermuntern, sich am Arbeitsplatz auf diese Weise um Unterstützung zu bemühen.

Man sollte es unbedingt vermeiden zu erwarten, dass am Arbeitsplatz die eigenen emotionalen Bedürfnisse befriedigt werden. Weinen ist eine der vielen Arten, wie Menschen sich für die emotionale Unterstützung durch andere öffnen. Eine solche Verletzlichkeit ist im persönlichen Umfeld sehr passend. Aber Vorgesetzte und Kolleginnen und Kollegen sind als starke Schulter denkbar ungeeignet. Der Arbeitsplatz kann kein Ersatz für die Familie, einen geliebten Menschen oder einen Therapeuten sein.

Venusianische Vorgesetzte oder Kolleginnen hätten vielleicht noch am ehesten Verständnis für Verletzlichkeit, aber Marsianer sicher nicht. Weint eine Frau am Arbeitsplatz oder drückt sie Gefühle der Verletztheit aus, dann kann sich ein Mann als schlechter Mensch an den Pranger gestellt fühlen. Geht er auf ihre Empfindlichkeiten nicht voller Mitgefühl ein, dann könnte er als Rohling gelten. Dies ist unfair ihm gegenüber und ein Zeichen dafür, dass sie von ihm und vom Arbeitsplatz zu viel erwartet. Selbst wenn ihn die Menschlichkeit dazu antreibt, sie zu trösten, ist es am Arbeitsplatz wichtig, diesen Impuls zu unterdrücken und nicht in die Rolle eines Therapeuten oder Familienangehörigen zu schlüpfen.

―◆―

Weint eine Frau am Arbeitsplatz oder drückt sie Gefühle der Verletztheit aus, dann kann sich ein Mann als schlechter Mensch an den Pranger gestellt fühlen.

―◆―

Statt sie tröstend in die Arme zu nehmen, sollte er ihr ein Taschentuch reichen und ihr anbieten, ihr ein Glas Wasser zu bringen. Dann kann er das Gespräch wieder aufnehmen, ohne weiter auf ihr Weinen einzugehen. Er sollte sich wieder den geschäftlichen Dingen zuwenden, als ob nichts geschehen wäre. Solchen Szenen Aufmerksamkeit zu verleihen, würde dieses Verhalten nur verstärken und ihn als noch gefühlloser erscheinen lassen, wenn er schließlich doch wieder zum Geschäftlichen zurückkehren muss. Auch teilnahmsvolle Fragen erschweren es ihr nur, wieder die Fassung zu erlangen. Es ist nicht seine Aufgabe, sie zu trösten oder zu beraten; sie muss sich selbst wieder fassen. Wenn die Firma oder der Chef wirklich etwas tun wollen, dann können sie besser Seminare oder psychologische Beratungsprogramme anbieten.

Lässt sich ein Chef oder Kollege auf die Rolle des Trösters ein, dann kann er damit eine Serie von Problemen auslösen, die eine Chefin in der Rolle der Trösterin instinktiv vermeiden würde. Ein Mann neigt dazu, ein übertriebenes Verantwortungsbewusstsein zu zeigen und einer Frau eine Sonderbehandlung einzuräumen. Damit aber schafft er einen Präzedenzfall. Wenn er dann nicht ständig auf ihre sensible Seite Rücksicht nimmt, wird sie irgendwann einmal darüber ärgerlich sein, dass seine geschäftlichen Entscheidungen primär am Profit ausgerichtet sind. Bleibt er weiterhin ihr gegenüber empfindsam und mitleidsvoll, ärgern sich andere Mitarbeiter über diese einseitige Bevorzugung. Beginnt sie schließlich, die Lösung ihrer persönlichen Probleme und die Befriedigung ihrer persönlichen Bedürfnisse vom Arbeitsplatz zu erwarten, dann reagiert schließlich auch er mit Verärgerung, und er verliert die Achtung vor ihr.

Er bekommt das Gefühl, ihr gegenüber nett sein zu müssen, weil sie so sensibel ist. Damit bekommt sie vielleicht sein Mitgefühl, aber ihrem beruflichen Aufstieg dient dies sicher nicht. Diese Erkenntnis sollte es einer Frau deutlich machen, dass sie dann am erfolgreichsten ist, wenn sie ihre persönlichen Bedürfnisse sorgfältig von ihren Erwartungen an ihren Arbeitsplatz trennt.

Weint eine Frau am Arbeitsplatz, dann bekommt sie vielleicht das Mitgefühl eines Mannes, aber sie setzt dafür ihren beruflichen Aufstieg aufs Spiel.

Dieselbe Dynamik gilt, wenn Männer und Frauen mit Hilfe von Sex Karriere machen wollen. Mit Sex kann man Vorgesetzte verführen, um dadurch Vergünstigungen zu erhalten, aber dies ist immer nur vorübergehend. Wenn die Romantik verflogen ist, dann ziehen Chef oder Chefin ihre Gunst zurück, und es ist ihnen zuwider, zu einer speziellen Rücksichtnahme verpflichtet zu sein. Dies macht nicht nur die anderen Mitarbeiter ärgerlich, sondern auch den Chef oder die Chefin.

Sexuelle Belästigung

Nicht anders als die Äußerung von Gefühlen der Verletzlichkeit ist am Arbeitsplatz auch die Äußerung sexueller Regungen fehl am Platz. Frauen zeigen öfter ihre emotionale Verletzlichkeit auf eine unangemessene Weise, Männer dagegen ihr persönliches Bedürfnis nach sexueller Stimulierung. Wie Weinen sollte auch Sex den intimeren Beziehungen außerhalb des Arbeitsplatzes vorbehalten sein.

Natürlich wird es immer ein gewisses Maß an sexuellen Äußerungen am Arbeitsplatz geben. Vielen Männern und Frauen, die sechzig Stunden in der Woche arbeiten, bleibt fast nur der Arbeitsplatz für ihre Suche nach Liebespartnern. Aber wenn Männer und Frauen sich ihre unterschiedlichen Sensibilitäten nicht klarmachen, dann verhalten sie sich oft in einer unangemessenen Weise.

Weil heute kriminelle sexuelle Belästigung in den Medien ein so starkes Echo findet, ist eine große Verunsicherung entstanden, was angemessen ist und was nicht. Der Begriff »sexuelle Belästigung« bedeutet für verschiedene Menschen ganz verschiedene Dinge. Wenn sich eine Frau von einem Mann belästigt fühlt, dann heißt dies noch nicht, dass sein Verhalten kriminell ist. Tagtäglich werden Klagen wegen sexueller Belästigung von den Gerichten abgewiesen. Andererseits gilt genauso, dass ein Mann vor Gericht nicht einfach deshalb unschuldig ist, weil er glaubt, dass sein sexuelles Verhalten harmlos sei.

*Der Begriff »sexuelle Belästigung« bedeutet für
verschiedene Menschen ganz verschiedene Dinge.*

Für manche Menschen bedeutet »sexuelle Belästigung« das Äußern unangemessener sexueller Bemerkungen, Annäherungsversuche oder beleidigendes und unerwünschtes Verhalten. Für andere bedeutet es verschiedene Formen von Vergewaltigung und den Missbrauch von Macht, um seine eigenen sexuellen Bedürfnisse zu befriedigen. Bei einem solchen Spektrum an Interpretationsmöglichkeiten ist es wichtig zu sagen, was mit »sexueller Belästigung« genau gemeint sein soll, und anzuerkennen, dass manche sexuellen Verhaltensweisen unangemessen und tadelnswert sind, während anderes Verhalten strafwürdig ist.

Bei unserer Erörterung wollen wir uns ausschließlich mit Belästigungen befassen, die eine Maßregelung verdient haben, nicht mit kriminellen Tatbeständen wie Vergewaltigung. Man muss sich über den Unterschied zwischen unangemessenem Verhalten, das anderen lästig ist, und kriminellem Verhalten, das einen Missbrauch darstellt, im Klaren sein. Wenn Männer und Frauen lernen, lästiges und unangemessenes sexuelles Verhalten zu identifizieren und zurückzuweisen, dann ist es einfacher, sich vor schwerwiegenderen Verhaltensformen zu schützen, die eine kriminelle sexuelle Belästigung darstellen.

*Sexuelle Belästigungen kann man verringern, indem
man sich den Unterschied zwischen belästigendem und
kriminellem Verhalten klarmacht.*

Sowohl Männer als auch Frauen zeigen unangemessenes sexuelles Verhalten, doch neigen Männer mehr dazu, sexuelles Verhalten auch dann fortzusetzen, wenn sich eine Frau dies verbeten hat. Je hartnäckiger ein Mann bleibt, desto mehr rücken unerwünschte sexuelle Äußerungen wie sexuelle Witze, Annäherungsversuche und Bemerkungen in die Nähe einer Belästigung. Männer setzen sich oft über die Ablehnung einer Frau hinweg und nehmen sie nicht ernst. Oder sie ärgern sich über ihre Missbilligung und schneiden sie. Beide Male führt diese Missachtung dazu, dass sie sich belästigt fühlt.

Männer müssen sich klarmachen, dass eine Frau sich belästigt fühlt, wenn sie ihm deutlich gemacht hat, dass sein sexuelles Verhalten unerwünscht ist und er gegen ihren Willen dieses Verhalten fortsetzt. Dies ist ein Eingriff in die Rechte der Frau, auch wenn viele Männer dies nicht so wahrnehmen. Selbst wenn ein Verhalten noch keine kriminelle Belästigung darstellt, schafft es jedenfalls Misstrauen und Verärgerung am Arbeitsplatz. Es läuft den Bemühungen zuwider, eine positive und kooperative Arbeitsumgebung zu schaffen.

Um es zu vermeiden, zum Belästiger zu werden, muss ein Mann mehr Sensibilität für die Reaktionen einer Frau auf sein sexuelles Verhalten entwickeln, gerade weil eine Frau anders reagiert als er selbst.

Weiß ein Mann besser über Frauen Bescheid, dann kann er leichter akzeptieren, dass die Reaktionen einer Frau auf sexuelle Äußerungen anders sind.

Auch für eine Frau können diese Erörterungen hilfreich sein. Versteht sie, warum ein Mann ihre Ablehnung ignoriert und manchmal aggressiv darauf reagiert, dann kann sie ihre Grenzen wirksamer ziehen.

Sexuelle Grenzen ziehen

Verstehen Männer die Perspektive einer Frau nicht, dann glauben sie manchmal, dass sie viel Aufhebens um nichts macht, wenn sie sexuelle Grenzen zieht oder sich über sexuelle Belästigung beklagt. Er findet, dass *er* nichts gegen ein wenig sexuelle Aufmerksamkeit hätte, und schließt daraus, dass es bei ihr genauso sein müsse. Er glaubt, dass dies doch nur ein Späßchen sei, und setzt sich über ihren Widerstand hinweg. Fühlt sie sich durch unerwünschte Annäherungsversuche oder Sprüche beleidigt, versteht er dies nicht.

Er findet, dass er nichts gegen ein wenig sexuelle Aufmerksamkeit hätte, und schließt daraus, dass es bei ihr genauso sein müsse.

Ein solches Denken ist ein Überrest aus der Vergangenheit, als es die Gesellschaft Frauen noch nicht erlaubte, Spaß am Sex zu haben. Dieses Verbot eines puritanischeren Zeitalters zwang Männer in die schwierige Rolle, trotz des Widerstands einer Frau hartnäckig sein zu müssen. Manche Frauen sagten nein, während sie in Wirklichkeit über die Beharrlichkeit eines Mannes erfreut waren. Diese alten Beziehungsformen sind heute überholt. Frauen haben heute die Freiheit, Sex zu mögen oder nicht, und wenn sie nein sagen, dann meinen sie es auch.

Es gibt sechs häufige Gründe, warum Männer an einem unerwünschten sexuellen Verhalten festhalten oder Schwierigkeiten haben, die Verärgerung einer Frau über eine sexuelle Belästigung ernst zu nehmen. Nachfolgend sind in der zweiten Spalte Gründe angegeben, die einem Mann helfen können, das Recht einer Frau auf sexuelle Selbstbestimmung zu respektieren.

Warum Männer sexuelle Grenzen nicht respektieren wollen

Ein Mann findet:	*Wie er ihre Reaktion besser verstehen kann:*
Er glaubt, dass sein Verhalten nur ein harmloser Flirt sei. Er denkt sich: »Warum soll ich nicht flirten? Andere Frauen haben ja auch kein Problem damit.«	Ein Mann muss einsehen, dass ein Verhalten, das eine Frau akzeptiert, nicht zwangsläufig auch für eine andere akzeptabel sein muss. Belästigung liegt nicht so sehr im Verhalten selbst, sondern im Festhalten an einem Verhalten, das nicht erwünscht ist.
Er verteidigt sich wie folgt: »Wenn eine Frau meinen Körper bewundern würde, dann würde ich mich nicht belästigt fühlen, auch wenn ich nicht sexuell an ihr interessiert wäre. Mir würde es gefallen, oder ich würde mich zumindest geschmeichelt fühlen.«	Frauen reagieren auf sexuelle Stimulierung anders. Sie haben im Zusammenhang mit Sex völlig andere hormonelle und emotionale Reaktionen. Wenn sie sich nicht emotional zu einem Mann hingezogen fühlen, dann stimuliert sie auch seine sexuelle Aufmerksamkeit nicht. Was ihn stimuliert, kann ihr lästig sein.
Auf seinem Planeten ist es nicht anstößig, wenn man sich pornographische Darstellungen an die Wand klebt oder sexuelle Witze macht. Er findet, dass die Frau überempfindlich ist.	Auf ihrem Planeten ist solches Verhalten anstößig. Es steht ihm nicht zu zu sagen: »So, wie ich es sehe, ist es richtig«. Er kann seine pornographischen Bilder bei sich zu Hause aufhängen und seine Witze mit seinen männlichen Kollegen machen.
Er glaubt, nur auf ihre Avancen zu reagieren. Kleidet sich eine Frau in einer Weise, die ihre Reize betont, oder berührt sie ihn zufällig bei einer sozialen Interaktion, dann glaubt er viel-	Auf der Venus berührt man sich des Öfteren (nicht an erogenen Zonen), um Verbundenheit herzustellen. Dies ist kein Flirt. Sie macht sich vielleicht hübsch, um einen Mann anzuziehen, aber

Ein Mann findet:	*Wie er ihre Reaktion besser verstehen kann:*
leicht, dass sie ihm Avancen macht.	dieser Mann müssen nicht Sie sein.
Widersetzt sie sich ihm in einer gutmütigen oder freundlichen Weise, dann glaubt er, dass dies eine versteckte Aufforderung ist.	Frauen haben heute das Selbstbestimmungsrecht. Wenn eine Frau eine sexuelle Interaktion möchte, dann sagt sie deutlich ja. Zeigt sie ihren Widerstand in einer unsicheren oder vorsichtigen Weise, dann ist dies trotzdem ein Nein, auch wenn sie sich bemüht, die Gefühle des Mannes nicht zu verletzen.
Wenn sie sich belästigt fühlt, will er sich nicht in die Ecke der Vergewaltiger und Perversen stellen lassen. Deshalb reagiert er defensiv und tut ihre Gefühle als Überreaktion ab.	Es ist nicht ihre Schuld, dass die Gesellschaft Schwierigkeiten hat, »Belästigung« klar zu definieren. Jedenfalls kann man seine eigene defensive Reaktion nicht dadurch rechtfertigen, dass man der Frau die Schuld gibt. Der Mann muss es akzeptieren, dass sie sich belästigt fühlt, und ihr den Respekt entgegenbringen, der ihr zusteht, indem er sein Verhalten ihr gegenüber anpasst.

In diesem ganzen Buch haben wir immer wieder darauf hingewiesen, wie Männer und Frauen auf gleiche Situationen unterschiedlich reagieren. Mit diesen neuen Erkenntnissen sollte es nicht mehr schwer fallen, zu erkennen oder zumindest zu akzeptieren, dass das, was ihn sexuell stimuliert, für sie abstoßend sein kann.

Um zu vermeiden, dass sich eine Frau belästigt fühlt, müssen Männer daran denken, dass wir von unterschiedlichen Planeten sind. Ebenso kann eine Frau erfolgreicher ihre Grenzen ziehen, wenn sie besser versteht, wie Männer denken.

Warum sexuelle Aufmerksamkeit störend sein kann

Manche Männer wundern sich, warum sexuelle Aufmerksamkeit oder Anzüglichkeiten für eine Frau so störend sein können. Aber sie haben noch nie das Leben aus der Perspektive einer Frau erfahren. Die Erkundung der vielen Gründe, warum ein Mann das Gefühl des Belästigtseins nicht nachvollziehen kann, kann ihm helfen, sich etwas mehr in ihre Welt hineinzuversetzen. Diese Einsicht hilft ihm, das Mitgefühl und die Sensibilität zu wecken, die er braucht, um sein Verhalten zu ändern. Die nachfolgenden sechs Punkte erklären, warum ein Mann sich nicht in die Erfahrung einer Frau versetzen kann.

1. Er kennt die Erfahrung nicht, nur als Sexobjekt geschätzt zu werden, statt wegen seiner Kompetenz und Intelligenz.
2. Er musste nicht sein ganzes Leben lang versuchen, bei unerwünschten Anträgen höflich zu bleiben.
3. Er kennt die Erfahrung nicht, Objekt sexueller Vorurteile zu sein und beweisen zu müssen, dass er eine Aufgabe ebenso effektiv erledigen kann wie ein Mann.
4. Er weiß nicht, wie schwierig es ist, mit jemandem eine harmonische Arbeitsbeziehung zu pflegen, den man ständig in die Schranken weisen muss.
5. Wenn eine Frau keine Lust hat, auf die sexuellen Witzeleien oder Anzüglichkeiten eines Mannes einzugehen, wird sie vielleicht als Außenseiterin, als prüde, als »Unschuld vom Lande« oder als allzu tugendhaft bespöttelt, und dies ist ihr gegenüber unfair.
6. Zieht sie Grenzen, bekommt sie es vielleicht mit seinem Zorn oder seiner Gleichgültigkeit zu tun. Besonders unerfreulich ist für sie die hieraus entstehende Isolierung und das Gefühl der Machtlosigkeit gegenüber der Situation.

In vielen großen Firmen gibt es interne Vorschriften, die dazu dienen, die Mitarbeiter und die Firma selbst vor gerichtlichen Auseinandersetzungen wegen sexueller Belästigung zu schützen. Manche männlichen Mitarbeiter wollen diese Vorschriften nicht akzeptieren, weil sie die Unterschiede zwischen den Geschlechtern nicht verstehen. Die oben genannten sechs Punkte können einem Mann helfen, seine inneren Widerstände zu überwinden, wenn er sich beherrschen und sich gegenüber dem anderen Geschlecht respektvoll verhalten muss. Versucht ein Mann einmal, sich in die andere Perspektive einer Frau einzudenken, dann kann er zu der Einsicht kommen, dass die Einschränkung sexueller Annäherungsversuche und Anzüglichkeiten nichts als fair und vernünftig ist.

Zu sexuellen Avancen nein sagen

Auch Frauen können das ihre zu einer Lösung beitragen. Manchmal kommt es einfach deshalb zu einer Belästigung, weil dem Mann nicht deutlich genug klargemacht wird, dass er aufhören soll. Lernt eine Frau, die Grenzen klar zu ziehen, ohne ärgerlich zu werden, dann kann sie ihn leicht dazu bewegen, sein Verhalten einzustellen, ohne ihn zu verärgern. Tag für Tag gelingt es Frauen, die Zudringlichkeit von Männern zu stoppen, bevor sie die Hilfe von Vorgesetzten in Anspruch nehmen müssen.

Manchmal ist es für einen Mann schwierig, die Gefühle einer Frau ihm gegenüber richtig einzuschätzen. Er macht also einen Annäherungsversuch, um es herauszubekommen. Manchen Frauen gelingt es, dies dann lachend mit einer lockeren Bemerkung abzuwehren wie »Aber nein, wo denken Sie hin, wir wollen doch Kollegen bleiben!« oder »Ach hören Sie, Sie sind doch wie ein Bruder für mich!« In aller Regel genügen solche Bemerkungen, um einen Mann zu ernüchtern, ohne dass er sein Gesicht verliert.

Macht ein Mann einen Annäherungsversuch und ist die Frau nicht interessiert, dann muss sie ihm das freundlich, aber deutlich sagen. Wenn sie wirklich »nein« meint, dann darf keine Unsicherheit mitschwingen. Oft ist Frauen nicht klar, dass manche Männer das »Nein« oder »Stopp« einfach nicht hören, wenn sie ihnen hinsichtlich ihres sexuellen Verhaltens eine unscharfe Grenze setzen. Wenn aber auch eine deutliche Antwort ihrerseits nichts nützt, dann muss sich die Frau Hilfe suchen.

Übt eine Frau, direkter zu sein, dann wird es ihr viel besser gelingen, ihre Grenzen zu verteidigen. Wenn es nicht gelingt, auf nette Art eine Grenze zu ziehen, dann muss sie etwas bestimmter auftreten, ohne wütend zu werden. Auch wenn es auf ihrem Planeten grob erscheinen mag: Männer respektieren nur klare Grenzen. Was Männer aber weniger leicht akzeptieren, sind Grenzen und Zorn gleichzeitig. Bleibt die Frau gelassen und ruhig, dann ist ihre Wirkung umso größer. Nachfolgend einige Beispiele, was sie sagen kann:

Klare Kommunikation über Sex

Unklare Grenze:	*Klare Grenze:*	*Sehr bestimmte Grenze:*
Ich mag dieses Herumalbern eigentlich nicht.	Ich habe wirklich kein Interesse. Suchen Sie sich jemand anders für Ihre Witzchen.	Ich habe es Ihnen dreimal gesagt. Suchen Sie sich jemand anderes für Ihre Witzchen.
Ich finde Sie nett, aber nur als Kollege.	Sie sind nicht mein Typ. Bleiben wir einfach Kollegen.	Ich habe es Ihnen dreimal gesagt. Sie sind nicht mein Typ.
Schade, dass ich schon jemanden habe.	Ich bin nicht zu haben, und ich habe auch kein Interesse an einer Beziehung mit Ihnen.	Ich habe es Ihnen jetzt dreimal gesagt. Ich bin nicht an einer Beziehung mit Ihnen interessiert.
Ich habe jetzt gerade sehr viel zu tun. Ich	Ich halte mein Privatleben von meinem	Ich habe es Ihnen dreimal gesagt. Ich

Unklare Grenze:	*Klare Grenze:*	*Sehr bestimmte Grenze:*
bin mit Arbeit eingedeckt.	Leben am Arbeitsplatz getrennt. Ich bin nicht an einer Beziehung mit Ihnen interessiert.	bin nicht an einer Beziehung mit Ihnen interessiert. Hören Sie auf, mich anzurufen.
Entschuldigung, ich wollte Sie nicht auf falsche Gedanken bringen.	Sie sind ziemlich aufdringlich. Ich bin nicht an einer Beziehung mit Ihnen interessiert.	Ich habe es Ihnen dreimal gesagt. Ich möchte, dass Sie meinen Wunsch respektieren. Ich bin nicht zu haben.
Es tut mir Leid, aber ich habe schon jemanden.	Ich bin nicht daran interessiert, mit Ihnen eine Beziehung einzugehen.	Ich habe es Ihnen dreimal gesagt. Ich bin nicht daran interessiert, mit Ihnen eine Beziehung einzugehen. Lassen Sie mich in Ruhe.

Wenn man Grenzen ziehen will, ist dies umso wirksamer und deutlicher, wenn man sich dabei nicht aufregt, keine Urteile fällt, keine Vorträge hält oder Drohungen ausspricht. Außerdem sollte eine Frau keine näheren Informationen über ihr Privatleben geben, um ihre Reaktion zu rechtfertigen. Es sind keine Erklärungen notwendig. Wenn sie versucht, ihn zu trösten, dann deutet er dies schon wieder so, dass sie vielleicht doch etwas für ihn übrig hat, und er macht weiter.

Das Geheimnis der Bestimmtheit liegt darin, dass man sich kurz fasst und auf einen emotionalen Tonfall verzichtet. Ist ein Mann aufdringlich, dann hat eine Frau mehr Erfolg, wenn sie eine Grenze setzt, ohne ihn erkennen zu lassen, dass sie sich über ihn ärgert. Je kühler eine Frau reagiert, desto weniger muss er sich für sein Verhalten verteidigen, und umso leichter kann er sich zurückziehen. Er kann sein Gesicht wahren und sein Verhalten ändern.

Die Grenze zwischen Privatleben und Arbeitsplatz ziehen

Wenn sich eine Frau herausfordernd kleidet, dann ist dies noch keine Einladung an einen Mann, sich in einer sexuellen Weise zu äußern. Jede Frau hat das Recht, attraktiv zu sein und sich so zu kleiden, wie es ihr gefällt. Ihre Art, sich zu kleiden, rechtfertigt keinerlei unerwünschte Annäherungsversuche oder Bemerkungen eines Mannes.

―――◄o►―――

Ihre Art, sich zu kleiden, rechtfertigt keinerlei unerwünschte Annäherungsversuche oder Bemerkungen eines Mannes.

―――◄o►―――

Hat ein Mann Fotos von seiner Familie auf seinem Schreibtisch, dann bringt er damit zum Ausdruck, dass er ein liebevoller Mensch ist. Es ist aber keine Einladung, dass jeder in sein Büro kommen und sich an seiner Schulter ausweinen darf. Wie von Männern und Frauen erwartet wird, dass sie ihre persönlichen Empfindungen auf ihr Privatleben beschränken, so müssen sie auch ihre sexuellen Empfindungen auf ihr Privatleben beschränken und nicht am Arbeitsplatz ausleben.

Das heißt wiederum nicht, dass eine Frau niemals eine Empfindung der Verletzlichkeit oder ein Mann sexuelle Aufmerksamkeit zeigen darf. Beide Verhaltensformen sind akzeptabel, solange der oder die andere dies akzeptiert und es keine Arbeitszeit kostet. Flirten ist in dem Moment ärgerlich und störend, wenn es nicht willkommen ist. Ist dagegen eine Frau an einer Beziehung mit einem Mann interessiert, dann kann dasselbe Verhalten in Ordnung sein. Und hat ein Mann, dem gegenüber eine Frau Gefühle zu erkennen gibt, ein sehr enges Verhältnis zu ihr, dann ist es auch in Ordnung, wenn sie sich etwas verletzlicher zeigt.

Hinsichtlich Sex und Verletzlichkeit am Arbeitsplatz gibt es also keine klare und allgemein gültige Definition, was erlaubt ist und was nicht. Am besten begegnet man diesem Problem damit, dass man mit seinen Mitmenschen rücksichtsvoll umgeht. Indem man seine eigenen Grenzen klar definiert und die Grenzen anderer achtet, gibt man eine professionelle Berufsauffassung zu erkennen.

10
Stress durch emotionale Unterstützung begrenzen

Unterschiede zu verstehen trägt sehr viel dazu bei, Stress zu verringern, aber das Bedürfnis nach emotionaler Unterstützung wird dadurch nicht erfüllt. Besonders unerfreulich ist die Situation, wenn alle bekommen, was sie brauchen, nur man selbst nicht. Früher mussten vor allem Frauen dieses Gefühl haben, aber je mehr Arbeitsbereiche von Frauen »erobert« werden, desto öfter fühlen sich auch Männer frustriert und manchmal unerwünscht. Heute brauchen Männer wie Frauen mehr emotionale Unterstützung.

Ein Mann kann sich noch so sehr bemühen, einer Frau Unterstützung zu geben – manchmal braucht sie doch die liebevolle und mitfühlende Zuwendung, die nur eine andere Frau geben kann. Ebenso tut es Männern gut, unter anderen Männern zu sein. Wir alle möchten manchmal einfach wir selbst sein, ohne unser Verhalten auf die Goldwaage legen zu müssen. Sich einem zahlenmäßig stärkeren anderen Geschlecht gegenüber zu sehen, kann für Männer und Frauen gleichermaßen schwierig sein. Dies lässt sich am besten dadurch ausgleichen, dass man außerhalb des Arbeitsplatzes für die Befriedigung seiner persönlichen Bedürfnisse sorgt.

Wir alle möchten manchmal einfach wir selbst sein, ohne unser Verhalten auf die Goldwaage legen zu müssen.

Am Arbeitsplatz wird es immer schwierige Situationen geben, in denen die persönlichen Bedürfnisse nicht erfüllt werden. Wenn wir die Befriedigung dieser Bedürfnisse nicht in irgendeiner anderen Weise sicherstellen, ist wachsende Verärgerung vorprogrammiert. Versuchen wir, Unterstützung am falschen Ort zu bekommen, dann kann die Frustration nur zunehmen. Wissen wir, wo wir die Erfüllung unserer Bedürfnisse erwarten können, dann schwindet auch die Neigung, dem Arbeitsplatz oder Kolleginnen und Kollegen die Schuld zu geben. Damit nimmt der Stress ab, und das Gefühl des Vertrauens und der Wertschätzung nimmt zu.

Stress und Produktivitätseinbußen

Firmen, die besondere Rücksicht auf die familiären Verhältnisse nehmen, indem sie zum Beispiel flexible Arbeitszeiten ermöglichen, haben damit sehr gute Erfahrungen gemacht: Die Produktivität und die Gewinne nahmen deutlich zu. Wenn die Mitarbeiter zufrieden sind, sind sie automatisch motivierter, kreativer, produktiver und kooperativer.

Die Produktivität hängt nicht davon ab, wie viel Stress man hat, sondern davon, wie gut man mit Stress umgehen kann. Sorgen wir dafür, dass die eigenen emotionalen Bedürfnisse befriedigt werden, dann sind wir besser für die Herausforderungen am Arbeitsplatz gerüstet. Bekommen wir die benötigte emotionale Unterstützung, dann stimuliert Stress am Arbeitsplatz höchstens mehr Kreativität und Energie.

Die Produktivität hängt nicht davon ab, wie viel Stress man hat, sondern davon, wie gut man mit Stress umgehen kann.

Das Unvermögen, Stress zu bewältigen, führt zu Fehlern, und dies bedeutet eine Vergeudung von Zeit und Geld. Unzufriedene Mitarbeiter schaffen sehr viel unnötige emotionale Spannungen. Jede Firma kann nur davon profitieren, wenn sie die Voraussetzungen für ein erfüllteres persönliches Leben ihrer Angestellten schafft.

Es kann keinen Zweifel geben, dass entspannte und im persönlichen Leben erfüllte Mitarbeiter die besseren Entscheidungen treffen. Nicht mehr Arbeitsstunden, sondern effizienter genutzte Arbeitsstunden machen den größten Produktivitätsgewinn aus.

Erfolgreich sind vor allem solche Menschen, die mit den negativen Auswirkungen von Stress am besten umgehen können. Je besser die emotionalen Bedürfnisse unterstützt werden, desto besser bewältigt man Stress. Manchen Menschen genügt die Herausforderung am Arbeitsplatz, um zufrieden und glücklich zu sein, aber die meisten brauchen außerhalb des Arbeitsplatzes ein befriedigendes Privatleben.

Wie Männer auf Stress reagieren

Männer reagieren auf Stress anders als Frauen. Werden auf dem Mars die emotionalen Bedürfnisse eines Mannes nicht befriedigt, dann neigt er dazu, seine ganze Aufmerksamkeit nur noch wenigen Dingen zu widmen und seine Produktivität zu verlieren, indem er sich in seiner Höhle isoliert. Im Umgang mit anderen ist er mürrischer, und er sträubt sich, hilfreiche Vorschläge oder Unterstützung zu akzeptieren. Seine wachsende Aggressivität und Reizbarkeit sind Zeichen dafür, dass er zu viel Stress hat.

Im Stress neigt ein Mann dazu, seine ganze Aufmerksamkeit nur noch wenigen Dingen zu widmen und seine Produktivität zu verlieren, indem er sich in seiner Höhle isoliert.

In dieser Verfassung ist den meisten Männern nicht einmal bewusst, dass sie ihr Blickfeld eingeengt haben. Sie haben eine Art Tunnelblick und nehmen das große Ganze nicht mehr wahr. Zentriert sich ein Mann auf den Großbrand, der dringend gelöscht werden muss, dann übersieht er leicht die kleineren Brände, die ebenfalls beobachtet werden müssen. Männer widmen sich immer nur der Aufgabe, die auf der Prioritätenliste ganz oben steht. Bei ihnen heißt es: Alles oder nichts. Aber versäumt man Maßnahmen auf einer niedrigeren Prioritätsebene, dann werden aus kleinen Problemen sehr schnell große. Natürlich kann es Situationen geben, in denen man alles Übrige ignorieren und sich auf einen Notfall konzentrieren muss. Wird dieses Verhalten aber zur Gewohnheit, dann sinkt die Produktivität, und die Qualität der Beziehungen am Arbeitsplatz leidet.

Haben Männer zu viel Stress, dann bekommen sie eine Art Tunnelblick und nehmen das große Ganze nicht mehr wahr.

Sind Männer im Stress, dann neigen sie zudem verstärkt dazu, sofort anderen die Schuld zu geben, statt auch die eigene Verantwortung zu sehen. Diese Tendenz mindert nicht nur die eigene Flexibilität und Kreativität, sondern man schüchtert damit auch andere ein. Ist ein Mann ganz auf seine Aufgabe konzentriert, dann vergisst er leicht alle seine kommunikativen Fähigkeiten und seine guten Manieren.

Weiß ein Mann über solche Tendenzen Bescheid, dann kann er ihnen entgegenwirken, indem er versucht, bewusst mehr Rücksicht auf andere zu nehmen und für seine eigenen Fehler einzustehen. Er muss sich dann einfach zwingen, seine Wahrnehmung zu schärfen, und darauf achten, auch die kleineren Brände wahrzunehmen und zu löschen. Dies erfordert eine große Anstrengung, weil er sich lieber auf die »eine Sache« konzentriert, die ihn am meisten belastet.

Vor allen Dingen muss er versuchen, die Auswirkungen von Stress zu vermindern, indem er sich ein wenig Zeit für seine emotionalen Bedürfnisse nimmt. Statt sich zu isolieren und sich auf seine Arbeit zu konzentrieren, muss er etwas Entspannendes und Erfüllendes tun. Ein gesunder Ausgleich zwischen Arbeits- und

Privatleben hilft ihm, eine Vergeudung von Zeit und Geld zu vermeiden und seine Produktivität zu erhöhen.

Wie Frauen auf Stress reagieren

Frauen reagieren auf Stress meist in der entgegengesetzten Weise wie Männer: Sie kümmern sich um alles und jedes und fühlen sich immer mehr überfordert, weil es so viel zu tun gibt. Ihre Produktivität sinkt, weil ihr Bedürfnis wächst, über Probleme zu reden, statt sie zu lösen. Sie suchen die Schuld bei sich selbst. Diese Neigung zu Selbstvorwürfen verstärkt die Selbstzweifel und hindert Frauen daran, sich selbst und ihre Bedürfnisse zu behaupten.

In diesem Zustand der Überforderung, in dem sie selbst am meisten Hilfe braucht, bürdet sich eine Frau stattdessen noch mehr Verantwortung auf. Sie verliert die Fähigkeit, ihre Prioritäten klar zu erkennen, und sie vergeudet viel Zeit damit, kleine Brände zu löschen, statt sich zuerst um den Großbrand zu kümmern. Kleine Probleme erscheinen ihr viel größer, als sie in Wirklichkeit sind. In einem solchen Zustand der Überlastung fällt es immer schwerer, Entscheidungen zu fällen.

Haben Frauen zu viel Stress, dann fühlen sie sich überwältigt, und kleine Probleme erscheinen ihnen größer, als sie sind.

Natürlich muss man sich irgendwann auch einmal um die kleinen Probleme kümmern, die man zurückgestellt hat, aber wenn diese Neigung chronisch wird und eine Frau unter der Last all ihrer Aufgaben ächzt, dann sinken ihre Effizienz und ihre Produktivität. Das Gefühl der Überlastung und Erschöpfung ist ein deutlicher Hinweis darauf, dass ihre emotionalen Bedürfnisse nicht mehr befriedigt werden.

Je mehr die Probleme und Verantwortlichkeiten wachsen, desto mehr fühlt sie sich erschöpft, weil ihr »alles zu viel wird«. Wird dagegen nichts unternommen, dann verwandelt sich das Gefühl der Erschöpfung in Verärgerung darüber, dass sie nicht genügend Unterstützung bekommt.

Wird nichts unternommen, dann verwandelt sich das Gefühl der Erschöpfung in Verärgerung.

Während sie sich Zeit dafür nehmen müsste, sich zu entspannen und sich um die emotionale Unterstützung zu kümmern, die sie braucht, hat sie stattdessen Schuldgefühle, wenn sie sich Zeit für sich selbst nimmt. Statt sich um ihre persönlichen Bedürfnisse zu kümmern, lädt sie sich noch mehr Arbeit auf. Solange sie noch nicht gelernt hat, auf ihre emotionalen Bedürfnisse zu achten, macht es sie nervös, wenn sie sich etwas freie Zeit nimmt, und es gelingt ihr nicht, sich zu entspannen.

Frauen haben ein »Fürsorge-Gen«, und oft vergessen sie über dem Bestreben, anderen Menschen etwas zu geben, ihre eigenen Bedürfnisse. Ist eine Frau allzu sehr unter Stress, dann muss sie sich in aller Regel zuerst um mehr Unterstützung in ihrem Privatleben kümmern; dann gelingt es ihr auch wieder besser, am Arbeitsplatz Prioritäten zu setzen und die Belastungen zu bewältigen.

Eine Frau wird mit Stress am besten dadurch fertig, dass sie sich etwas Zeit nimmt und mit anderen über die Ursachen ihrer Belastung spricht. Tut sie dies aber am Arbeitsplatz, dann vergeudet sie damit nicht nur Zeit, sondern verärgert vielleicht auch Kolleginnen und Kollegen, die ihre Zeit produktiver nutzen wollen. Über Probleme zu reden, um Stress abzubauen, funktioniert vor allem in einem Kontext, in dem keine Lösung des Problems erforderlich ist. Sicherlich ist es auch am Arbeitsplatz hilfreich, sich ein wenig Luft zu machen und über Probleme zu sprechen, aber dies ist kein Ersatz für ein Privatleben.

Weiß eine Frau über diese Tendenzen Bescheid, dann kann sie

Stress-Symptome rechtzeitig erkennen und dafür sorgen, dass ihre emotionalen Bedürfnisse außerhalb des Arbeitsplatzes befriedigt werden. Gespräche mit Freundinnen und Freunden, die mit ihrem Arbeitsleben nichts zu tun haben, bauen Stress am wirksamsten ab. Hat sie sich in dieser Weise etwas Erleichterung verschafft, kann sie beginnen, in ihrem Leben mehr Gleichgewicht herzustellen und dafür zu sorgen, dass ihre emotionalen Bedürfnisse Priorität bekommen.

Der Arbeitsplatz ist keine therapeutische Einrichtung

Für Männer und Frauen gilt grundsätzlich gleichermaßen, dass die Firma nicht für die persönliche Befriedigung zuständig ist. Darum muss man sich schon selbst kümmern. Findet man am Arbeitsplatz nicht die emotionale Unterstützung, die man braucht, dann wird die eigene Situation nicht dadurch besser, dass man der Firma Vorwürfe macht. Leidet man unter schweren Stress-Symptomen, dann kann vielleicht eine Therapie hilfreich sein, bis man die nötige Unterstützung im Privatleben gefunden hat. Der Arbeitsplatz kann niemals die Therapie sein. Hat man Unterstützung seitens der Firma, dann ist dies eine schöne Zugabe, aber nicht mehr.

Solange wir unsere Arbeitsplätze als Eltern, Freunde, Therapeuten oder Liebespartner betrachten, sind Scheitern und Ärger vorprogrammiert. Machen wir der Firma Vorwürfe, dann werden wir selbst zu einem Teil des Problems, statt zu einem Teil der Lösung.

Solange wir unsere Arbeitsplätze als Eltern, Freunde, Therapeuten oder Liebespartner betrachten, sind Scheitern und Ärger vorprogrammiert.

Veränderungen am Arbeitsplatz sind notwendig, aber um diese Veränderungen herbeizuführen, müssen wir dafür sorgen, vernünftige Ansprüche zu stellen. Veränderungen geschehen immer nur in kleinen Schritten. Haben wir einen Schritt erfolgreich hinter uns gebracht, können wir den nächsten tun. Ist erst einmal die persönliche Verärgerung beseitigt, dann gelingt es viel besser, auf die Bedürfnisse anderer zu hören und zugleich die eigenen zu formulieren. Diese gegenseitige Achtung und Wertschätzung ist die Grundlage für eine erfolgreiche Zusammenarbeit.

Persönliche Verärgerung bringt man dadurch zur Auflösung, dass man die Befriedigung der eigenen Bedürfnisse nicht davon abhängig macht, dass sich andere am Arbeitsplatz ändern. Gibt man der Chefin, einem Mitarbeiter oder dem ganzen anderen Geschlecht die Schuld am eigenen Unglück, dann können sie natürlich im eigenen Inneren ihr Unwesen treiben. Übernimmt man selbst die Verantwortung für die eigene Erfüllung, dann braucht man sich nicht mehr von anderen ärgern zu lassen, mit denen man zusammenarbeiten muss. Ergreift man die notwendigen Maßnahmen, um außerhalb des Arbeitsplatzes persönliche Erfüllung zu finden, dann hat man damit die richtigen Voraussetzungen geschaffen, um positive Veränderungen herbeizuführen.

Übernimmt man selbst die Verantwortung für die eigene Erfüllung, dann braucht man sich nicht mehr von anderen ärgern zu lassen, mit denen man zusammenarbeiten muss.

Die ideale Haltung besteht darin, dass wir in unsere Arbeit gehen, um Unterstützung zu geben, statt sie zu empfangen, und dadurch Befriedigung zu finden. In einer idealen Welt finden wir in unseren privaten Beziehungen Unterstützung, während wir in unseren Beziehungen am Arbeitsplatz versuchen, selbst Unterstützung zu geben. Es ist unklug, vom Arbeitsplatz die Erfüllung aller persönlichen Bedürfnisse zu erwarten. Wer dies tut, wird immer wieder Enttäuschungen erleben und sich unnötigerweise ärgern. Und diese Haltung führt dazu, dass der Arbeitsplatz immer noch unerfreulicher und belastender wird.

Wir sollten immer daran denken, dass die Arbeit »bloß ein Job« ist. Das bedeutet nicht, dass wir nicht unser Bestes tun sollten, aber die Arbeit darf nicht wichtiger sein als das Privatleben.

Lernen, Unterstützung zu geben

Der Erfolg ist nicht davon abhängig, dass man am Arbeitsplatz emotionale Unterstützung bekommt, sondern von der eigenen Fähigkeit, emotionale Unterstützung zu geben. Bei jeder Interaktion fühlt man sich entweder unterstützt oder nicht. Unter sonst gleichen Voraussetzungen macht oft die emotionale Unterstützung, die man selbst gibt, den Unterschied zwischen Erfolg und Misserfolg aus.

Wenn ich zum Beispiel einen neuen Computer online oder in drei verschiedenen Geschäften in meiner Gegend etwa zum selben Preis kaufen kann, dann entscheidet die Sympathie darüber, bei wem ich letztlich das Gerät kaufe. Wenn es eine freie Stelle gibt und fünf Bewerber gleichermaßen qualifiziert sind, dann gibt die Chemie den Ausschlag, wer von ihnen ausgewählt wird.

Auf dem neuen Weltmarkt mit seinem großen Angebot wird es immer wichtiger, die Fähigkeit zu emotionaler Unterstützung zu schulen. Die persönlichen Allianzen, die man am Arbeitsplatz schafft, machen dort auf allen Ebenen den Unterschied zwischen Erfolg und Misserfolg aus.

―◈―

Die persönlichen Allianzen, die man am Arbeitsplatz schafft, machen dort auf allen Ebenen den Unterschied zwischen Erfolg und Misserfolg aus.

―◈―

Ist man sich über die unterschiedlichen emotionalen Bedürfnisse im Klaren, dann hat man damit eine Grundlage, um am Arbeitsplatz wirksamere Unterstützung zu geben. Dazu ist es für einen Mann sehr vorteilhaft zu wissen, welche Art emotionaler Unterstützung Frauen am dringendsten brauchen, um Stress abzubauen. Ebenso können Frauen eine bessere Unterstützung gewähren, wenn sie wissen, was Männer brauchen, um Stress zu bekämpfen.

Ein solches Wissen kann aber auch missbraucht werden. Eine Frau liest vielleicht etwas darüber, was eine Frau braucht, und rechtfertigt damit ihre Abneigung gegenüber den Männern in ihrem Büro. Ein Mann liest vielleicht, dass Männer anders denken, und benutzt dieses Wissen als Vorwand, um sich zu weigern, seinen Umgang mit Frauen zu ändern. Aber eine Opferhaltung hilft niemandem. Benutzen Sie die hier gegebenen Informationen nicht, um anderen Vorwürfe zu machen oder zu rechtfertigen, dass sie selbst sich nicht ändern wollen. Versuchen Sie vielmehr, mit Hilfe dieser Erkenntnisse die Achtung und das Vertrauen anderer zu gewinnen. Das Wissen um die unterschiedlichen emotionalen Bedürfnisse sollte nur dazu dienen herauszufinden, wie man mehr emotionale Unterstützung geben kann.

Die zwölf emotionalen Bedürfnisse

Für eine unterstützende Kommunikation am Arbeitsplatz kommt es vor allem auf den emotionalen Ton an, den man in seinen Äußerungen und durch seine Handlungen anschlägt. Trifft dieser Ton die emotionalen Bedürfnisse der anderen, dann nimmt man Stress von ihnen und erwirbt ihre Achtung und ihr Vertrauen. Sie wissen oft nicht einmal warum. Männer sagen manchmal: »Ich weiß nicht warum, aber ich habe da so ein Gefühl.« Und Frauen sagen: »Vielleicht ist es nicht logisch, aber ich spüre, dass es so sein muss.« Unsere Achtung und unser Vertrauen fließen gewissermaßen nach einem Schwerkraftgesetz denjenigen zu, die unsere emotionalen Bedürfnisse befriedigen.

Man weiß vielleicht nicht, dass man Kalziumbedarf hat, aber

wenn man etwas Kalziumhaltiges isst oder trinkt, dann fühlt man sich einfach besser. Ebenso haben wir alle am Arbeitsplatz emotionale Bedürfnisse, die befriedigt werden oder nicht. Sind wir fähig, auf die Bedürfnisse anderer Menschen einzugehen, dann reagieren sie positiv, selbst wenn sie gar nicht wissen, dass sie solche Bedürfnisse haben.

Es gibt zwölf emotionale Grundbedürfnisse. Diese sind Zuwendung, Vertrauen, Verständnis, Akzeptanz, Achtung, Wertschätzung, Einbeziehung, Bewunderung, Ernst genommen werden, Anerkennung, Bestätigung und Ermutigung. Die schwierige Aufgabe festzustellen, wie man am Arbeitsplatz Unterstützung geben soll, wird erheblich erleichtert, wenn man weiß, was Männern und Frauen bei der Stressbewältigung am meisten hilft. Die nachfolgende Liste kann der Leserin und dem Leser helfen, sich besser auf die Unterstützung zu konzentrieren, die den meisten Anklang findet.

Die primären emotionalen Bedürfnisse auf dem Mars und auf der Venus

Natürlich braucht jeder Mann und jede Frau alle zwölf Arten von Unterstützung, aber im Zusammenhang mit Stress schätzen Frauen die eine Hälfte von ihnen besonders, Männer die andere. Je größer die Belastung ist, der man ausgesetzt ist, desto mehr braucht man die speziellen sechs Arten von Unterstützung.

Diese Bedürfnisse ändern sich immer auch mit der Situation. Eine Frau in einer Position, in der sie Anweisungen geben und sich durchsetzen muss, ist vielleicht eher vom Mars und schätzt eher, was ein Mann schätzen würde. Ein Mann, der in der Situation ist, eine größere Anschaffung tätigen zu müssen, oder der sich aus irgendeinem Grund verletzlich fühlt, schätzt vielleicht mehr, was normalerweise Frauen schätzen würden. Eine bessere Wahrnehmung der jeweils unterschiedlichen Bedürfnisse hilft uns zu entscheiden, welche Art von emotionaler Unterstützung wir in unserer Kommunikation geben sollen.

Mithilfe der folgenden Liste kann man sich einprägen, was auf dem Mars und was auf der Venus für die Beseitigung von Stress besonders wichtig ist. Ohne dieses Wissen könnte es zum Beispiel geschehen, dass ein Mann jene Art von Unterstützung gibt, die er selbst gerne hat, und dabei übersieht, was vielleicht für eine Frau wichtiger ist, oder umgekehrt. Nachfolgend also die verschiedenen emotionalen Bedürfnisse in der Übersicht:

Hilft Frauen, Stress zu bekämpfen:	*Hilft Männern, Stress zu bekämpfen:*
1. Zuwendung	Vertrauen
2. Verständnis	Akzeptanz
3. Achtung	Wertschätzung
4. Einbeziehung	Bewunderung
5. Ernst genommen werden	Anerkennung
6. Bestätigung	Ermutigung

Diese Paare emotionaler Bedürfnisse stehen in einem Verhältnis der Gegenseitigkeit zueinander. Wenn zum Beispiel ein Mann einer Frau mehr Zuwendung gibt, dann reagiert sie automatisch darauf mit mehr Vertrauen. Hat eine Frau mehr Vertrauen in einen Mann, dann weckt dies automatisch seine Zuwendung. Nimmt sich ein Mann Zeit dafür, einer Frau zuzuhören und sie zu verstehen, dann akzeptiert sie ihn und seine Unterschiede leichter. Akzeptiert eine Frau einen Mann und versucht nicht, ihn zu ändern, dann bringt er mehr Verständnis für sie oder ihre Bitten auf.

Ebenso bedingen auch die übrigen Bedürfnisse einander. Um also eine bestimmte Art von Unterstützung zu bekommen, braucht man nichts weiter zu tun, als die komplementäre Art von Unterstützung zu geben. Betrachten wir im Folgenden diese einander ergänzenden Paare emotionaler Unterstützung genauer.

1. Sie möchte Zuwendung, er möchte Vertrauen
Spielen im Denken, in den Entscheidungen und Handlungen eines Mannes auch die Gefühle, Bedürfnisse und Wünsche einer

Frau eine Rolle, dann hat sie das Gefühl, dass er Rücksicht auf sie nimmt und sie einbezieht. Eine Haltung der Zuwendung findet ihren Ausdruck in dem Bemühen, dafür zu sorgen, dass die Rechte, Bedürfnisse und Wünsche einer Frau in einer angemessenen Weise berücksichtigt werden. Achtet ein Mann darauf, seine Zuwendung und Rücksichtnahme auch in kleinen Dingen zu zeigen, dann weiß man dies auf der Venus überaus zu schätzen. Ein solcher Mann zeigt, dass man sich auf ihn verlassen kann, und im Gegenzug bekommt er die Unterstützung der Frau. Sie schenkt ihm ihr Vertrauen, und dies bedeutet zum Beispiel größere Treue seitens der Kundinnen und eine bessere Zusammenarbeit mit Kolleginnen und weiblichen Vorgesetzten.

Verhält sich eine Frau einem Mann gegenüber offen und empfänglich, dann hat er das Gefühl, dass ihm Vertrauen entgegengebracht wird. Vertrauen auszudrücken heißt auf dem Mars, überzeugt zu sein, dass ein Mann sein Bestes gibt. Eine vertrauensvolle Haltung verlangt keine Vollkommenheit, sondern erkennt an, dass immer Fehler möglich sind. Nimmt ein Mann in den Worten und Reaktionen einer Frau den emotionalen Ton des Vertrauens wahr, dann reagiert er automatisch darauf mit größerer Rücksichtnahme und Zuwendung ihr gegenüber. Erkennt eine Frau den festen Willen eines Mannes an, sein Bestes zu tun, dann bringt sie das Beste in ihm zum Vorschein.

2. Sie möchte Verständnis, er möchte Akzeptanz

Hört ein Mann einer Frau geduldig zu, ohne sofort Lösungen anzubieten oder ihr ins Wort zu fallen, dann bedeutet dies für sie, dass er sie versteht. Maßt er sich an zu wissen, was sie haben möchte oder empfindet, dann fühlt sie sich oft falsch verstanden. Eine verständnisvolle Haltung nimmt nicht für sich in Anspruch, die Gedanken, Gefühle und Wünsche eines Menschen zu kennen; vielmehr muss der Mann richtig wahrnehmen, was eine Frau sagt, und verstehen, was sie wirklich mitteilt. Verständnisvoll ist, wer Mitgefühl zeigt. Je mehr sich eine Frau verstanden fühlt, desto mehr entspannt sie sich und akzeptiert den Mann in einer Weise, wie er sich dies wünscht.

Ist eine Frau offen und empfänglich für das, was ein Mann sagt, fühlt er sich akzeptiert. Werden ihm seine Fehler verziehen, dann fühlt er sich so angenommen, wie er es sich wünscht. Eine verständnisvolle Haltung stößt niemanden zurück, sondern bekräftigt, dass man jemandem wohlwollend gesonnen ist. Eine solche Haltung bedeutet nicht, dass die Frau alles akzeptieren müsste, was ein Mann denkt oder tut. Akzeptieren heißt auch nicht zu glauben, dass jemand vollkommen ist. Es ist vielmehr die Haltung, die ein gewisses Maß an Unvollkommenheit zulässt und sogar erwartet. Ein Mann fühlt sich akzeptiert, wenn die Frau ihn nicht ständig verbessert und nicht an seiner Art, zu denken, zu fühlen und sich zu verhalten, Anstoß nimmt. Fühlt sich ein Mann akzeptiert, dann ist er umso eher bereit, auch die Gedanken, Gefühle, Bedürfnisse und Wünsche einer Frau zu verstehen.

3. Sie möchte Achtung, er möchte Wertschätzung

Reagiert ein Mann auf eine Frau in der Weise, dass er ihre Rechte, Wünsche und Bedürfnisse anerkennt und diesen Vorrang einräumt, dann fühlt sie sich respektiert. Achtet er ihre Gedanken und Gefühle, dann entwickelt sie eine aufrichtige Wertschätzung für ihn. Konkrete Äußerungen der Achtung wie zum Beispiel prompte Erledigung einer Aufgabe für sie oder sofortiges Zurückrufen am Telefon bleiben nicht unbemerkt. Während dies auf dem Mars nicht so wichtig ist, schätzt man solche Äußerungen der Achtung auf der Venus sehr.

Erkennt es eine Frau an, dass ihr die Bemühungen und das Verhalten eines Mannes hilfreich sind, dann fühlt er sich geschätzt. Weiß eine Frau dies, dann kann sie einem Mann Unterstützung geben, indem sie ihm einfach Möglichkeiten gibt, ihr in einer Weise zu helfen, die sie schätzen kann. Und dies kann es Frauen wiederum erleichtern, konkret um Hilfe zu bitten. Fühlt sich ein Mann geschätzt, dann weiß er, dass seine Anstrengungen nicht umsonst waren, und dies ermuntert ihn, noch mehr zu tun. Das heißt auch, dass er Frauen mehr Respekt entgegenbringt.

4. Sie möchte einbezogen werden, er möchte Bewunderung
Stellt ein Mann bewusst Fragen, um eine Frau an einem Gespräch teilnehmen zu lassen, dann fühlt sie sich einbezogen. Reißt ein Mann Zoten oder redet er über Sport, dann entsteht eine Empfindung der Getrenntheit. Bietet ein Mann Unterstützung an, ohne sich dazu auffordern zu lassen, oder bittet er sie um Unterstützung, dann gibt er ihr das Gefühl, Teil einer Gemeinschaft zu sein, in der man sich gegenseitig hilft. Eine solche einschließende Haltung erkennt eine gegenseitige Verbundenheit zwischen zwei oder mehr Menschen an. Statt sich auf die Unterschiede zu konzentrieren, betont man die Gemeinsamkeiten, um eine Empfindung des Zusammenhalts zu schaffen. Gibt sich ein Mann Mühe, eine Frau einzubeziehen, indem er sie an seinen Gedanken, Plänen und Aktivitäten teilhaben lässt, dann reagiert sie automatisch mit Bewunderung für ihn und seine Handlungen.

Einen Mann zu bewundern heißt, ihm Vertrauen und Zustimmung entgegenzubringen. Er fühlt sich bewundert, wenn sie nicht nur von seiner Kompetenz beeindruckt ist, sondern auch von seinen besonderen Fähigkeiten und Begabungen wie zum Beispiel Stärke, Beharrlichkeit, Integrität, Disziplin, Ehrlichkeit, Gutmütigkeit, Humor, Wärme und Scharfsinn. Fühlt sich ein Mann bewundert, ist er viel eher bereit, mit einer Frau zusammenzuarbeiten oder sie in die Entwicklung eines Projekts einzubeziehen. Hat eine Frau die Fähigkeit, eine Begabung anzuerkennen oder einen Verhaltenszug eines Mannes zu bewundern, dann schafft sie automatisch eine Verbundenheit, die ihn zu einbeziehendem Verhalten motiviert. Eine solche Unterstützung verringert auch seine Neigung, sich zurückzuziehen und Dinge alleine zu erledigen.

5. Sie möchte ernst genommen werden, er möchte Anerkennung
Vermeidet es ein Mann, die Gefühle, Rechte und Wünsche einer Frau in Frage zu stellen, und akzeptiert er sie einfach als Mensch, dann ist sie umso eher bereit, auch das Gute an seinen Handlungen und Verhaltensweisen anzuerkennen. Oft hat eine Frau das Gefühl, dass sie darum kämpfen muss, wahrgenommen zu wer-

den. Möchte sie ein Problem erkunden, indem sie darüber spricht, und erklären Männer das Problem für unbedeutend oder bieten sie Lösungen an, dann überschreiten sie eine Grenze, und sie fühlt sich nicht ernst genommen. Ihre Perspektive ernst zu nehmen bedeutet nicht, dass ein Mann sie teilen muss. Er sollte sich einfach bemühen, eine Situation auch aus ihrem Blickwinkel zu betrachten.

Auf dem Mars schätzt man Kompetenz und Leistung sehr. Achtet eine Frau darauf, die Kompetenz eines Mannes und seine Leistungen anzuerkennen, dann ist dies Musik in seinen Ohren. Eine anerkennende Haltung macht einem Mann deutlich, dass er nach seinen Leistungen beurteilt wird, nicht nach seinen Fehlschlägen. Sie erkennt das Gute an, das er in letzter Zeit getan hat. Kann ein Mann das Gefühl haben, dass seine Bemühungen anerkannt werden, dann ist er seinerseits viel eher bereit, die Gefühle, Gedanken, Rechte und Wünsche einer Frau ernst zu nehmen. Bemüht sich eine Frau, die Unterstützung eines Mannes zu würdigen, ist er seinerseits automatisch eher bereit und fähig, die Perspektive einer Frau ernst zu nehmen. Dies ist ja schließlich die Perspektive, die ihm die begehrte Unterstützung verschafft.

6. Sie möchte Bestätigung, er möchte Ermutigung

Männer begehen oft den Fehler anzunehmen, dass eine Frau sich auf Dauer ihrer Unterstützung gewiss ist, weil sie ihr irgendwann einmal Unterstützung gewährt haben. Damit verkennen sie aber das venusianische Bedürfnis, immer wieder neue Bestätigung zu erfahren. Männer tun vielleicht einmal alles in ihrer Macht Stehende, um einer Frau das Gefühl zu geben, dass sie an ihrem Arbeitsplatz willkommen ist. Dann aber ignorieren sie sie vielleicht, weil sie glauben, dass sie sich ja schon als ihr Freund und Unterstützer zu erkennen gegeben haben. Frauen reagieren auf Veränderungen viel sensibler und möchten immer wieder die Vergewisserung, dass sie noch immer denselben Status und dieselbe Unterstützung wie bisher haben. Die bestätigende Haltung eines Mannes gibt einer Frau Ruhe und Sicherheit, so dass sie ihrerseits bereit ist, einem Mann Vertrauen zu schenken. Sie kann an ihn glauben, wenn sie die Gewissheit hat, dass er sie nach wie vor unterstützt.

Frauen machen oft den Fehler, zu viel über mögliche Probleme zu reden, wenn ein Mann versucht, eine Lösung zu finden. Oft schlagen Männer etwas vor, und eine Frau sieht sofort, wo es Probleme geben könnte, und weist darauf hin. Dies kann für einen Mann sehr entmutigend sein, und er schließt daraus, dass sie seine Kompetenz nicht schätzt und anerkennt. Bevor eine Frau also Zweifel oder Bedenken äußert, sollte sie sich zunächst anhören, was er vorschlägt, und das Gute an seinen Ideen anerkennen. Eine ermutigende Haltung besteht darin, dass man offen, geduldig und bereit ist, das Gute an einer Sache zu sehen. Ermuntert zu werden bedeutet, dass eine Frau nicht sofort den Finger auf vermeintliche Fehler legt oder Bedenken äußert. Sie glaubt vielleicht, nur hilfreich zu sein, aber oft lässt ein solches Verhalten seinen Stresspegel ansteigen. Frauen sollten ein Gespür dafür entwickeln, wann ihre Einwände notwendig sind; andernfalls können sie kontraproduktiv sein. Fühlt sich ein Mann vom Vertrauen und der Wertschätzung einer Frau ermutigt, dann bemüht er sich seinerseits, ihr Bestätigung zu geben, indem er sich ihr gegenüber interessierter, verständnisvoller und respektvoller verhält.

Wie man versehentlich Geschäfte verpasst

Wissen Männer und Frauen nicht über ihre unterschiedlichen emotionalen Bedürfnisse Bescheid, dann kann es geschehen, dass sie versehentlich Kunden verärgern und dadurch verlieren. In der Arbeitswelt geht es natürlich vor allem darum, einwandfreie Dienstleistungen zu erbringen, aber es geht auch um Menschen. Man liefert vielleicht vorzügliche Arbeit zu einem sehr guten Preis, aber wenn Kundinnen und Kunden das Gefühl haben, dass ihre emotionalen Bedürfnisse nicht befriedigt werden, dann schließen sie das Geschäft mit anderen ab. Fehlt Menschen die emotionale Unterstützung, dann fühlen sie sich möglicherweise verletzt, eifersüchtig, ärgerlich, beleidigt, besorgt oder zornig. Achtet man darauf, in der richtigen Weise Unterstützung zu geben, dann lässt sich so etwas weitgehend vermeiden.

Während Frauen eher »sensible Gefühle« haben, haben Männer eher ein »sensibles Ich«. Gibt ein Mann Zuwendung, Verständnis, Achtung, Einbeziehung und Bestätigung und nimmt er Frauen ernst, dann vermeidet er es, die Gefühle einer Frau zu verletzen. Gibt eine Frau Vertrauen, Wertschätzung, Bewunderung, Anerkennung und Ermutigung und akzeptiert sie Männer, dann schmeichelt sie dem »männlichen Ego«. Dies dient nicht nur dem geschäftlichen Erfolg, sondern schafft auch ein besseres Betriebsklima. Wenn die Mitarbeiter und die Führungskräfte eine unterstützende Haltung haben, dann wirkt sich dies auch auf die Kunden aus. Wird eine Kundin Zeugin, wie ein Mann sich einer Kollegin gegenüber respektlos verhält, dann nimmt sie dies oft persönlich. Und sieht ein Mann, wie Frauen in einer Firma die Männer unterstützen, dann möchte er mit dieser Firma umso lieber ein Geschäft abschließen.

Vielleicht hat man das beste Produkt, aber wenn Menschen sich nicht emotional unterstützt fühlen, wenden sie sich an einen anderen Anbieter. Man muss die Käufer motivieren können, dass sie das Produkt ausprobieren und verwenden, und anderen von diesem Produkt erzählen.

Nachfolgend eine Liste häufiger Kommunikationsfehler, die Frauen im Hinblick auf die primären emotionalen Bedürfnisse eines Mannes begehen. Diese Fehler rächen sich bei Kunden ganz besonders, aber sie müssen auch im Umgang mit Mitarbeitern und Vorgesetzten beachtet werden.

Fehler, die Frauen häufig begehen:	*Warum sich ein Mann nicht unterstützt fühlt:*
Sie korrigiert ihn oder erteilt ihm ungefragt Ratschläge. »So dürfen Sie das nicht benutzen.«	**Männer möchten Vertrauen:** Selbst wenn sie Recht hat, fühlt er sich nicht unterstützt, weil er nicht um ihren Rat gebeten hat. Er findet, dass sie kein Vertrauen in seine Kompetenz hat.
In ihrem Ton schwingt Ungeduld oder Frustration mit: »Wir hatten zwar vor, das zu machen, aber es hatte nicht unsere höchste Priorität.«	**Männer möchten akzeptiert werden:** Er hört, dass er ein Problem für sie ist, während sie ihn unterstützen sollte. Er hat das Gefühl, nicht akzeptiert zu werden.
Sie entschuldigt sich in einem Ton, der erkennen lässt, dass ihr alles zu viel ist: »Im Moment ist so schrecklich viel los. Wir haben viel zu wenig Leute.«	**Männer möchten geschätzt werden:** Er hört, dass sie die ihr übertragenen Aufgaben belasten, und er fühlt sich nicht geschätzt.
Sie bietet ihre Unterstützung an, obwohl er nicht darum gebeten hat: »Lassen Sie mich doch helfen…«	**Männer möchten bewundert werden:** Ein Mann fühlt sich nicht bewundert, wenn jemand glaubt, ihm helfen zu müssen, obwohl diese Hilfe nicht notwendig ist.
Sie verteidigt sich für einen Fehler dadurch, dass sie die Schuld auf etwas anderes oder jemand anderen schiebt, ohne darauf einzugehen, wie der Kunde versucht hat, seinen Bedarf zu erläutern. »Wo sind meine Leute, wenn ich sie brauche…?«	**Männer möchten anerkannt werden:** Er hört heraus, dass sie keine Verantwortung übernehmen will. Er hat nicht das Gefühl, dass es anerkannt wird, dass er tat, was von ihm verlangt wurde.
Sie beklagt sich über die Firma und die Firmenrichtlinien. »Ich rede gegen eine Wand. Es ändert sich hier überhaupt nichts.«	**Männer möchten ermutigt werden:** Er hört eine Verärgerung über ihre Firma heraus, und dies ermutigt ihn nicht, mit ihrer Firma Geschäfte zu machen.

Alle diese Beispiele machen deutlich, wie Frauen manchmal etwas sagen oder tun, was auf ihrem Planeten als hilfreich aufgefasst werden würde, nicht aber auf dem Mars. Aber Männer begehen genau denselben Fehler. Sie geben die Unterstützung, die ein Mann sich vielleicht wünscht, aber Frauen empfinden es nicht als hilfreich. Nachfolgend einige Kommunikationsfehler, die Männer hinsichtlich der primären emotionalen Bedürfnisse einer Frau begehen.

Fehler, die Männer machen:	*Warum sich eine Frau nicht unterstützt fühlt:*
Er hört kurz zu und bietet dann sofort eine Lösung an: »Ich finde, Sie sollten...«	**Frauen möchten Rücksichtnahme:** Eine Frau bekommt das Gefühl, dass er überhaupt nicht hören will, was sie findet oder wie sie das Problem lösen will. Seine wenig einfühlsame Haltung irritiert sie.
Er stellt keine Fragen, um mehr über ihr Problem oder ihr Anliegen in Erfahrung zu bringen, sondern tut in seiner Antwort einfach so, als ob das Problem ganz einfach zu lösen wäre: »Kein Problem, das bekommen wir schon hin.«	**Frauen möchten Verständnis:** Sie hat das Gefühl, dass er das Problem auf die leichte Schulter nimmt. Indem er das Problem für unbedeutend erklärt, fühlt sie sich selbst unbedeutend und nicht ernst genommen. Es frustriert eine Frau, dass er nicht das ganze Problem erkennt.
Er hält ihr die Firmenrichtlinien achselzuckend und mit einem Ton der Resignation vor: »Mehr kann ich leider nicht tun, Vorschriften sind Vorschriften.«	**Frauen möchten respektiert werden:** Eine Frau hört aus seiner Aussage Gleichgültigkeit gegenüber ihren Bedürfnissen heraus und hat das Gefühl, nicht geachtet zu werden. Lieber wäre ihr eine Äußerung wie »Es tut mir sehr Leid, aber ich kann nicht...«

Fehler, die Männer machen:	*Warum sich eine Frau nicht unterstützt fühlt:*
Männer hören oft den Gedanken, Vorschlägen und Bitten einer Frau völlig emotionslos und ohne jede Regung zu.	**Frauen möchten einbezogen werden:** Eine Frau deutet sein Pokergesicht so, dass er entweder kein Interesse hat oder etwas verbirgt. Dadurch fühlt sie sich ausgeschlossen.
Wenn eine Frau mit etwas nicht zufrieden ist, dann versuchen Männer oft, zum Ausgleich etwas anderes anzubieten: »Versuchen Sie es doch damit. Damit geht es genauso.«	**Frauen möchten ernst genommen werden:** Eine Frau fühlt sich nicht unterstützt, wenn ihr Bedürfnis, ernst genommen zu werden, nicht befriedigt wird. Sie möchte, dass ein Mann sich mehr bemüht zu verstehen, worüber sie enttäuscht ist.
Wenn ein Mann keine guten Nachrichten überbringen kann, meldet er sich erst wieder, wenn er etwas Endgültiges weiß oder es bessere Nachrichten gibt.	**Frauen möchten Bestätigung:** Frauen interpretieren sein Schweigen als schlechte Nachrichten oder aber als mangelnde Zuwendung seinerseits. Frauen melden sich viel schneller wieder mit neuen Nachrichten.

Im Umgang mit Kunden ist klar, dass man nur Erfolg haben kann, wenn man ihnen bestmögliche Unterstützung gewährt. Schließlich bezahlen sie für die erbrachten Dienste. In anderen Bereichen des Arbeitsplatzes gilt dies ebenso, auch wenn es dort vielleicht nicht so offensichtlich ist. Ein gutes Klima am Arbeitsplatz muss man sich immer erst erarbeiten. Die Unterstützung anderer Menschen bekommt man immer nur dadurch, dass man ihnen gibt, was sie brauchen.

Wie man die Unterstützung einer Frau gewinnt

Der beste Weg, die Unterstützung einer Frau zu gewinnen, ist eine optimale Kommunikation. Lernt ein Mann zuzuhören, dann kann er damit am besten Zuwendung, Verständnis, Achtung, Einbeziehung und Bestätigung demonstrieren und einer Frau zeigen, dass er sie ernst nimmt. Eine solche Kommunikation nimmt Stress von ihr, und so kann er sich ihrer Unterstützung versichern.

Eines der größten Probleme, das Männer beim Zuhören haben, liegt darin, dass sie sich der unterschiedlichen Kommunikationsweisen von Männern und Frauen nicht bewusst sind und deshalb ungeduldig oder ärgerlich werden. In der nachfolgenden Übersicht ist angegeben, woran Männer denken müssen und was sie tun und was sie besser nicht tun sollten.

Wie Männer zuhören können, ohne sich ärgern zu müssen

Woran Sie denken sollten:	*Was Sie tun sollten und was nicht:*
Verärgerung kommt daher, dass man den Standpunkt der Frau nicht versteht, und das ist niemals ihre Schuld.	Akzeptieren Sie es, dass Sie sie nicht verstanden haben. Geben Sie nicht ihr die Schuld, dass Sie sich jetzt ärgern. Denken Sie daran, dass ihre Art der Kommunikation ebenso berechtigt ist. Nehmen Sie einen neuen Anlauf und versuchen Sie, die Dinge aus ihrer Perspektive zu sehen.
Denken Sie daran, dass Gefühle nicht immer auf Anhieb zu verstehen sind, aber sie haben trotzdem ihre Berechtigung und müssen akzeptiert werden. Selbst wenn Sie die Gefühle einer Frau als Vorwurf empfinden, berechtigt Sie dies nicht, die Stimme zu	Atmen Sie einige Male tief durch, um sich zu entspannen. Sagen Sie gar nichts. Es gibt nichts Schlimmeres, als im Zorn zu reden, ohne erst ruhig nachzudenken. Wenn andere auf Zorn ungehalten reagieren, und das werden sie tun, dann schüttet man Öl ins

Woran Sie denken sollten:	*Was Sie tun sollten und was nicht:*
heben und Ihren Zorn an ihr auszulassen.	Feuer: Man wird nur noch wütender.
Frustration und Zorn entstehen oft dadurch, dass man nicht weiß, wie man etwas besser machen könnte. Denken Sie daran, dass Sie ja etwas besser machen wollen, und sich aufzuregen, macht alles nur schlimmer.	Geben Sie nicht ihr die Schuld, wenn Ihre Lösungen nicht funktionieren. Hören Sie besser zu, dann präsentiert sie Ihnen vielleicht eine Lösung. Beziehen Sie sie in die Lösung ein, dann wird sie Ihnen dafür dankbar sein.
Denken Sie daran, dass Sie die Perspektive der Frau akzeptieren können, ohne mit ihr einer Meinung zu sein. Frauen verlangen keine Zustimmung, aber sie lehnen herabsetzende Aussagen ab, wie zum Beispiel »Das ist dumm« oder »Das ist lächerlich«. Sie glauben vielleicht, dass Sie bloß ein Verhalten zurückweisen, aber sie nimmt es persönlich.	Verkneifen Sie sich erniedrigende Bemerkungen, um Ihre Ablehnung eines Verhaltens oder eines Gedankens auszudrücken. Benutzen Sie keine negativen Adjektive oder Substantive, um andere zu demütigen. Sagen Sie, was Ihnen nicht gefällt und was Sie bevorzugen würden, ohne andere direkt herabzusetzen.
Ein Mann kann sich dadurch entspannen, dass er daran denkt, dass es Licht am Ende des Tunnels gibt. Können Frauen reden, ohne unterbrochen zu werden, dann öffnen sie sich automatisch mehr für dasjenige, was ein Mann zu sagen hat.	Fühlen Sie den Drang, eine Frau zu unterbrechen und Ihre eigene Meinung vorzubringen, dann sagen Sie nicht, dass Sie schon verstanden hätten, sondern tun Sie das Gegenteil. Machen Sie ihr freundlich deutlich, dass Sie noch nicht verstanden haben, was sie sagt, aber dass Sie es gerne wissen möchten.
Denken Sie daran, dass sie nicht für Ihren Zorn verantwortlich ist. Männer werden noch zorniger, wenn sie glauben, dass eine Frau sie zornig macht. Aber benehmen Sie sich nicht als Opfer, und ge-	Wenn Sie eine Lösung anbieten oder eine Situation bereinigen wollen, dann lassen Sie sie unbedingt ausreden. Wiederholen Sie den von ihr geäußerten Standpunkt mit eigenen Worten, bevor

Woran Sie denken sollten:	*Was Sie tun sollten und was nicht:*
ben Sie ihr nicht die Schuld. Wenn sie nicht annehmen will, was Sie sagen, dann gehen Sie auf Distanz, hören noch eine Weile zu, und sie wird es zu schätzen wissen.	Sie Ihre eigene Sichtweise darlegen. Heben Sie nicht die Stimme.
Denken Sie daran, dass Sie nicht zu tun brauchen, was sie vorschlägt. Sie sind noch mitten in Verhandlungen. Ihr emotionaler Ton hört sich für einen Mann vielleicht so an, als ob es nichts mehr zu verhandeln gäbe, aber auf der Venus bedeuten Emotionen, dass sie noch keinen endgültigen Standpunkt gefunden hat. Negative Emotionen muss man immer erst anhören, bevor sie positiver werden.	Streiten Sie nicht über Gefühle und Meinungen, wenn jemand erregt ist. Verschieben Sie die Diskussion auf später, wenn die Situation weniger emotional aufgeladen ist. Sagen Sie einfach: »Ich möchte noch ein wenig darüber nachdenken; reden wir dann noch einmal darüber.« Sagen Sie nicht: »Solange Sie sich so aufregen, kann ich nicht mit Ihnen reden.«

Hört ein Mann den Gefühlen einer Frau zu, ohne ungeduldig oder wütend zu werden, dann gewinnt er ihr Vertrauen und ihre Wertschätzung und nimmt Stress von ihr. Nimmt er ihr gelegentliche Stimmungsschwankungen am Arbeitsplatz nicht übel, dann ist sie ihrerseits gerne bereit, auch ihm gelegentlich etwas nachzusehen. Je mehr sich eine Frau verstanden fühlt, desto mehr kann sie auch einem Mann die Unterstützung geben, die er braucht.

Wie man die Unterstützung eines Mannes gewinnt

Frauen können lernen, Männern Unterstützung zu geben, indem sie weniger tun und mehr empfangen. Gelingt es einer Frau in irgendeiner Weise, sich die Unterstützung eines Mannes zu sichern, dann fällt es ihr wiederum leicht, ihn mit Vertrauen, Wertschätzung, Bewunderung, Anerkennung und Ermutigung zu überhäufen und ihn mehr zu akzeptieren.

Das Geheimnis, wie sie seine Unterstützung gewinnt, besteht darin, dass sie es vermeidet, ihn ändern oder »besser machen« zu wollen. Vielleicht will man ihn durchaus ändern – aber man darf diesem Wunsch nicht einfach so nachgeben. Nur dann, wenn er ausdrücklich um Rat bittet, ist er für Hilfe empfänglich.

Dies ist der Grund, warum Männer oft Schwierigkeiten mit weiblichen Vorgesetzten haben. Fühlt sich eine Frau für einen Mann verantwortlich, dann ist sie mehr als ein männlicher Chef geneigt, ihm zu sagen, was er zu tun und zu lassen hat. Männer dagegen wissen, wann jemand genug Anweisungen bekommen hat, und hüten sich vor zu vielen gut gemeinten Ratschlägen.

Eine Chefin ist mehr als ein männlicher Chef geneigt,
einem Mann zu sagen, was er zu tun und zu lassen hat.

Sträubt sich ein Mann gegen die Anweisungen einer Vorgesetzten, dann versucht sie ihn zu überreden, statt auf ihre Weisungsbefugnis zu pochen und einen Mann direkt aufzufordern, etwas so auszuführen, wie sie es haben möchte. Dann mildert sie ihre Anweisung mit Wendungen ab wie: »Meinen Sie nicht auch ...,« »Wäre es denn nicht besser, wenn ...« oder »Möchten Sie es nicht lieber so versuchen ...« Diese Tendenz, ihre Macht zurückzunehmen, um sein Verhalten in die gewünschte Richtung zu bringen, findet auf der Venus Anklang, aber nicht auf dem Mars. Für ihn hört es sich so an, als ob sie unsicher sei. Er findet, dass es unsinnig ist, das zu tun, was sie meint, wenn sie so unsicher ist.

Ihre freundlichen Vorschläge können für ihn beleidigend sein. Wünscht sie, dass er etwas anders macht, und zwar so, wie sie es möchte, dann ist es viel besser, wenn sie ihm dies direkt und konkret sagt. Seine Zustimmung zu suchen, wenn hinter ihrem Wunsch ihre Autorität als Vorgesetzte steht, erzeugt nur Stress. Auf dem Mars bedeutet die Einwilligung in ihre abgeschwächte

Bitte das Eingeständnis, dass sie etwas besser weiß als er. Um einem Mann zu helfen, sein Gesicht zu wahren, mildert ein männlicher Vorgesetzter seine Bitten nicht ab, sondern setzt seine Autorität ein und erteilt eine direkte Anweisung. In diesem Fall tut der Mitarbeiter gerne, was von ihm verlangt wird, weil er es tun muss, und nicht deshalb, weil er selbst zu keiner Lösung imstande wäre. -

Muss eine Frau von ihrer Weisungsbefugnis Gebrauch machen, dann sollte sie dies auf eine natürliche Art tun. Männer respektieren eine Hierarchie. Wenn sie die Chefin ist, dann hat sie bestimmte Rechte. Spielt sie ihre Autorität herunter und gibt sie kollegiale Ratschläge, nur um später deren Einhaltung anzuordnen, dann stößt einen Mann dies ab. Nachfolgend einige Beispiele:

Seien Sie nicht indirekt und sagen Sie nicht:	*Seien Sie direkt und sagen Sie:*
Vielleicht wäre es besser, wenn Sie erst mit Sam reden, bevor Sie diesen Auftrag hereinnehmen.	Sprechen Sie bitte erst mit Sam, bevor Sie den Auftrag hereinnehmen.
Glauben Sie nicht, dass es besser wäre, wenn Sie dies erst abschließen würden, bevor Sie mit Ihrem Büro umziehen?	Schließen Sie dies bitte erst ab, bevor Sie mit Ihrem Büro umziehen.
Ich weiß nicht, ob Sie diesen Termin vereinbaren sollten. Ich glaube, dass dies Richards Zuständigkeit ist.	Bitte sprechen Sie erst mit Richard, bevor Sie diesen Termin vereinbaren. Ich glaube, dass dies Richards Gebiet ist.
Vielleicht sollten wir sie wissen lassen, dass wir nicht zu diesen Änderungen bereit sind.	Bitte sagen Sie ihnen, dass wir nicht bereit sind, diese Änderungen durchzuführen.
Könnten Sie Tom vielleicht darüber informieren, dass ich an diesem Programm nicht interessiert bin?	Bitte sagen Sie Tom, dass ich nicht an diesem Programm interessiert bin.

Seien Sie nicht indirekt und sagen Sie nicht:	*Seien Sie direkt und sagen Sie:*
Würden Sie dies vielleicht für mich zurückbringen?	Bitte bringen Sie dies für mich zurück.
Könnten Sie vielleicht damit aufhören?	Würden Sie bitte damit aufhören?

Achtet eine Frau darauf, direkte Aufforderungen zu erteilen, statt »höflich« indirekt um etwas zu bitten, dann ist ein Mann viel eher bereit, auf sie einzugehen. Die obigen Vorschläge sind nicht nur für den Umgang zwischen Chefinnen und männlichen Mitarbeitern gedacht, sondern auch für den Umgang mit männlichen Kollegen, Kunden und Patienten. Männer schätzen Direktheit immer.

Es geht sehr viel Zeit damit verloren, dass Männer und Frauen am Arbeitsplatz auf allen Ebenen einander unwissentlich beleidigen. Wenn Sie aber über die sechs Primärbedürfnisse des anderen Geschlechts Bescheid wissen, haben Sie ein vorzügliches Werkzeug an der Hand, um Ihre Ziele zu erreichen und die Anerkennung, die Achtung und das Vertrauen zu gewinnen, das Sie verdient haben. Unterstützen Männer und Frauen einander am Arbeitsplatz in einer wirksamen Weise, dann nehmen die emotionalen Spannungen ab. Die Zusammenarbeit wird immer besser, der Stress schwindet, und die Produktivität steigt.

11
Sich profilieren, sich gut verkaufen

Der Arbeitsplatz ist in vieler Hinsicht das Gegenteil der häuslichen Umgebung. In einer liebevollen Familie kümmern wir uns aus eigenem Antrieb um die Bedürfnisse der anderen. Am Arbeitsplatz dagegen möchte man Geschäfte machen, aber dazu muss man die Menschen erst motivieren, die eigenen Produkte zu kaufen oder die eigenen Dienstleistungen in Anspruch zu nehmen. Begabung allein reicht nicht, denn solange man andere nicht überzeugen kann, stellt sich der Erfolg nicht ein. Man muss selbst dafür sorgen, dass anderen die eigenen Fähigkeiten bewusst werden.

Männer wissen dies und kehren bei jeder Gelegenheit ihr Können heraus. Ein Mann versucht immer, sich über andere zu erheben und aus der Masse herauszuragen. Frauen denken hier völlig anders. Frauen sind auf Gleichbehandlung und Einbeziehen bedacht. Weil das Pochen auf besondere Begabungen, Fähigkeiten und Leistungen Trennungen schaffen kann, werden auf der Venus Unterschiede heruntergespielt. Dadurch sind Frauen an einem Arbeitsplatz erheblich benachteiligt, an dem Männer und Frauen mit marsianischen Tendenzen die Entscheidungsträger sind.

Ein Mann versucht immer, sich über andere zu erheben und aus der Masse herauszuragen.

Schärfen Frauen ihr Bewusstsein dafür, welches Verhältnis Männer zu Macht und Kompetenz haben, dann haben sie dadurch einen Wettbewerbsvorteil und können sicherstellen, dieselben

Chancen zu bekommen wie Männer. Ebenso hat ein Mann einen Wettbewerbsvorteil, der versteht, dass Frauen ein anderes Verhältnis zu Macht und Kompetenz haben.

Die Wahrnehmung von Macht

Wenn Männer miteinander in einen Austausch treten, dann prüfen sie immer die Kompetenz des anderen. Ein Mann achtet stets auf das Prestige, und das Prestige ändert sich ständig. Er bemisst sich selbst an seinem Ansehen, und andere machen es ebenso. Wie Frauen oft in unfairer Weise nach ihrem Alter und ihrem Aussehen beurteilt werden, so werden Männer oft nach ihrem Gehalt beurteilt. Erzählt eine Frau ihren Eltern, dass sie heiraten möchte, dann lautet oft eine der ersten Fragen: »Was macht er beruflich?«

Letztlich hat jeder Mensch bedingungslose Liebe verdient, aber am Arbeitsplatz gelten Bedingungen, und zwar sehr strenge. Wenn man eine Stelle möchte, dann muss man beweisen, dass man dafür geeignet ist. Auf dem Mars hat immer der Sieger das höchste Ansehen, und jeder will mit dem Besten Geschäfte machen. Am Arbeitsplatz gilt der Grundsatz, dass man sich nur durch Kompetenz Respekt erwirbt.

Aber Kompetenz allein genügt nicht. Die eigene Kompetenz muss auch allen anderen bewusst sein. Es genügt nicht, das beste Produkt auf dem Markt zu haben, man muss es auch überall bekannt machen. Aus dieser Perspektive ist Marketing alles. Macht am Arbeitsplatz erwirbt man nicht nur durch Kompetenz, sondern vor allen Dingen dadurch, dass man seine Macht demonstriert. Man kann andere nur beeinflussen, wenn man von diesen als mächtig wahrgenommen wird.

Auf dem Mars erwirbt derjenige die größte Achtung, der seine Macht darzustellen weiß.

Männer halten sich instinktiv immer an die Mächtigsten. Auf dem Mars definiert sich das Selbstwertgefühl eines Menschen primär aus der Wahrnehmung seiner eigenen Kompetenz. Er ist stolz auf seine Fähigkeit, Probleme zu lösen und Aufgaben zu bewältigen. Je besser er wird, desto größer wird seine Neigung, seine Erfolge und Fähigkeiten anzupreisen, manchmal subtil, manchmal weniger subtil.

Auch auf der Venus ist Kompetenz wichtig, aber Mitgefühl, Zuwendung, Integrität und andere eher persönliche Werte haben Vorrang. Aus diesem Grund preisen Frauen nicht ihr Können an, sondern sind vielmehr stolz auf ihre Zuwendung, Güte und Hilfsbereitschaft. Und nur durch diese Eigenschaften entsteht am Arbeitsplatz mehr menschliches Miteinander. Frauen können ihren Einfluss am Arbeitsplatz steigern, wenn sie lernen, sich auch die marsianische Art zu eigen zu machen, ihre Kompetenz zu demonstrieren.

―――◄○►―――

Auch auf der Venus ist Kompetenz wichtig, aber Mitgefühl, Zuwendung, Integrität und andere eher persönliche Werte haben Vorrang.

―――◄○►―――

Frauen neigen eher dazu, die Eigenschaften und Fähigkeiten zu verbergen, die ihnen am Arbeitsplatz die Achtung der Männer verschaffen könnten. Preist sich eine Frau nicht selbst an, dann nimmt ein Mann an, dass sie nichts anzupreisen hätte. Und wenn Frauen nicht lernen, sich über andere zu erheben und sich zu profilieren, dann sabotieren sie damit ihren Erfolg unter Männern.

Ebenso gilt, dass Männer, die ihre Selbstanpreisung übertreiben, damit auf der Venus auf Mauern des Widerstandes stoßen. Gerade das, womit sich Männer gegenüber anderen profilieren, kann die Achtung und das Vertrauen schmälern, das ihnen Frauen entgegenbringen. Frauen möchten mit Menschen Geschäfte machen, die sich bemühen, ihren Wert anzuerkennen und ihre Bedürfnisse zu berücksichtigen. Ein Mann kann sich auch dadurch profilieren, dass er sein marsianisches Selbstbewusstsein durch eine ebenso beeindruckende Demonstration venusianischer Werte ausgleicht. Entwickelt er mehr Gespür dafür, wie sich andere in seiner Gegenwart fühlen, dann kann er für sich zusätzlich in Anspruch nehmen, etwas für bessere Beziehungen am Arbeitsplatz getan zu haben.

Lernen, auf seine Leistungen stolz zu sein

Viele Frauen neigen dazu, ihre Leistungen zu verschweigen oder ihren Erfolg dem Glück oder der Hilfe anderer zuzuschreiben. Selbst wenn sie im Grunde stolz auf sich sind, lassen sie dies andere nicht merken. Sie wissen oft nicht, wie wichtig es ist, sich nicht unter Wert zu verkaufen und mit seinen Leistungen nicht hinter dem Berg zu halten.

Sagt jemand zu ihnen, dass sie großartige Arbeit geleistet hätten, dann antworten sie vielleicht: »Nun ja, ich hatte viel Hilfe.« So spielt eine Frau ihre Rolle herunter und versucht stattdessen, die Verbundenheit mit ihren Kolleginnen und Kollegen in den Vordergrund zu rücken. Es wäre aber viel besser, wenn sie etwas Selbstbewusstes äußern würde wie zum Beispiel: »Ja, ich bin selbst auch stolz darauf. Es wird immer einfacher.« Auf der Venus ist so etwas kaum denkbar. Man möchte dort nicht arrogant, eitel und prahlerisch erscheinen. Dadurch würde man in der Achtung anderer Frauen sinken.

Auf der Venus wird es missbilligend aufgenommen, sich der eigenen Leistungen zu rühmen.

Es ist in Ordnung, die Mitwirkung anderer zu erwähnen, wenn man ein Lob für seine Leistungen bekommt, aber es muss trotzdem klar bleiben, dass man selbst für den Löwenanteil verantwortlich ist. Am Arbeitsplatz hinterlässt eine Frau, die ihre Leistungen nicht hervorhebt, bei den Marsianern den Eindruck, dass sie weniger kompetent ist, als sie in Wahrheit ist. Schreibt sie ihre Leistung ausschließlich anderen zu, dann nimmt ein Mann selbstverständlich an, dass dies auch so ist, und zweifelt an ihrer Kompetenz. Sagt sie, dass ihr Erfolg nur auf Glück beruht, indem sie ihre besonderen Begabungen verleugnet, dann glaubt ein Mann ganz selbstverständlich, dass ihr eben alles in den Schoß gefallen ist. Sagt eine Frau: »Ich habe dieses Lob nicht verdient, sondern mein Team«, dann nimmt ein Mann dies wörtlich. Eine andere Frau würde einfach finden, dass sie ein äußerst liebenswürdiger Mensch ist.

Schreibt eine Frau ihre Leistung ausschließlich anderen zu, dann zweifelt ein Mann an ihrer Kompetenz.

Belobigungen, Auszeichnungen und Erfolgsanreize haben die Arbeitswelt interessanter gemacht. Sie erlauben es Frauen, ihre Leistungen für sich in Anspruch zu nehmen, ohne den Vorwurf befürchten zu müssen, eingebildet zu sein.

Gelegentliche Belobigungen und Auszeichnungen sind zwar hilfreich, aber letztlich muss eine Frau lernen, jederzeit selbstbewusst zu sein. In einer idealen Welt würden die Menschen jederzeit von sich aus den Wert und die Vorzüge anderer anerkennen, aber der Arbeitsplatz ist keine ideale Welt. Natürlich darf eine Frau ihre instinktiven venusianischen Werte nicht völlig verleugnen, aber andererseits muss sie auch ihre Leistungen für sich in Anspruch nehmen, um ihre tatsächliche Kompetenz sichtbar zu machen.

Um bescheiden zu bleiben und trotzdem die eigene Kompetenz zu behaupten, kann eine Frau anderen danken, nachdem sie ihre eigene Leistung deutlich gemacht hat. Auf diese Weise darf sie das Gefühl haben, andere einzuschließen, und trotzdem über ihren eigenen Erfolg reden. So könnte sie zum Beispiel auf ein Kompliment antworten: »Ja, ich bin auch stolz darauf. Es wird immer einfacher. Aber ohne die Hilfe der anderen hätte ich es nicht geschafft ...« Sie zollt zuerst sich selbst Anerkennung, vergisst aber auch die anderen nicht.

In der Geschäftswelt dient man anderen am meisten damit, dass man sie wissen lässt, was man selbst zu bieten hat. In einer Firma brauchen diejenigen, die über Beförderungen zu entscheiden haben, die Hilfe derjenigen, die befördert werden wollen. Sie halten nach geeigneten Kandidaten Ausschau, aber wenn man nicht auf seine Leistungen pocht, dann tun es andere, und man wird nicht entdeckt. Frauen, die dies wissen, fällt es nicht mehr so schwer, sich in den Vordergrund zu rücken. Dies ist durchaus auch eine Art, etwas für andere Menschen zu tun.

Ein Zeichen von oben

Als ich *Männer sind anders. Frauen auch* schrieb, musste ich selbst diesen Konflikt in mir austragen. Ich mochte Werbung nicht, aber nur so konnte ich mich profilieren. Mir kam es geradezu unanständig vor, eine wunderbare und hilfreiche Botschaft zu haben und diese durch marktschreierisches Anpreisen zu entwerten. Ich wollte nicht so arrogant sein, die großen Vorzüge meiner Workshops hinauszuschreien. Mit diesem Dilemma kämpfte ich mehrere Monate.

Dann erhielt ich während eines Urlaubs mit meiner Frau Bonnie und unserer jüngsten Tochter Lauren die Antwort auf mein Problem. Wir fuhren von Kalifornien zum Shakespeare-Festival nach Ashland, Oregon. Das Stück, das wir sehen wollten, war ausverkauft, aber man sagte uns, dass oft vor der Aufführung noch Eintrittskarten zurückgegeben würden. Als wir dreißig Minuten vor Beginn der Vorstellung ankamen, waren dort schon etwa vierzig Leute, die denselben Gedanken hatten. Nach etwa fünf Minuten tauchte jemand mit Karten auf. Im Nu war er von einer Traube von Menschen umgeben, die ihn heftig bestürmten. Ich war entmutigt. Ich wollte mich nicht an anderen vorbeidrängen, und ich wollte auch nicht jemanden bedrängen. Ich stellte mir vor, wie unangenehm dies für den Betreffenden sein musste. Ich stand also da und wusste nicht, was ich machen sollte.

Etwa fünf Minuten später sah ich, wie jemand einem anderen Karten abkaufte, der gerade erst gekommen war. Der Betreffende hatte ein Blatt Papier dabei, auf das er geschrieben hatte: »Suche zwei Karten für den *Mittsommernachtstraum*.« Er stand abseits der Menge, und als jemand kam, der seine Karten loswerden wollte, ging dieser direkt auf ihn zu. Nachdem sie ihren Handel abgeschlossen hatten, ging ich zu dem Betreffenden hin und bat ihn um das Blatt Papier. Ich änderte den Text von zwei auf drei Tickets, hielt mich abseits der Menge und wartete. Schon nach wenigen Minuten kam jemand, der sich nicht in die Menge stürzen wollte, und bot mir seine Karten an. Weil es aber keine guten Plätze waren, wartete ich noch und kaufte weitere Karten, bis ich hatte, was ich haben wollte.

Neben mir stand eine kleine Gruppe von Frauen, die mir die nicht benötigten Karten abkaufen wollten. Innerhalb von zehn Minuten hatte ich bessere Plätze und verkaufte die Karten, die ich nicht haben wollte. Ich wunderte mich nur darüber, dass ich so einfach gute Plätze bekam, und niemand sonst kam auf die Idee, sich selbst einen Zettel zu machen. Als ich meine Karten hatte, ging ich weg, und immer noch hatte mich niemand um meinen Zettel gebeten. Ich bot ihn einer der Frauen an, und sie nahm ihn sehr dankbar. Ich konnte es nicht glauben, dass von etwa vierzig Menschen niemand meine Idee übernahm und sich alle scheuten, sich aus der Masse herauszuheben und mit einer eigenen Idee den Erfolg zu suchen.

Wir bekamen also sehr gute Plätze für die Aufführung, aber mir war noch wichtiger, dass ich bekommen hatte, was ich haben wollte. Ich hatte den Wert von Werbung erkannt. Diese Episode gab mir den Mut, mich gegenüber anderen zu profilieren. Wenn ich nicht den Mut aufbringen würde, andere wissen zu lassen, was ich zu bieten hatte, dann würden sie es doch niemals erfahren! Ich musste einfach mein Werbeschild hochhalten, und dann konnten andere ihre Auswahl treffen und sich nehmen, was sie haben wollten.

Einige Jahre später ging ich mit Bonnie wieder zum Shakespeare-Festival. Diesmal gab es mehr Menschen, die sich mit eigenen Schildern »profilierten«. Aber ich war erstaunt, dass es immer noch nur etwa zwanzig Prozent waren. Es gab immer noch genug Menschen, die sich auf den Nächsten stürzten, der Karten anzubieten hatte, aber die meisten Anbieter gingen sofort zu denjenigen, die mit einem Zettel auf sich aufmerksam machten.

Lassen Sie Ihre Ergebnisse für sich sprechen

Eine weitere Möglichkeit, bescheiden zu bleiben und trotzdem auf seine Leistungen stolz zu sein, kommt vom Mars. Männer, die mehr zu Bescheidenheit neigen, reden weniger von sich selbst als von ihren Ergebnissen. Sie sagen nicht einfach: »Ja, das habe ich wieder wirklich gut gemacht«, sondern vielmehr: »Ja, das habe ich wirklich gut gemacht. Mein Chef war sehr zufrieden mit mir.« Indem man mehr von den Ergebnissen spricht, kann man auf seine Leistungen stolz sein, ohne dabei andere herabzusetzen.

Dies wäre eine gute Möglichkeit für Frauen, aber viele Frauen mögen immer noch das Wörtchen »Ich« nicht. So manche Frau bevorzugt das »Wir«, selbst wenn ein bestimmtes Ergebnis praktisch nur ihr allein zuzuschreiben ist. Spricht eine Frau aber in der »Wir«-Form statt in der »Ich«-Form, dann ist dies für Männer sehr verwirrend. Auf dem Mars nimmt man sein Können ganz selbstverständlich für sich in Anspruch; tut eine Frau dies nicht, dann schließen Männer daraus, dass sie weniger kompetent ist.

Nimmt eine Frau ihre Leistungen nicht für sich in Anspruch, dann nimmt ein Mann an, dass sie nicht besonders selbstbewusst und kompetent ist.

Um sich am Arbeitsplatz unter Männern zu profilieren, muss eine Frau üben, »Ich« anstelle von »Wir« zu verwenden. Mit ein wenig Übung gelingt es, auch ohne Arroganz selbstbewusst zu sein.

Für Männer und Frauen kann es gleichermaßen hilfreich sein, vor der Arbeit vor einem Spiegel Selbstbewusstsein zu üben. Halten Sie zunächst ihre kleinen und großen Erfolge auf einem Blatt Papier fest. Schreiben Sie dann auf, wie sie diese für sich in Anspruch nehmen können, indem sie unter Verwendung des Wörtchens »Ich« auf die Ergebnisse verweisen. Dazu brauchen Sie zum Beispiel nichts weiter zu tun, als an eine bestimmte Leistung zu denken und laut auszusprechen: »Ich habe gute Arbeit geleistet.« Eine andere Variante besteht darin, dass Sie sich vorstellen, wie Sie von anderen für eine gute Arbeit gelobt werden. Dann antworten Sie laut: »Sie haben Recht, da habe ich gute Arbeit geleistet.«

Je mehr man sich so zu Hause daran gewöhnt, auf sich selbst stolz zu sein, desto mehr Anerkennung erhält man am Arbeitsplatz. Nimmt man sich jeden Tag einige Minuten dafür Zeit, sich gegenüber anderen abzusetzen, dann entdeckt man auch immer mehr an sich selbst bestimmte Verhaltensweisen, die dazu führen, dass man übersehen wird.

Achten Sie in den nachfolgenden Beispielen darauf, wie auf der Venus das Wörtchen »Wir« betont wird. In der zweiten Spalte sieht man, wie auf dem Mars die Betonung auf dem Ergebnis liegt. Das »Ich« dient hauptsächlich der Verdeutlichung. Legt ein Mann den Nachdruck auf das Ergebnis, dann vermittelt er den Eindruck von Bescheidenheit, während er gleichzeitig sein Können nicht verleugnet. In der dritten Spalte sind die beiden Haltungen zusammengefasst. Aussagen dieser Form führen dazu, dass Frauen keinen Anstoß zu nehmen brauchen und andererseits von Männern die Anerkennung bekommen, die ihnen gebührt. Beachten Sie, dass in der dritten Spalte oft erst das Wort »Ich« und dann das Wort »Wir« benutzt wird.

Venusianische Haltung: *Das Verdienst mit anderen teilen.*	Marsianische Haltung: *Das Verdienst für sich in Anspruch nehmen und die Ergebnisse hervorheben.*	Kombinierte Haltung: *Das Verdienst für sich in Anspruch nehmen, den Anteil anderer würdigen und den Nachdruck auf die Ergebnisse legen.*
Wir haben sehr gute Arbeit geleistet.	Ich bin sehr stolz auf diese Arbeit. Es hat meine Erwartungen übertroffen.	Ich bin sehr stolz auf diese Arbeit, aber ohne die Hilfe meines Teams wäre es nicht gelungen. Es hat meine Erwartungen übertroffen.
Wir haben alle sehr hart gearbeitet.	Ich glaube nicht, dass ich jemals so hart gearbeitet habe, aber es hat sich gelohnt. Es ist ein gutes Ergebnis, von dem viele Menschen profitieren werden.	Ich habe sehr hart an diesem Projekt gearbeitet und viel Unterstützung von meinem Team erhalten. Es ist ein gutes Ergebnis, von dem viele Menschen profitieren werden.
Wir haben unsere Vorgehensweise geändert, und jetzt haben wir mehrere Filialen.	Ich habe eine neue Vorgehensweise eingeführt. Dadurch konnte ich mehrere Filialen eröffnen und so noch mehr Menschen erreichen.	Ich habe eine neue Vorgehensweise eingeführt, und jetzt haben wir mehrere neue Filialen eröffnet, so dass wir noch mehr Menschen erreichen.
Wir haben eine bessere Lösung gefunden.	Ich habe einen neuen Ansatz entdeckt, und jetzt erziele ich viel bessere Ergebnisse. Alle sind glücklich darüber.	Ich habe eine neue Vorgehensweise entwickelt, und jetzt erzielen wir viel bessere Ergebnisse. Alle sind glücklich.

Venusianische Haltung: *Das Verdienst mit anderen teilen.*	Marsianische Haltung: *Das Verdienst für sich in Anspruch nehmen und die Ergebnisse hervorheben.*	Kombinierte Haltung: *Das Verdienst für sich in Anspruch nehmen, den Anteil anderer würdigen und den Nachdruck auf die Ergebnisse legen.*
Henry hat zugestimmt, und jetzt haben wir den Auftrag.	Ich habe Henry angerufen und den Auftrag unter Dach und Fach gebracht. Jetzt wird es keine Verzögerungen mehr geben, und alle können an ihre Arbeit gehen.	Ich habe Henry angerufen, und wir haben den Auftrag unter Dach und Fach gebracht. Jetzt wird es keine Verzögerungen mehr geben, und alle können an ihre Arbeit gehen.
Das Projekt ist endgültig abgeschlossen, und wir haben dabei sehr gute Arbeit geleistet.	Die letzten drei Wochen war ich mit dem Abschluss dieses Projekts beschäftigt, und jetzt sieht es sehr gut aus. Jetzt kommen wir in ruhigeres Fahrwasser.	Die letzten drei Wochen war ich mit dem Abschluss dieses Projekts beschäftigt, und jetzt sieht es sehr gut aus. Wir haben sehr gute Arbeit geleistet. Jetzt kommen wir in ruhigeres Fahrwasser.
Wir haben in San Diego eine andere Vorgehensweise gewählt, und dadurch haben sich die Umsätze verdoppelt.	Seit ich bei meiner Reise nach San Diego diese neue Vorgehensweise eingeführt habe, habe ich die Umsätze verdoppelt. Jetzt können alle mit dieser neuen Vorgehensweise arbeiten.	Weil ich diese neue Vorgehensweise eingeführt habe, haben wir die Umsätze verdoppelt. Jetzt können alle diese neue Vorgehensweise anwenden.
Indem wir einige Wochen abgewartet haben, sind wir jetzt	Indem ich noch einige Wochen zögerte, habe ich einen	Indem ich noch einige Wochen zögerte, sind wir zu einem viel

Venusianische Haltung: *Das Verdienst mit anderen teilen.*	Marsianische Haltung: *Das Verdienst für sich in Anspruch nehmen und die Ergebnisse hervorheben.*	Kombinierte Haltung: *Das Verdienst für sich in Anspruch nehmen, den Anteil anderer würdigen und den Nachdruck auf die Ergebnisse legen.*
zu einem viel besseren Abschluss gekommen.	viel besseren Abschluss erreicht. Jetzt werden unsere Gewinne steigen.	besseren Abschluss gekommen. Jetzt werden unsere Gewinne steigen.

Eine weitere Möglichkeit besteht darin, ein Verzeichnis der Leistungen einer anderen Person anzufertigen, die man bewundert oder mit der man zusammenarbeitet. Tun Sie so, als ob Sie diese Person wären, und nehmen Sie deren Verdienste für sich in Anspruch. Manchmal ist es leichter, anderen die Verdienste zu überlassen, als sie für sich selbst in Anspruch zu nehmen. Durch ein solches Rollenspiel lernt man, dass Letzteres in Ordnung ist.

Im Geschäftsleben gilt unbedingt, dass Kunden und Vorgesetzte möchten, dass man seine Verdienste für sich in Anspruch nimmt. Man sollte nicht zögern, dieser Erwartung zu entsprechen.

Den Spielstand festhalten auf dem Mars

Männer reden über ihre Leistungen mit anderen in derselben Weise, wie sie sich im Sport über den Spielstand auf dem Laufenden halten. Auf dem Mars ist die Mitteilung des Spielstands keine Egomanie, sondern dient einfach dazu, andere über die Kompetenz eines Marsianers zu informieren.

Dass ein Mann sich selbst in den Vordergrund rückt, bedeutet nicht, dass er andere arrogant herabsetzen würde. Er teilt ihnen einfach Tatsachen mit, sodass sie das Gefühl haben können, sich bei einer bestimmten Aufgabe auf ihn verlassen zu können. Auf dem Mars bedeutet Bescheidenheit eher, dass man andere nicht erniedrigt, um sich selbst zu erhöhen. Es ist nichts als gesunde Selbstachtung, sich zu »zeigen«, wenn man entsprechende Ergebnisse vorzuweisen hat. Ein Marsianer setzt andere nicht herab, sondern verweist auf seine eigenen Leistungen, um sich zur Geltung zu bringen. Dies versteht man auf seinem Planeten als Bescheidenheit.

Auf dem Mars bedeutet Bescheidenheit eher, dass man andere nicht erniedrigt, um sich selbst zu erhöhen.

Wenn ein Projekt abgeschlossen ist, ist oft nicht klar, wer sich den Erfolg zuschreiben darf. Es sind ja immer mehrere Menschen daran beteiligt. Frauen glauben irrtümlicherweise, dass ihre Leistungen anerkannt werden, wenn sie nur hart arbeiten. Weil sie lieber bescheiden auftreten, pochen sie nicht auf ihre Verdienste. Viele Frauen wissen nicht, dass andere das Lob einheimsen, wenn sie nicht selbst auf ihre Leistungen pochen.

Frauen glauben irrtümlicherweise, dass andere ihre Leistungen von selbst würdigen, wenn sie nur hart arbeiten.

Im Filmgeschäft war es früher so, dass die Schauspieler nicht beachtet wurden. Die Filmstudios versuchten, allen Ruhm für sich zu reklamieren. Aber allmählich wurden die Filmstars wichtiger als die Studios. Regisseure und Drehbuchautoren blieben weiterhin im Hintergrund. Dann begannen die Regisseure, mit unbekannten Schauspielern großartige Filme zu drehen. Weil diese Schauspieler nicht automatisch Aufmerksamkeit erhielten, konnten die Regisseure den Ruhm einheimsen. Heute werden die Drehbuchautoren noch immer weitgehend übersehen. Einige wenige bekommen etwas mehr Aufmerksamkeit und Anerkennung. Letztlich erhalten immer nur diejenigen Anerkennung, die sie für sich in Anspruch nehmen und ihren Erfolg entsprechend vermarkten.

Wenn heute Schauspieler Spitzensummen verdienen, dann haben sie diese Anerkennung nicht einfach deshalb bekommen, weil jemand glaubte, dass sie sie verdient hätten. Vielmehr sicherten sie sich die Anerkennung durch ihre Agenten und Manager. Um Anerkennung kämpft man am besten schon im Voraus. Darum geht es letztlich in Verträgen. Auf dem Mars bekommt man die Anerkennung, die man vertraglich ausgehandelt hat. Als angemessen gilt das, was man aushandelt. Und die Verhandlungsposition ist immer so gut wie die bisherigen Erfolge.

Auf dem Mars gilt als angemessen, was man aushandelt.

Selbstpromotion ist das A und O bei allen Auszeichnungen in Film und Fernsehen. Durch Preisverleihungen kann die Entertainment-Industrie ihr eigenes Lob singen. Die Zahl der Kinobesucher steigt jedes Mal nach den Oscar-Verleihungen an. Und wenig später werden auch die Eintrittskarten für das Kino teurer.

Am Arbeitsplatz erzeugt die Wahrnehmung von Erfolg weiteren Erfolg. Unternehmen Frauen mehr Anstrengungen, sich in den Vordergrund zu rücken, dann werden sie von anderen besser wahrgenommen, und ihre Kompetenz wird anerkannt. Die Geschickteren am Arbeitsplatz schicken ihren Vorgesetzten Berichte mit den positiven Reaktionen von Mitarbeitern und Kunden. Sie sorgen dafür, dass sie Gelegenheit bekommen, ihre Ideen und Vorschläge vorzustellen. Sie bilden beim Mittagessen und bei sozialen Anlässen Netzwerke mit anderen. In ihren Büros hängen sie Auszeichnungen, Diplome, die Bilder geliebter Menschen und Fotos auf, auf denen sie bei Auszeichnungen und mit berühmten Menschen zu sehen sind. Ein Bild sagt auch hier mehr als tausend Worte.

Humor auf dem Mars und auf der Venus

Die männliche Tendenz, sich in den Vordergrund zu drängen, und die weibliche Tendenz, sich zurückzuhalten, zeigt sich am Arbeitsplatz bei den verschiedensten Gelegenheiten, vom Geplauder während einer Pause bis zu beiläufigen Scherzen und Bemerkungen. Besonders deutlich werden die Unterschiede im jeweiligen Humor. Was ein Mann witzig findet, findet eine Frau manchmal durchaus nicht witzig, und worüber eine Frau lacht, das kommt bei einem Mann vielleicht gar nicht als Witz an. Auf der Venus machen sich Frauen oft durch übertriebene Selbstkritik über sich selbst lustig, aber Männer nehmen das wörtlich. Auf dem Mars ist es auch Humor, wenn man sich über andere in einer drastischen Weise lustig macht. Dies mögen wiederum Frauen nicht, weil sie es ernst nehmen.

Auf dem Mars und auf der Venus herrscht also eine ganz unterschiedliche Art von Humor. Männer neigen dazu, andere zu verspotten, während Frauen eher sich selbst verspotten. Männlicher Humor hat für Frauen etwas Bedrohliches. Weiblicher Humor lässt Frauen bei Männern inkompetent erscheinen. Beide können bei Vertretern des anderen Geschlechts viele Punkte machen, wenn sie über deren Witze lachen oder sie zumindest ohne Missbilligung hinnehmen.

Teilt eine Frau den Humor eines Mannes wirklich nicht, dann kann sie ihm dies in einer freundlichen Weise sagen. Wenn er einen Witz gemacht hat, dann muss er das Gesicht wahren können. Sie könnte zum Beispiel etwas Neutrales sagen wie »Ihr Männer seid eben vom Mars.« Wenn sie so etwas nicht tragisch nimmt und nicht das Gefühl hat, ausgeschlossen zu sein, dann schließt er auch sie nicht aus. Oft lachen Männer auch über die Witze anderer Männer, obwohl sie sie überhaupt nicht lustig finden. Damit wollen sie dem anderen helfen, das Gesicht zu wahren.

Unbedingt vermeiden muss man es, einen Mann zu bitten, seinen Witz zu erklären. Wenn sie ihn nicht versteht, dann ist es für ihn nicht weiter tragisch. Nachfolgend einige Beispiele, was man nicht sagen sollte und wie man richtig reagiert.

Auf männlichen Humor reagieren

Sagen Sie nicht mit ernstem Gesicht:	*Sagen Sie leichthin:*
Was soll daran lustig sein?	Ich habe es nicht verstanden.
Ich finde das nicht lustig.	Schon gut, lassen wir das.
Ich finde Ihren Humor ätzend.	Ach, hören Sie auf ...
Seeeehr witzig.	Können wir von etwas anderem reden?
Ich kann ihre Witze nicht ausstehen.	Halten Sie sich zurück, o.k.?
Das kann wohl nicht Ihr Ernst sein!	Sie machen bloß Spaß, stimmt's?

Letztlich kommt es auf den spielerischen Ton an. Man könnte sogar die Ausdrücke aus der ersten Spalte verwenden, wenn man sie in einem gutmütigen, lockeren Ton vorbringt. Dies wäre für einen Mann in Ordnung, und er würde es als guten Witz auffassen. Der Trick liegt darin, in sich selbst eine innere Stimme zu finden, die nicht verletzt ist und an seinen Witzen und Spötteleien keinen Anstoß nimmt. Durch eine solche positive Haltung erreicht eine Frau es, dass er sich künftig zurückhält, und zwar nicht deshalb, weil er sie beleidigt hat, sondern weil ihm klar geworden ist, dass sie männlichen Humor nicht sonderlich schätzt. Erinnern wir uns auch hier wieder daran, dass auf dem Mars beleidigt zu sein beleidigend ist.

Akzeptiert aber eine Frau männlichen Humor, dann kommt dies bei ihm sehr gut an. Nur: Manche Frauen können es einfach nicht. Wenn man wirklich will, dass ein Mann aufhört, dann sollte man es nicht allzu tragisch nehmen, aber es trotzdem nicht zulassen. Man sagt ihm einfach bei passender Gelegenheit einmal unter vier Augen, dass er aufhören soll. Das könnte etwa so klingen: »Ich hätte eine Bitte. Könnten Sie in meiner Gegenwart aufhören, Witze zu machen? Ich weiß, dass manche Menschen Sie wirklich lustig finden, aber ich nicht. Vielen Dank.« Warten Sie nicht auf eine Antwort; gehen Sie einfach davon aus, dass er es sich zu Herzen nehmen wird, und gehen Sie mit einem freundlichen Lächeln weg. Je weniger Sie sagen, und je weniger er zu sagen braucht, desto besser. So hat er Gelegenheit, innerlich zu murren und letztlich sein Verhalten doch zu ändern. Gibt es eine große Diskussion, bei der er seinen Humor verteidigen muss, dann wird es für ihn nur schwieriger, auf Ihre Bitte einzugehen.

Bleibt ein Mann bei seinem Verhalten, dann ignoriert man es am besten und lässt es einfach nicht an sich heran. Manchmal denkt er einfach nicht daran. Geht man nicht darauf ein oder rollt einfach die Augen, dann hört er schon irgendwann auf. Allerdings sollte man auch nicht zu gutmütig sein, da ihn dies wiederum nur ermuntern würde.

Wenn Frauen männlichen Humor zeigen

Männer necken einander gerne, indem sie die Kompetenz des jeweils anderen anzweifeln, wobei ihr Ton deutlich macht: »Ist nur Spaß.« Ein Mann kann zu einem anderen scherzhaft sagen: »Das schaffst du doch nicht, du bist eine Niete.« Und sein Kumpel gibt ihm zurück: »Natürlich schaffe ich das. Du hast ja keine Ahnung, worum es eigentlich geht.«

Wenn eine Frau sich auf solche Dialoge einlassen will, dann muss sie wirklich alles auf die leichte Schulter nehmen können und darf auch nicht beleidigt sein. Nimmt sie einen derben Scherz eines Mannes ernst und antwortet sie: »Natürlich kann ich das! Sie haben doch keine Ahnung …«, dann könnte dies zu einem Streit führen.

Es kann leicht geschehen, dass eine Frau dieselben Worte gebraucht wie ein Mann, ihn aber damit kränkt. Es liegt dann nicht an ihren Worten, sondern an ihrem Ton und an ihrer Haltung. Ärgert sie sich auch nur im Geringsten über einen Mann, dann ist das Risiko groß, dass ihre Worte beleidigend wirken.

Die Sekretärin Sarah machte eine scherzhafte Bemerkung über Larry, einen Kollegen: »Männer wissen nie, was sie eigentlich tun.« Das kam nicht gut an, und ihr Chef rügte sie deswegen später. Sie fand, dass Männer ja auch untereinander herabsetzende Bemerkungen machen. Warum sollte sie das dann nicht dürfen? Das Problem war nur, dass sie meinte, was sie sagte, und dem Betreffenden wurde dies durch ihren Tonfall deutlich.

Wäre Larry schon aus einem anderen Grund nicht gut auf sie zu sprechen gewesen, dann hätte dies erhebliche Folgen haben können. Männer können eine Situation überspielen, indem sie Scherze über einen anderen Mann machen, aber eine Frau kann das nicht. Um diesen Unterschied zu verdeutlichen, könnte man eine ähnliche Situation zum Vergleich heranziehen: Ein jüdischer Komiker kann Witze über Juden machen, weil er Jude ist, aber ein Nichtjude kann das nicht. Dies ist einfach nicht akzeptabel. Ebenso ist es nur akzeptabel, wenn ein Mann Witze über Männer macht, doch tut eine Frau dasselbe, ist es etwas anderes.

Ein Mann darf Witze über Männer machen, weil er ein Mann ist.

Setzt ein Mann andere Männer auf scherzhafte Weise herab, dann bezieht er sich selbst mit ein. Setzt eine Frau einen Mann herab, dann kann sie sich nicht miteinbeziehen, weil sie kein Mann ist. Selbst wenn sie dieselben Worte benutzt, verärgert sie ihn, weil er glaubt, dass sie sich für besser hält. Würde sie eine solche scherzhafte Herabsetzung gegenüber anderen Frauen gebrauchen, dann würden männliche Kollegen dies als Humor auffassen, nicht aber ihre Kolleginnen.

Wie Frauen im Umgang mit Männern mit männlichem Humor vorsichtig sein müssen, so müssen Männer anerkennen, dass Frauen ihren Humor oft nicht schätzen. Scherze, bei denen andere herabgesetzt werden, sind auf der Venus nicht lustig. Um sich positiv zu profilieren, sollten Frauen es vermeiden, gegenüber Männern männlichen Humor zu benutzen, sofern sie sich nicht wirklich darauf verstehen und dies positiv ankommt. Ebenso sollten Männer, die von Frauen respektiert werden wollen, gegenüber Frauen mit ihrem männlichen Humor zurückhaltend sein, sofern nicht wirklich klar ist, dass diese es schätzen.

Weiblichen Humor verstehen

Weiblicher Humor beinhaltet eine Selbstherabsetzung. Auf der Venus ist es nicht lustig, andere herabzusetzen, aber eine Frau kann sich selbst herabsetzen. Tut sie das in einer witzigen Weise, dann stärkt dies den Zusammenhalt.

Ein Mann erkennt dagegen oft nicht, dass eine Frau nur einen Scherz macht, und nimmt es wörtlich. Dadurch kann sich schlagartig seine Haltung ihr gegenüber verändern. Sie scheint ihm plötzlich weniger fähig zu sein. Wie ein Mann plötzlich lieblos erscheinen kann, indem er einen herabsetzenden Scherz macht, so erscheint eine Frau einem Mann plötzlich inkompetent, indem sie sich selbst herabsetzt.

Auf der Venus ist solcher Humor einfach eine spielerische Art, wie Frauen ihre Gefühle übertreiben, um ein wenig Stress abzubauen und eine Verbindung herzustellen. Oft geschieht dies in der Weise, dass eine Frau eine Geschichte aus ihrem Leben erzählt. Sie redet ausführlich über ein Problem, das sie nicht lösen konnte. Alle Frauen lachen darüber und erzählen ähnliche Geschichten über sich selbst.

Weiß ein Mann dies, dann ist ihm auch klar, dass er die Aussagen einer Frau in einem solchen Fall nicht ernst nehmen muss und darf. Und Frauen sollten wissen, dass sie für einen Mann auf diese Weise tatsächlich ihre Unfähigkeit demonstrieren, sofern dieser nicht mit dem venusianischen Humor vertraut ist.

Benutzt ein Mann weiblichen Humor und setzt sich selbst herab, dann kann es für ihn eine Überraschung geben. Statt mit ihm zu lachen, nickt eine Frau ernsthaft und gibt ihm Recht. Sind bei ihr noch irgendwelche nicht aufgelösten Empfindungen des Grolls oder der Frustration vorhanden, dann kommen diese plötzlich an die Oberfläche, und die ganze Stimmung schlägt um. Sie erinnert sich plötzlich daran, wie er einmal einen Fehler beging und sich nicht entschuldigte. Wenn er leichthin sagt: »Jetzt habe ich völlig vergessen, was ich sagen wollte«, dann löst er damit vielleicht durchaus keine wohlwollende Reaktion aus, sondern sie sagt mit einem strengen Blick: »Ja, so sind Sie eben.«

Nachfolgend einige Beispiele, wie sich männlicher und weiblicher Humor unterscheiden. Weiß man besser darüber Bescheid, wie Aussagen beim anderen Geschlecht ankommen, dann vermeidet man künftig Fehler, wenn man versucht, sich mit Humor zu profilieren.

Männlicher Humor:	*Weiblicher Humor:*
Sie sind vielleicht dämlich.	Ich war so blöd.
Werden Sie endlich erwachsen.	Habe ich das wirklich fertig gebracht?
Das schaffen Sie nicht.	Ich glaube nie, dass ich damit jemals fertig werde.
Jetzt sind Sie auf dem Holzweg.	Es war mir so peinlich. Ich wusste nicht, was ich sagen sollte.
Jetzt haben Sie wohl völlig die Richtung verloren.	Ich wusste überhaupt nicht, was ich eigentlich tun sollte.
Sie wissen gar nicht, worüber Sie reden.	Niemand begriff, worüber ich eigentlich redete.

Männlicher Humor:	Weiblicher Humor:
Das glaube ich Ihnen nicht.	Ich redete die ganze Zeit und vergaß völlig, mich nach ihrer Tochter zu erkundigen.
Aha, jetzt redet der Profi.	Ich machte mir vor Angst fast in die Hosen.
Wer hat Sie eigentlich zum Chef ernannt?	Ich hatte mich völlig verfahren. Wir kamen zwei Stunden zu spät.
Sie sind ein Ekel.	Sie fanden mich unmöglich. Ich war ein kompletter Reinfall.

Er weiß über die »großen« Dinge Bescheid, sie über die »kleinen«

Männer versuchen oft, sich dadurch zu profilieren, dass sie darüber Bescheid wissen, was in der Welt draußen passiert, während Frauen sich hervorzutun versuchen, indem sie über die Ereignisse in der Innenwelt Bescheid wissen. Wollen Männer Kontakt knüpfen, dann reden sie oft über Sport, das Geschäft, das Wetter und die Nachrichten. Bei Männern finden Männer und Frauen Anerkennung, wenn sie über die Tagesaktualitäten Bescheid wissen.

Aber redet ein Mann nur über die Neuigkeiten in der Welt, dann versäumt er es dadurch, die Verbundenheit mit seinen Kolleginnen zu stärken. Redet er überhaupt nicht über sein Privatleben und stellt er einer Kollegin nicht einmal eine persönliche Frage, dann hat sie das Gefühl, dass sie ihm persönlich gleichgültig ist. Wie ein Mann immer über die neuesten Fußballergebnisse auf dem Laufenden sein will, so möchte eine Frau auch ein wenig über persönliche Dinge informiert sein.

Ein Mann kann sehr viel für seine Beliebtheit tun, indem er auch einmal über persönliche Dinge redet.

Frauen wissen mehr darüber Bescheid, was sich im zwischenmenschlichen Bereich tut. Sie vertiefen ihre Beziehungen, indem sie über kleine persönliche Geheimnisse reden und diese bewahren. Mit Frauen auch einmal über persönliche Dinge zu plaudern, tut den Beziehungen am Arbeitsplatz gut.

Hört ein Mann, wie Frauen über persönliche Dinge reden, dann glaubt er oft, dass Frauen nur die Zeit totschlagen und klatschen. Über private Details aus seinem Leben zu reden, scheint ihm seinen Erfolg zu gefährden. Klatscht eine Frau, dann ist sie in seinen Augen nicht nur ineffizient, sondern wird für ihn sogar zu einer Bedrohung.

Was auf der Venus ein harmloses Gespräch über private Details ist, um Spannungen abzubauen und Mitgefühl zu bekunden, erregt auf dem Mars den Verdacht, dass die Frau die Konkurrenten und Feinde mit Informationen versorgt, die einem schaden können. Auf dem Mars sind die Misserfolge und die Charakterschwäche eines Kollegen oder Chefs Privatsache. Unter dem Konkurrenzdruck am Arbeitsplatz könnten solche Informationen gegen jemanden verwendet werden.

Wer über die Misserfolge und Schwächen von Kollegen redet, kann als Bedrohung empfunden werden.

An einem Arbeitsplatz auf dem Mars wollen die Männer nicht, dass andere etwas von privaten Problemen wissen, und sie interessieren sich auch nicht für private Probleme anderer. Professionalität heißt dort, einfach für andere da zu sein. Bringt man private Dinge ins Spiel, dann ist dies kein guter Service am Kunden.

Man würde ihn zwingen, auf die eigenen privaten Bedürfnisse Rücksicht zu nehmen. Männer wollen aber klare geschäftliche Verhältnisse ohne Fallstricke. Man bezahlt für das, was man bekommt, und man kann immer erwarten, dass man es bekommt.

―◊―

Profis machen immer ihre Arbeit, gleichgültig, wie sie sich an einem bestimmten Tag fühlen.

―◊―

Haben Frauen keine Möglichkeit, ihre persönlichen Bedürfnisse außerhalb des Arbeitsplatzes zu befriedigen, dann muss sie das Berufsleben in eine Zwangsjacke zwängen. Manche Frauen empfinden tatsächlich einen starken Druck, weil sie sich nicht genug Zeit dafür nehmen, außerhalb des Büros ein Privatleben aufzubauen, das ihren emotionalen Bedürfnissen entgegenkommt.

Ein bisschen Klatsch und Tratsch ist sicherlich für Männer und Frauen gleichermaßen hilfreich, aber zu viel davon verunsichert das andere Geschlecht. Um keinen unerwünschten Eindruck zu erwecken und sein Ansehen nicht zu beschädigen, sollte man sich sehr gut überlegen, wo und wann Klatsch angebracht ist.

Wie man Fragen stellt und das Gesicht wahrt

Frauen können am Arbeitsplatz unwissentlich durch die Art, wie sie um Hilfe bitten, Widerstände auslösen. Sie neigen in jeder Position dazu, Männer um ihre Meinung zu einem bestimmten Problem zu fragen, um dadurch einschließendes Verhalten zu demonstrieren. Männer aber fassen dies fälschlich als eine Bitte auf, ihr Problem zu lösen.

Wenn er dann einen Vorschlag macht und sie diesem nicht folgt, ärgert er sich darüber, dass sie seine Zeit vergeudet hat. Eine Vorgesetzte glaubt vielleicht, etwas für den Teamgeist zu tun, indem sie einen männlichen Mitarbeiter um seine Meinung fragt, aber zu ihrer Überraschung findet er dies überhaupt nicht hilfreich. Er denkt etwa Folgendes:

Entweder Sie wollen meinen Rat, oder Sie wollen ihn nicht. Aber kommen Sie dann nicht nachher und kritisieren daran herum. Erst wissen Sie die Antwort nicht und kommen zu mir, und dann behaupten Sie zu wissen, was an meiner Antwort falsch ist. Als ob Sie damit nicht schon genug Zeit vergeudet hätten, erzählen Sie mir auch noch in aller Ausführlichkeit, warum Ihnen meine Antwort nicht passt. Wenn Sie schon glauben, mehr zu wissen als ich, dann brauchen Sie erst gar nicht zu fragen.

Ein solcher Marsianer weiß also offensichtlich den Wert des Einbeziehens und der Zusammenarbeit nicht zu schätzen. Erleben Frauen des Öfteren eine solche Reaktion, dann wissen sie sich mit Männern keinen Rat mehr. Sie sehen nur zwei Möglichkeiten: Entweder zu tun, was er vorschlägt, und das kollegiale Verhältnis retten, oder zu tun, was sie selbst am besten finden, und ihm erklären, warum sie seinen Rat ablehnen. Im ersten Fall muss sie zurückstecken, im zweiten Fall er. Aus ihrer Perspektive hat es also überhaupt keinen Sinn, ihn um Unterstützung zu bitten.

Und doch gibt eine Alternative: Eine Frau kann lernen, wie man einem Mann in dieser Situation hilft, sein Gesicht zu wahren. Wenn sie seinen Rat nicht annehmen will, kann sie mit einer kurzen Bemerkung diesen Rat würdigen und eine große Diskussion darüber vermeiden. Ihm im Detail zu erklären, warum sie auf seine Ideen nicht eingehen will, ist für ihn äußerst unerfreulich.

———◁◦▷———

Einem Mann im Detail zu erklären, warum sie auf seine Ideen nicht eingehen will, ist für ihn äußerst unerfreulich.

———◁◦▷———

In vielen Fällen braucht die Frau nichts weiter zu sagen als: »Das ist eine gute Idee, vielen Dank.« Falls sie schon den Eindruck erweckt hat, dass sie auf seine Hilfe angewiesen ist, muss sie es vielleicht deutlicher ausdrücken, dass sie auf seine Vorschläge nicht eingehen wird. Sie könnte dann zum Beispiel sagen: »Das hört sich gut an. So komme ich meiner Lösung schon näher.« Damit macht sie ihm deutlich, dass sie seine Hilfe schätzt, aber trotzdem noch auf der Suche nach einer Antwort ist. Dadurch vermeidet sie es, in ihm verfrühten Stolz zu wecken, der dann enttäuscht wird, wenn sie auf seinen Vorschlag nicht eingeht.

Männer wissen instinktiv, wie sie einander helfen können, das Gesicht zu wahren, aber Frauen verstehen sich oft nicht auf diese Kunst.

Bittet man einen Mann um eine Lösung, dann fühlt er sich sehr geschmeichelt. Er nimmt an, dass man selbst keine Antwort hätte und zu ihm kommt, um seinen fachmännischen Rat einzuholen. Mit einem gewissen Stolz setzt er seine Ich-mach-das-schon-Miene auf und präsentiert eine Lösung. Dann hat eine Frau zwei Möglichkeiten: Entweder sie findet seine Antwort gut und reagiert beifällig, oder sie findet sie nicht gut und hat nicht vor, sie zu verwenden.

In letzterem Fall würde ein anderer Mann Herrn Ich-mach-das-schon helfen, sein Gesicht zu wahren. Er würde es vermeiden, eine große Diskussion anzuzetteln, warum er seinen Vorschlag nicht für gut hält. Vielmehr macht er eine beiläufige Bemerkung wie zum Beispiel: »Das ist eine gute Idee, danke.« Damit macht er Herrn Ich-mach-das-schon deutlich, dass er seinen Beitrag schätzt, auch wenn er nicht auf ihn zurückgreifen wird. Es ist klar, dass die Idee verworfen wurde, aber es wird nicht so hart ausgedrückt. Wenn Männer einen anderen nur um seine Meinung bitten wollen, dann machen sie dies durch ihren Tonfall und ihre Haltung deutlich. Sie sagen vielleicht: »Ich habe schon mit mehreren Fachleuten gesprochen, und es würde mich interessieren, was Sie dazu meinen.« Damit wecken sie bei Herrn Ich-mach-das-schon nicht allzu große Hoffnungen, dass sein Rat befolgt wird.

Wenn Männer Hilfe suchen, dann vermitteln sie gern den Eindruck, dass sie im Grunde schon wissen, was zu tun ist, aber nur noch eine andere Perspektive hören wollen, bevor sie eine endgültige Entscheidung fällen. Sie könnten etwa sagen: »Vielleicht haben Sie noch eine gute Idee. Was würden Sie in dieser Situation tun?« Nur dann, wenn ein Mann bereit ist, einem Vorschlag auch zu folgen, wird er sagen: »Was meinen Sie, was ich jetzt tun sollte?«

Frauen sind sich darüber nicht im Klaren. Indem sie um Vorschläge bitten und dann dem Rat eines Mannes nicht folgen, erzeugen sie in Männern unwissentlich Frustrationen. Um es genauer auszudrücken: Ein Mann ist nicht darüber frustriert, dass sie nicht tut, was er vorschlägt. Seine Verärgerung entsteht vielmehr daraus, dass er sich erst als Experte fühlen darf, und dann wird er doch nicht als solcher behandelt.

Um solche Irritationen zu vermeiden, braucht eine Frau nicht alles zu tun, was ein Mann vorschlägt. Sie muss lediglich darauf achten, ihn nicht höher zu stellen, indem sie sich selbst niedriger stellt. Wenn sie sagt: »Ich wusste nicht weiter«, dann ist es für einen Mann eine große Beleidigung, wenn sie nachher seine Auffassungen korrigiert. Aus seiner Perspektive verhält es sich so, dass sie sich bezüglich eines Problems als recht ahnungslos darstellt, und dann stellt sie ihn als noch ahnungsloser hin, indem sie seinen Rat zurückweist oder ihn korrigiert.

Die folgende Übersicht zeigt verschiedene Umgangsweisen mit solchen Situationen. In der ersten Spalte ist angegeben, was eine Frau in diesem Fall nicht sagen sollte. Mit Hilfe der Formulierungen in der zweiten Spalte kann sie eine kleine Veränderung vornehmen, damit der Mann nicht anschließend enttäuscht zu sein braucht. Die dritte Spalte schließlich enthält Vorschläge, wie sie ihm hilft, das Gesicht zu wahren, wenn sie seinen Rat nicht annehmen will.

Was sie nicht sagen sollte:	Wie sie ihre Frage besser formuliert:	Wie er im Falle einer Ablehnung das Gesicht wahren kann:
Ich habe keine Ahnung, was ich jetzt machen soll. Was würden Sie mir raten?	Das ist ein schwieriges Problem. Was würden Sie machen?	Vielen Dank, das hilft mir sehr. Jetzt sehe ich schon klarer, was ich tun muss.
Es ist mir überhaupt nicht klar, was wir tun sollen. Was finden Sie, was ich machen soll?	Ich glaube, dass mir hier irgendetwas entgeht. Wie würden Sie jetzt vorgehen?	Vielen Dank, das macht Sinn. Ich glaube, dass ich jetzt meiner Lösung ein gutes Stück näher gekommen bin.
Ich bin so froh, dass Sie da sind, ich brauche unbedingt Ihre Hilfe. Was meinen Sie, was wir machen sollen?	Ich bin sehr froh, dass Sie da sind. Was würden Sie in einer solchen Situation tun?	Vielen Dank für Ihre Unterstützung. Ich glaube, dass wir jetzt eine bessere Lösung finden werden.
Ich weiß nicht mehr aus noch ein; was meinen Sie, was ich tun soll?	Das hält mich schon zu lange auf. Was würden Sie tun, wenn...?	Danke, eine neue Perspektive hilft immer, der Lösung eines Problems näher zu kommen.
Ich weiß nicht, was wir machen sollen; können Sie helfen?	Irgendwie bekomme ich dieses Problem nicht in den Griff. Was würden Sie aus Ihrer Sicht tun?	Das ist eine gute Idee. Ich glaube, dass mir allmählich deutlicher wird, in welche Richtung es geht.
Ich bin ziemlich ratlos. Was glauben Sie, was ich machen soll?	Ich bin noch dabei, mir Klarheit über dieses Problem zu verschaffen. Was würden Sie tun?	Ein sehr guter Vorschlag. Ich glaube, dass ich jetzt allmählich einer Entscheidung näher komme.

Was sie nicht sagen sollte:	Wie sie ihre Frage besser formuliert:	Wie er im Falle einer Ablehnung das Gesicht wahren kann:
Das wächst mir alles über den Kopf. Was finden Sie, was ich machen soll?	Ich suche noch nach einer anderen Perspektive. Wie würden Sie an dieses Problem herangehen?	Danke, daran hätte ich nicht gedacht. Es ist immer gut, einen anderen Standpunkt zu hören.

Männer wie Frauen sollten hin und wieder einen Blick in dieses Kapitel werfen, um sicherzustellen, dass sie sich in der richtigen Weise profilieren und so den gewünschten Eindruck hinterlassen. Ein besserer Einblick in die Art, wie Männer und Frauen einander unterschiedlich interpretieren, verleiht die Fähigkeit und den Mut, sich selbstbewusst zu äußern. Zu wissen, wie man bei anderen Menschen ankommt, hilft dabei, sich so zu äußern, dass man seine persönlichen Ziele am Arbeitsplatz optimal erreicht.

12
Am Arbeitsplatz Punkte sammeln

Ein Mann sammelt am Arbeitsplatz Punkte, wenn er etwas tut, das seine Kompetenz und sein Können demonstriert. Drängt er sich in den Vordergrund und hat Erfolg, bekommt er mehr Punkte; scheitert er, werden ihm Punkte abgezogen. Schließt er ein Geschäft ab, entwickelt er einen erfolgreichen Plan, erreicht er ein Ziel, beendet ein Projekt oder beseitigt ein schwieriges Problem, dann richtet sich seine Punktzahl danach, wie hoch gesteckt das Ziel oder wie groß die Herausforderung war. Ist es eine kleine Leistung, bekommt er weniger Punkte. Ist sein Versagen gering, werden ihm auch weniger Punkte abgezogen. So messen Männer sich selbst und andere an ihrer Kompetenz und ihren Leistungen.

Auf der Venus werden die Punkte anders vergeben, und zwar nach Zuwendung und Rücksichtnahme. Der Erfolg wird nicht daran bemessen, wie groß eine hilfreiche Geste ist, sondern daran, ob auf diese Zuwendung Verlass ist. Auf der Venus gibt es Punkte dafür, dass man sich bemüht hat. Nicht nur das Ergebnis zählt, sondern vor allem die gute Absicht. Kompetenz und Leistung sind auf der Venus nicht die Hauptziele.

Auf der Venus richtet sich das Maß der Achtung und Bewunderung danach, wie gut man seine Beziehungen am Arbeitsplatz pflegt.

Damit am Arbeitsplatz der Umgang mit Kolleginnen erfreulich und produktiv ist, muss sich ein Mann darüber im Klaren sein, dass Frauen Punkte anders vergeben. Frauen geben nur einen

Punkt für jede Geste der Hilfsbereitschaft, ob sie groß ist oder klein. In der Praxis bedeutet dies, dass ein Mann mit vielen kleinen Aufmerksamkeiten mehr Punkte sammeln kann als mit einer großen Geste. Wie spektakulär ein Ergebnis ist, zählt nicht. Es gibt nicht mehr als einen Punkt.

―◦―

Frauen geben nur einen Punkt für jede Geste der Hilfsbereitschaft, ob sie groß ist oder klein.

―◦―

Es kommt nicht selten vor, dass ein neuer Chef in die Firma kommt und alle Frauen völlig vor den Kopf stößt. Bald verlassen die Frauen entweder die Firma, oder sie verweigern die Zusammenarbeit mit dem Betreffenden. Er steigert vielleicht die Effizienz in der Firma, aber weil er bei den Frauen keine Punkte sammelt, erzeugt er immer mehr Spannungen, die die Produktivität und die Zufriedenheit am Arbeitsplatz dämpfen. Arbeitet ein Mann mit Frauen zusammen, dann arbeiten sie umso besser, je mehr er sich bemüht, durch Schaffung eines rücksichtsvollen Umgangs Punkte zu sammeln.

Im Außendienst kommt es ganz besonders darauf an, ob man fähig ist, einen guten Kontakt herzustellen. Betrachten wir ein Beispiel.

Larry ist Vertreter für Medizinprodukte. Sein Sortiment war gut, aber andere Vertreter hatten ähnliche Produkte. Als er einen Termin bei Jackie hatte, der Einkäuferin einer medizinischen Einrichtung, konzentrierte er sich darauf, eine gute Arbeitsbeziehung herzustellen, statt die Vorzüge seiner Produkte gegenüber den Konkurrenzprodukten hervorzuheben. Er war optimistisch, fröhlich, ging auf sie ein und drängte sie nicht. Er stellte Fragen und lernte sie so ein bisschen kennen. Sooft er nickte oder in irgendeiner Weise mit ihr Kontakt aufnahm, machte er Punkte.

Jackie wollte nicht unbedingt neue Produkte, aber sie schätzte sein Interesse an ihren Bedürfnissen und ihren Erfahrungen mit ihren Produkten, ohne dass er versuchte, ihr seine eigenen Produkte aufzudrängen. Bei ihrem Gespräch hatte sie ihm eine Frage gestellt, auf die er keine Antwort hatte. Am nächsten Tag hinterließ er für sie eine Nachricht mit der Antwort. Als er beim nächsten Mal wieder bei ihr war, kam er nicht sofort zur Sache, sondern plauderte erst ein wenig mit ihr und stellte ein paar Fragen. Er fragte nach ihren Kindern und ob sie einen schönen Urlaub gehabt hätte. Es war ihm auch aufgefallen, dass Jackie eine neue Frisur hatte. Er sagte einfach: »Mir ist aufgefallen, dass Sie eine neue Frisur haben. Es steht Ihnen gut.« Mit all diesen Kleinigkeiten machte er bei Jackie Punkte.

Inzwischen ist es Jackie wichtig, ihn zu sehen, wenn er in der Firma ist. Nach einigen weiteren Besuchen bestellte sie mehr von seinen Produkten. Jackie zieht ihn den anderen Vertretern vor, weil sie eine vertrauensvolle Arbeitsbeziehung aufgebaut haben. Selbst wenn sie sehr viel zu tun hat, nimmt sie sich immer Zeit für ihn, wenn er da ist.

Weiß ein Mann nicht, wie wichtig ein wenig Plaudern und kleine Gesten der Hilfsbereitschaft sind, dann konzentriert er sich darauf, wie er das Problem einer Frau lösen oder wie er ihr das beste Produkt zum besten Preis verkaufen kann. Doch wenn er sie nur am nächsten Tag anruft, dann macht er damit ebenso viele Punkte, wie wenn er gleich eine großartige Antwort auf ihre Fragen hat. Ihr eine Frage zu stellen und sich an die Namen ihrer Kinder zu erinnern, bringt ihm ebenso viele Punkte wie ein Nachlass von 20 Prozent auf ihre Bestellung. Die meisten Punkte gibt es für kleine Aufmerksamkeiten, Zuwendung und Rücksichtnahme.

Auf der Venus Punkte machen

Ein Mann kann auf vielerlei Arten bei Frauen am Arbeitsplatz Punkte machen, ohne mehr tun zu müssen, als er schon tut. Es kommt nur darauf an, die aufgewandte Energie anders einzusetzen. Die meisten Männer wissen über viele dieser Dinge im Grunde Bescheid, aber sie kümmern sich nicht so sehr darum, weil man auf dem Mars nicht viele Punkte dafür bekommt. Wird aber einem Mann klar, wie wichtig diese Dinge auf der Venus sind, dann wird er sich verstärkt darum bemühen. Im Grunde ist alles ganz einfach. Und welcher Mann würde nicht gerne Punkte für etwas ganz Einfaches einheimsen?

Konzentriert sich ein Mann auf die kleinen Dinge, dann kann er damit am Arbeitsplatz große Wirkung erzielen.

Das Bedürfnis einer Frau, mit kleinen Gesten viele Punkte zu sammeln, könnte man etwa damit vergleichen, dass ein Auto Benzin braucht, damit es fährt. Man füllt den Tank auf, aber das Benzin wird verbraucht, und man muss wieder tanken. Ebenso wird die Energiereserve einer Frau aufgefüllt, indem sie emotionale Unterstützung sammelt, aber sie wird auch wieder leer, weil sie so viele kleine Dinge für andere tut. Mit kleinen Aufmerksamkeiten, die einer Frau deutlich machen, dass sie geachtet und geschätzt wird, kann ein Mann ihre Reserven wieder auffüllen, und sie weiß dann, dass sie jederzeit auf ihn zählen kann. Statt diesen Unterschied abzulehnen, lernt ein kluger Mann, den Bedürfnissen einer Frau entgegenzukommen, und so bekommt er auch selbst, was er haben möchte.

Im Folgenden finden Sie 101 Vorschläge, wie ein Mann den emotionalen »Tank« einer Frau auffüllen kann. Es ist kein Verzeichnis von Regeln, die ein Mann Tag für Tag beachten muss, sondern vielmehr eine kleine Sammlung von Tipps, die er hin und wieder bei passender Gelegenheit anwenden kann. Die meisten dieser Gesten würden ihm auch bei Männern Punkte einbringen. Der Unterschied liegt darin, dass sie für Männer weniger wichtig sind – für sie ist die Hauptsache, dass eine bestimmte Aufgabe erledigt wird.

101 Möglichkeiten, wie Männer bei Frauen Punkte sammeln können

1. Grüßen Sie sie mit ihrem Namen, wenn Sie im Büro ankommen, statt sich zuerst nach Geschäftlichem zu erkundigen.
2. Fragen Sie eine Frau etwas Persönliches: »Wie war Ihr Kurzurlaub am Wochenende?«
3. Machen Sie ihr ein höfliches Kompliment, wenn sie besonders gut aussieht, ohne anzüglich zu sein.
4. Achten Sie auf Veränderungen in ihrem Büro und sagen Sie etwas dazu.
5. Reden Sie sie mit ihrem Namen an, und merken Sie sich den Namen ihres Partners und ihrer Kinder.
6. Seien Sie sich bewusst, dass Frauen oft besonders auf ihre Arbeitsumgebung achten, und tragen Sie etwas zur Verschönerung bei. Bringen Sie Blumen ins Büro mit.
7. Bieten Sie ihr Ihre Hilfe an, wenn sie etwas Schweres hebt.
8. Achten Sie darauf, ob sie unter Stress ist, und machen Sie eine mitfühlende Bemerkung wie zum Beispiel »Ja, es gibt heute sehr viel zu tun« oder »Was für ein Tag«.
9. Achten Sie darauf, wenn sie beim Friseur war, und sagen Sie ihr, dass sie gut aussieht.
10. Machen Sie ihr immer wieder Komplimente bezüglich ihrer Arbeit.
11. Erkundigen Sie sich gezielt danach, ob sie mit ihrer Arbeit gut vorankommt.
12. Schicken Sie ihr eine E-Mail oder einen Zeitungsausschnitt, die mit ihrer aktuellen Arbeit oder einem ihrer Interessensgebiete zu tun haben.
13. Achten Sie darauf, ob sie müde ist; bieten Sie ihr ein Glas Wasser an oder schlagen Sie ihr höflich vor, eine kleine Pause zu machen. Frauen schätzen es, wenn andere es wahrnehmen, dass sie müde oder überarbeitet sind.
14. Vermeiden Sie es, mit Ihren Fragen Druck auszuüben. Sagen

Sie nicht: »Sind Sie mit dem Projekt schon fertig?«, sondern »Wie geht es mit diesem Projekt?«
15. Achten Sie darauf, nicht zu lange zu reden; hören Sie lieber zu und stellen Sie Fragen, bevor Sie Kommentare zu ihren Äußerungen abgeben.
16. Wenn sie sich selbst in den Hintergrund rückt oder ihre Leistung herunterspielt, sagen Sie ihr sofort, dass sie sehr gute Arbeit geleistet hat, und betonen Sie ihren Anteil am Erfolg.
17. Widerstehen Sie der Versuchung, ihre Probleme lösen zu wollen. Zeigen Sie vielmehr Einfühlungsvermögen und fragen Sie sie, was sie vorhat. Gehen Sie nicht davon aus, dass sie auf Ihren Rat wartet.
18. Suchen Sie gelegentlich auch das persönliche Gespräch, um Feedback zu geben und zu erhalten. Fragen Sie, ob Sie irgendwie behilflich sein können. Versuchen Sie, besser zuzuhören, ohne Erklärungen zu geben. Lassen Sie ihr Zeit, ihr Anliegen selbst zu formulieren.
19. Sehen Sie bitte nicht auf die Uhr, wenn eine Frau redet. Wenn es unbedingt sein muss, tun Sie es diskret. Müssen Sie das Gespräch abbrechen, dann sagen Sie es direkt und nicht »durch die Blume«. Sagen Sie einfach: »Entschuldigen Sie, aber ich komme zu spät zu meiner Besprechung. Reden wir nachher noch darüber.«
20. Überraschen Sie sie, indem Sie etwas tun, womit sie nicht gerechnet hat. Frauen lieben es, wenn sie unerwartet Unterstützung erhalten. Bringen Sie zum Beispiel noch einen Packen Papier für ihren Drucker, auch wenn dies nicht Ihre Aufgabe ist und sie nicht darum gebeten hat.
21. Bringen Sie aus dem Urlaub ein kleines Souvenir mit oder schicken Sie eine Ansichtskarte ins Büro. Dann kann sie das Gefühl haben, in Ihr Leben einbezogen zu sein.
22. Bringen Sie von besonderen Ereignissen in Ihrem Leben Fotos mit, zum Beispiel aus dem Urlaub oder von einer besonderen Leistung eines Kindes.
23. Zeigen Sie Interesse an den Begabungen und den Schulakti-

vitäten ihrer Kinder. Besuchen Sie eine Theateraufführung oder ein Sportereignis, an dem ihre Kinder mitwirken.
24. Laden Sie sie zu besonderen Ereignissen in Ihrem Leben oder im Leben Ihrer Kinder ein.
25. Laden Sie sie zu sich nach Hause zu einem Essen mit Ihrer Frau ein.
26. Versuchen Sie, sie im Gespräch mit einzubeziehen. Locken Sie sie aus der Reserve, indem Sie sie nach ihrer Meinung fragen.
27. Rufen Sie sie an, wenn Sie sich bei einem Termin verspäten.
28. Kommt sie aus einer anderen Stadt zu einem Termin, dann geben Sie ihr Empfehlungen über Sehenswürdigkeiten oder gute Restaurants. Auch wenn sie nicht ausdrücklich danach fragt, dürfen Sie doch annehmen, dass sie solche Hinweise schätzt.
29. Seien Sie bei Komplimenten über sie oder ihre Arbeit nicht zurückhaltend. Sagen Sie nicht »Gute Arbeit«, sondern »Das ist wirklich eine sehr gute Arbeit.«
30. Bittet sie Sie um etwas, antworten Sie nicht mit »Mach ich«, sondern »Aber gerne«. Damit drückt man viel mehr Verbundenheit aus.
31. Sagen Sie es ihr früh genug, wenn Sie abwesend sein werden. Dann kann sie sich rechtzeitig um Ersatz kümmern. Achtet ein Mann darauf, eine Frau beizeiten auf eine Veränderung vorzubereiten, dann schätzt sie eine solche Rücksichtnahme sehr.
32. Sagen Sie ihr bei einer gemeinsamen Arbeit, dass Sie anschließend aufräumen werden, und tun Sie es dann auch.
33. Wenn Pläne geändert werden müssen, beziehen Sie sie in den Entscheidungsprozess ein, damit sie sich nicht übergangen fühlen muss.
34. Ist ein Mann in seiner Höhle, dann muss er sich darüber im Klaren sein, dass sich eine Frau ausgeschlossen oder zurückgestoßen fühlt. Geben Sie sich daher bewusst Mühe, freundlich zu sein, sie zu begrüßen und sich von ihr zu verabschieden.

35. Sind an Ihrem Arbeitsplatz die Aufgabengebiete klar verteilt, dann bieten Sie ihr gelegentlich an, eine kleine Aufgabe von ihr zu übernehmen. Scheint sie müde oder erschöpft zu sein, dann sollte man sie wissen lassen, dass man für sie da ist.
36. Bittet sie um etwas, das in kurzer Zeit erledigt werden kann, dann tun Sie es sofort. Selbst wenn es nicht so dringlich oder wichtig ist, hat sie doch das Gefühl, dass man sie ernst nimmt.
37. Wenn sie über die Mittagszeit durcharbeitet, bieten Sie ihr an, ihr einen Salat oder ein Sandwich zu bringen.
38. Laden Sie sie zum Essen mit Ihnen oder Ihren Freunden und Bekannten ein.
39. Machen Sie ihr in einer zwanglosen Umgebung Komplimente über ihr Aussehen, nicht aber dann, wenn Menschen einander vorgestellt und ihre Leistungen und ihre Positionen in der Firma erwähnt werden. Beschränken Sie sich in diesem Fall ebenfalls auf die Leistungen und die Position der Frau.
40. Nehmen Sie auch Ihre eigenen Fehler mit Humor. Aber vermeiden Sie Anzüglichkeiten oder eine Herabsetzung der Frau und anderer.
41. Wenn ihr ein Fehler unterläuft, machen Sie eine beruhigende Geste. Wenn sie sagt: »Ich glaube nicht, dass ich das jemals fertig bekomme«, dann sagen Sie: »Aber natürlich schaffen Sie das.«
42. Nehmen Sie ihre Gefühle ernst, wenn sie beunruhigt ist. Sagt sie: »Das ist einfach zu viel«, dann antworten Sie: »Es ist heute ein langer Tag.« Sagen Sie nicht: »So ist es nun mal in der Arbeit.«
43. Achten Sie darauf, ob sie müde oder überlastet ist, und bieten Sie ihr an, ein andermal wiederzukommen. »Ich glaube, im Moment passt es nicht so gut. Ich rufe Sie noch mal an, um einen anderen Termin abzumachen.«
44. Überladen Sie Ihren Terminkalender nicht, damit noch Zeit für Unvorhergesehenes bleibt und Ihre Kollegin nicht unnötig unter Druck kommt.

45. Bittet eine Frau um Hilfe, dann seien Sie sich bewusst, dass dies auf ihrem Planeten viel Überwindung kostet. Vielleicht wollte sie schon lange fragen. Sagen Sie möglichst »selbstverständlich«, ohne nachzuforschen, wie dringend es wirklich ist.
46. Beklagt sich eine Frau, dann unterbrechen Sie sie nicht. Bevor Sie eine Antwort darauf geben oder irgendetwas erklären, wiederholen Sie ihre Äußerungen in einem positiven Tonfall: »Sie meinen also, dass ...« Dies gibt ihr das Gefühl, dass sie sich auf den Betreffenden verlassen kann und er ein offenes Ohr für sie hat.
47. Möchten Sie einen Tag frei nehmen, dann sagen Sie es ihr rechtzeitig. Frauen ist es unangenehm, wenn Männer einfach wegbleiben.
48. Holen Sie sich ein Glas Wasser oder eine Tasse Kaffee, dann bieten Sie ihr an, ihr ebenfalls etwas mitzubringen.
49. Spricht eine Frau mit Ihnen, dann wenden Sie sich ihr zu und vermeiden Sie es, nebenbei etwas anderes zu tun. Blicken Sie nicht umher, während sie redet.
50. Halten Sie Augenkontakt, wenn sie redet oder wenn Sie ihr die Hand geben. Starren Sie sie nicht an, aber blicken Sie in Richtung ihres Gesichts. Männer blicken oft weg und verpassen dadurch im Gespräch entscheidende Hinweise.
51. Fragen Sie eine Frau gelegentlich, was sie noch zu tun hat. Für Frauen bedeutet es oft eine Erleichterung, wenn sie einfach jemandem sagen können, was sie zu tun haben. Es hilft ihnen, ihre Gedanken zu ordnen, und baut Stress ab. Dabei muss es der Mann vermeiden, ihr zu sagen, was sie tun sollte. Falls es etwas gibt, wobei er ihr ohne weiteres helfen könnte, dann kann er ihr dies sagen, aber erst, nachdem sie ausgeredet hat.
52. Muss ein Mann kurz sein Büro verlassen, um etwas abzuliefern oder abzuholen, dann kann er sie fragen, ob er für sie gleich etwas miterledigen kann. Dies stärkt den Zusammenhalt und das Gemeinschaftsgefühl.
53. Achten Sie auf ihre gesundheitliche Verfassung. Wenn sie

krank war, fragen Sie sie, wie es ihr geht. Wenn Sie hören, dass sie krank ist, können Sie sie anrufen, sich nach ihrem Befinden erkundigen und einen Gesundheitstipp geben, wie zum Beispiel: »Trinken Sie jetzt viel Wasser«.

54. Belasten Sie sie nicht mit Ihren persönlichen Problemen, auch wenn Frauen gerne über private Dinge reden. Haben Sie ihr Ihre Probleme mitgeteilt, dann macht sie sich vielleicht Sorgen um Sie.
55. Bringen Sie sie nicht in eine schwierige Position, indem Sie in ihrer Gegenwart eine ihrer Freundinnen herabsetzen oder ihr Geheimnisse anvertrauen, die sie ihren Freundinnen nicht erzählen kann.
56. Verlangen Sie nicht zu viel. Frauen scheinen manchmal gerne einzuwilligen, aber in Wirklichkeit sind sie ärgerlich darüber, dass sie noch mehr tun sollen.
57. Frauen achten sehr darauf, wie sich jemand kleidet. Sie sind zwar eher nachsichtig hinsichtlich der Art, wie sich ein Mann kleidet, aber wenn Sie in einer Besprechung einen guten Eindruck machen wollen, wird sie es sehr zu schätzen wissen, wenn Sie sich für sie ein wenig »fein machen«.
58. Zollen Sie ihren Leistungen in Gegenwart anderer Anerkennung.
59. Spricht sie Ihnen ihre Anerkennung aus, dann sollten Sie sich in irgendeiner Weise revanchieren.
60. Frauen schätzen regelmäßige Aufmerksamkeiten. Empfehlen Sie ihr zum Beispiel immer wieder einmal einen guten Film, öffnen Sie ihr immer die Tür, verschicken Sie regelmäßig per E-Mail interessante Artikel, bringen Sie jeden Dienstag für die Kolleginnen und Kollegen (gesunde) Leckereien mit oder hinterlassen Sie die Teeküche nach der Benutzung immer sauber. Schaffen Sie sich ein persönliches »Gütesiegel«, das Ihre Aufmerksamkeit zum Ausdruck bringt.
61. Seien Sie flexibel, wenn eine Frau einmal länger braucht, um über etwas zu reden. Versuchen Sie, dies in einem größeren Zusammenhang zu sehen: Hat sie das Gefühl, dass man ihr

zuhört und sie unterstützt, dann wird sie auch Ihnen mehr entgegenkommen.
62. Sorgen Sie bei langen Besprechungen, unterwegs oder an einem Einsatzort für regelmäßige Toilettenpausen, ohne direkt zu unterstellen, dass die Frau eine solche Pause bräuchte.
63. Planen Sie flexibel, damit auch Raum für familiäre Notfälle bleibt. Sorgen Sie möglichst für ein Gleichgewicht zwischen Familienleben und Arbeitszeit.
64. Formulieren Sie Ihre Bitten höflich. Sagen Sie »Würden Sie bitte«, und vergessen Sie nie, »danke« zu sagen.
65. Ist sie geschäftlich unterwegs, dann sorgen Sie dafür, dass es im Hotel einen Willkommensgruß für sie gibt, wie zum Beispiel ein Obstkörbchen oder einen Blumenstrauß.
66. Denken Sie an ihren Geburtstag. Schreiben Sie eine Karte, laden Sie sie zum Essen ein oder schenken Sie ihr eine Kleinigkeit.
67. Bieten Sie auf Geschäftsreisen an, das Auto zu lenken, aber gehen Sie nicht davon aus, dass sie dies unbedingt möchte. Möchte sie fahren, dann lassen Sie ihr den Vortritt.
68. Achten Sie beim Autofahren darauf, dass sie sich wohl fühlt. Männer zögern nicht, einem anderen zu sagen, dass er langsamer fahren soll, aber Frauen haben möglicherweise Scheu, allzu empfindlich zu erscheinen. Fahren Sie rücksichtsvoll, und geben Sie ihr damit das Vertrauen, dass Sie auch in anderen Dingen ihr gegenüber rücksichtsvoll sind.
69. Wenn Sie merken, dass Sie wütend werden, sagen Sie einen Augenblick nichts. Atmen Sie einige Male tief durch und trinken Sie ein Glas Wasser. Sie wird es registrieren, dass Sie Ihren Zorn unter Kontrolle halten, und Sie dafür schätzen.
70. Achten Sie darauf, wie sie sich fühlt, und reden Sie darüber: »Sie sehen heute sehr glücklich aus« oder »Sie sehen etwas müde aus«. Erkundigen Sie sich dann: »Was ist los?« oder »Ist irgendetwas geschehen?«
71. Wenn Sie nicht mehr weiterwissen, machen Sie eine Pause und lassen Sie sich helfen.

72. Wenn Sie eine Aufgabe übernehmen, müssen Sie sie auch ausführen. Schicken Sie nach einer Besprechung eine Kurzmitteilung, in der Sie nochmals festhalten, wozu Sie sich verpflichtet haben.
73. Schreiben Sie bei handschriftlichen Mitteilungen deutlich, damit sie nicht rätseln muss.
74. Stehen Sie auf, um sie zu begrüßen, und geben Sie ihr die Hand.
75. Stellen Sie sie vor, wenn andere bei einem Gespräch dazukommen.
76. Stellen Sie sie mit Namen und Titel vor. Streichen Sie ihren besonderen Beitrag zu dem betreffenden Projekt heraus.
77. Zeigen Sie Interesse und verweigern Sie sich nicht, wenn sie ein wenig plaudern will.
78. Machen Sie im Gespräch, sei es beruflich oder privat, persönlich oder am Telefon, Ihr Interesse mit kleinen Lauten deutlich wie Aah, Mmh, Oh usw.
79. Versäumen Sie es bei Besprechungen nicht, ihren Beitrag gebührend zu würdigen.
80. Zollen Sie ihr Anerkennung, wo sie Anerkennung verdient hat. Möchte sie selbst das Verdienst anderen zuschreiben, dann setzen Sie sich für sie ein und machen Sie anderen ihren Beitrag deutlich.
81. Hat sie auf ihrem Schreibtisch Bilder von ihren Angehörigen, erkundigen Sie sich nach ihnen.
82. Wenn sie niest, sagen Sie »Gesundheit«.
83. Wenn sie etwas verschüttet, stehen Sie rasch auf und holen Sie ein Tuch, um es aufzuwischen.
84. Wenn sie erkältet ist, bieten Sie ihr ein Papiertaschentuch oder heißen Tee an.
85. Wenn eine Auseinandersetzung emotional zu werden droht, sorgen Sie für eine Unterbrechung. Sagen Sie etwas Ähnliches wie: »Lassen Sie mir ein wenig Zeit, um darüber nachzudenken; reden wir dann noch einmal darüber.«
86. Lachen oder schmunzeln Sie zumindest über ihre Scherze, statt ins Leere zu starren oder an etwas anderes zu denken.

87. Wechseln Sie erst das Thema, wenn sie ausgeredet hat. Sagen Sie: »Falls Sie fertig sind, würde ich noch gerne über Folgendes reden ...«
88. Merken Sie auf, wenn sie das Zimmer betritt, und reagieren Sie in irgendeiner Weise auf ihre Anwesenheit, damit sie sich nicht übersehen und ignoriert fühlt. Scheint sie ärgerlich zu sein, dann fragen Sie sie nach dem Grund: »Ist etwas nicht in Ordnung?« oder »Ärgern Sie sich über etwas?« Sie sammeln Punkte bei ihr, wenn Sie ihr deutlich machen, dass Sie ihren Ärger wahrnehmen und zum Beispiel sagen: »War es eine anstrengende Besprechung?«
89. Ruft sie an und Sie haben im Moment keine Zeit, bieten Sie an, zurückzurufen, statt sie zurückrufen zu lassen.
90. Antworten Sie auf Mitteilungen so schnell wie möglich. Eine prompte Antwort macht auf der Venus großen Eindruck.
91. Scheint sie Stress oder Sorgen zu haben, erkundigen Sie sich danach. Sagen Sie: »Ist alles in Ordnung?«, um sie einzuladen, mit Ihnen zu reden.
92. Vermeiden Sie pointierte Fragen, wenn Sie frustriert oder zornig sind. Versuchen Sie, sich zu beruhigen, und bitten Sie sie dann, Ihnen zu helfen, die Situation zu verstehen. Eine solche Bitte um Unterstützung hilft ihr, sich nicht so angegriffen zu fühlen.
93. Müssen Sie sich mit ihr eine Aufgabe teilen, dann geben Sie ihr Gelegenheit, ihre Wünsche zu äußern. Sagen Sie zum Beispiel: »Wir können dies gemeinsam erledigen. Ich würde gerne diesen Teil übernehmen, oder was meinen Sie?« Oder »Ich glaube, dass dies ein guter Plan ist. Wie sehen Sie das?«
94. Wenn sie abwesend war, dann sagen Sie ihr, dass sie vermisst wurde. Sagen Sie zum Beispiel: »Sie haben uns am neuen Standort gefehlt. Niemand wusste, wie man ...«
95. Feiern Sie den Abschluss kleiner und großer Projekte. Alle Menschen lieben kleine Anlässe, bei denen man Menschen und ihrer Leistung Anerkennung zollen kann. Verteilen Sie Auszeichnungen, Belobigungen oder kleine Geschenke.

96. Schicken Sie ihr ein Gruppenbild, auf dem Sie mit ihr bei einer Konferenz zu sehen sind.
97. Nehmen Sie ihre Wünsche vorweg und bieten Sie Ihre Hilfe an, ohne dass sie fragen muss.
98. Entschuldigen Sie sich, wenn Sie einen Fehler begangen haben.
99. Melden Sie es, wenn Sie etwas erledigt haben.
100. Haben Sie Familie, dann stellen Sie Fotos Ihrer Angehörigen auf Ihren Schreibtisch. Tragen Sie auch Bilder von ihnen in Ihrer Brieftasche mit sich, damit Sie sie zeigen können. Zeigt ein Mann Zuneigung zu seiner Frau, dann ist eine andere Frau umso eher bereit, ihm Vertrauen zu schenken.
101. Wiederholen Sie diese kleinen unterstützenden Gesten so oft wie möglich. Gehen Sie nicht davon aus, dass einmal genug ist.

Diese Tipps können als Checkliste verwendet werden, in der die vielen in diesem Buch vorgestellten Ideen zusammengefasst sind. Ein kluger Mann nimmt sich diese kleinen Dinge zu Herzen, um so seinen Beitrag zu einem guten Arbeitsklima zu leisten, in dem sich auch große Ziele erreichen lassen.

Punkte sammeln auf dem Mars

Auch Männer schätzen kleine Hilfestellungen, aber oft nehmen sie es gar nicht wahr, wenn eine Frau ihnen helfen will. So schätzt es ein Mann durchaus, wenn ihn eine Frau um seine Meinung fragt, aber wenn sie dies nicht tut, dann bemerkt er es nicht einmal, und er sagt einfach, was er sagen wollte. Sie macht eine unterstützende Geste, aber es ist ihm nicht so besonders wichtig. Auf dem Mars sind kleine Dinge ganz nett, aber sie sind viel weniger wichtig als die großen.

Dies gilt vor allem, wenn ein Mann im Stress ist. Dann kommt es bei ihm überhaupt nicht an, wenn sie sich auf kleine Dinge konzentriert. Letztlich beeindruckt eine Frau einen Mann am meisten mit großen Dingen wie Geldverdienen, Zeit einsparen, große Probleme lösen und neue, gewinnbringende Ideen vorbringen.

———◁o▷———

Eine Frau beeindruckt einen Mann am meisten mit großen Dingen wie zum Beispiel Geldverdienen oder Zeit einsparen.

———◁o▷———

Auf dem Mars wird eine Frau nach den Ergebnissen beurteilt, die sie erzielt, und nach den Auswirkungen, die diese auf die Bilanz haben. Indem sie Erfolge vorweisen kann und diese auch für sich in Anspruch nimmt, macht sie die meisten Punkte auf dem Mars.

Trotzdem gibt es auch auf dem Mars Fälle, in denen kleine Dinge den Ausschlag geben können. Möchten zwei Leute befördert werden und beide sind gleichermaßen qualifiziert, dann kommt es möglicherweise auf einige wenige Punkte an, die eine Person für sich verbuchen kann, die andere aber nicht.

Hier haben Frauen am Arbeitsplatz einen Vorteil. Unter Stress denken Frauen eher an die kleinen Dinge, während Männer sie übersehen. Lernt eine Frau, wie sie bei Männern »Punkte macht«, kann sie mit einem kleinen Plus an Punkten große Fortschritte erzielen.

Bei Männern zusätzliche Punkte zu machen ist komplizierter, als einfach zu punkten. Männer vergeben Punkte, ziehen aber auch welche ab. Dies ist auch in vielen Sportarten so. Weiß eine Frau nicht, wie und warum Punkte abgezogen werden, dann kann dies für sie am Arbeitsplatz sehr verwirrend sein, und sie fühlt sich ungerecht behandelt.

———◁o▷———

Um verstehen zu können, wie auf dem Mars Punkte erzielt werden, muss man auch wissen, wie und warum Punkte abgezogen werden.

———◁o▷———

So kann eine Frau zum Beispiel ein Projekt hervorragend abschließen, aber ein Mann zieht Punkte ab, weil sie darüber klagt, wie schwierig es war. Er gibt ihr vielleicht sehr viele Punkte für ihre Effizienz, aber dann zieht er sie alle wieder ab, weil sie sich über eine Äußerung von ihm ärgert.

Die nachfolgende Liste enthält daher auch Vorschläge, was man *nicht* tun sollte. Beachten Sie bitte auch, dass einige der angegebenen Möglichkeiten, wie man bei Männern Punkte sammelt, möglicherweise nicht in allen Situationen angebracht sind. Vergessen Sie nicht, dass ein Mann, wenn er im Stress ist, Ihre hilfreichen Gesten überhaupt nicht registriert, wohl aber Ihre Fehler. Aus diesem Grund kommt es auf dem Mars auch darauf an zu wissen, was man besser unterlässt.

Wie bei allen Vorschlägen ist weiterhin zu berücksichtigen, dass manche bei bestimmten Männern sehr gut ankommen, während sie bei anderen ins Leere laufen. Zumindest kann eine Frau beim Durchlesen dieser Liste entdecken, wie sie sich um den Erfolg bringt, indem sie Unterstützung in einer Weise gibt, wie Frauen sie schätzen, die aber bei Männern überhaupt nicht ankommt.

Diese Liste könnte für Frauen entmutigend sein. Aber man darf sie auch nicht falsch verstehen. Bei vielen Fehlern, die Frauen auf dem Mars begehen, verlieren sie fünf oder zehn Punkte. Es könnte der Eindruck entstehen, dass Frauen keine Chance haben, oder höchstens dann, wenn sie alles richtig machen. Aber man sollte sich vor Augen halten, dass den auf dem Mars fälligen »Strafpunkten« auch die Bereitschaft eines Mannes gegenübersteht, sehr viele Punkte zu vergeben, wenn eine Aufgabe erfolgreich bewältigt wurde. So bekommt eine Frau zum Beispiel einhundert Punkte für eine gute Idee oder dafür, dass sie ein Projekt erfolgreich abschließt.

101 Arten, wie Frauen bei Männern Punkte sammeln können

1. Kommen Sie rasch zur Sache, wenn Sie einen Vorschlag machen. Vermeiden Sie es, zu viel über Probleme zu reden. Denken Sie daran: Über Probleme reden ist für Männer gleichbedeutend mit klagen.
2. Beklagen Sie sich nur, wenn Sie auch eine Lösung vorschlagen können. Verwenden Sie weniger Zeit auf die Erklärung eines Problems und kommen Sie stattdessen rasch auf einen Lösungsvorschlag zu sprechen. Je länger Sie sich beklagen, desto mehr Punkte büßen Sie ein. Je besser Ihre Lösung ist, desto mehr Punkte bekommen Sie.
3. Wenn es zu Meinungsverschiedenheiten kommt, akzeptieren Sie die Differenzen und nehmen Sie es nicht persönlich. Beleidigt zu sein oder sich zu ärgern führt zu einem Punktabzug. Und je mehr Sie sich ärgern, desto mehr Punkte verlieren Sie.
4. Vergisst ein Mann etwas, dann gehen Sie am besten darüber hinweg. Sagen Sie: »Ist schon in Ordnung.« Eine nicht nachtragende Haltung bringt viele Punkte. Je größer der Fehler, den ein Mann gemacht hat, desto mehr wird er es schätzen, wenn sie darüber hinweggehen und von einer Bestrafung absehen. Sie bekommen vielleicht zwanzig Punkte dafür, dass Sie über eine verspätete Ablieferung hinwegsehen.
5. Wenn Sie um seinen Rat bitten, dann vermeiden Sie es, seine Lösung zu korrigieren oder umständlich zu erklären, warum Sie seinen Rat nicht annehmen wollen. Dafür, dass er sein Gesicht wahren kann, ist ein Mann einer Frau besonders dankbar. Ist sein Vorschlag unverständlich oder schlecht, dann bekommt sie besonders viele Punkte dafür, dass sie dies nicht sofort anprangert.
6. Geben Sie nur dann Ratschläge, wenn sie erwünscht sind oder ausdrücklich erbeten wurden. Unerbetene Ratschläge werden mit Punktabzug bestraft. Dabei kommt es nicht darauf an, ob der Ratschlag gut ist oder nicht.

7. Zollen Sie ihm Anerkennung, wenn er etwas erreicht hat. Haben andere ihn übersehen oder möchte er unbedingt, dass jemand von seiner Leistung Notiz nimmt, dann können Sie viele Punkte erhalten. Fühlt er sich unter Druck, dann kann es jedoch sein, dass er es gar nicht bemerkt.
8. Möchten Sie eine Leistung für sich in Anspruch nehmen, dann konzentrieren Sie sich auf das Ergebnis, das Sie erreicht haben, statt darüber zu reden, wie hart Sie gearbeitet haben. Verbreiten Sie sich darüber, wie groß Ihre Opfer waren oder wie schwierig etwas war, dann können Sie damit mehr Punkte verlieren, als Sie durch Ihren Erfolg erzielt haben.
9. Formulieren Sie Ihre Wünsche konkret. Reden Sie nicht über ein Problem, um dann zu erwarten, dass er seine Unterstützung anbietet. Männer fühlen sich oft manipuliert, wenn Frauen nicht direkt sind. Dies gibt ihnen das Gefühl, dass sie es eigentlich schon längst hätten tun sollen, ohne dass sie darum bitten musste. Je mehr sich ein Mann unter Druck fühlt, etwas zu tun, desto mehr Punkte zieht er ab.
10. Wenn Sie einen Vorschlag präsentieren, reden Sie weniger über das Problem und mehr darüber, was Sie zu tun gedenken. Als Faustregel kann man sagen, dass umso mehr Punkte abgezogen werden, je länger man über das Problem redet.
11. Seien Sie in der Nähe von Männern zurückhaltend mit persönlichen Gesprächen. Sie schätzen es nicht, wenn während der Arbeitszeit über Privates geredet wird.
12. Zeigen Sie Interesse, wenn sich Männer über Sport unterhalten. Versuchen Sie zu verstehen, worum es geht, aber lassen Sie sich nicht auf einen Wettbewerb darüber ein, wer mehr davon versteht. Demonstrieren Sie Ihre Kompetenz besser dort, wo es um das Erreichen eines Projektziels geht.
13. Machen Sie ihm ein Kompliment, wenn er sich äußerlich vorteilhaft verändert hat. Ist er aber in seiner Höhle und Sie stören ihn bei seiner Tätigkeit mit einem Kompliment, dann kann es einen Punktabzug geben.
14. Zeigen Sie Interesse, wenn er sich ein neues Auto gekauft hat

oder über Autos redet. Vermeiden Sie jede Herablassung in Bezug auf seine Hobbys oder sonstige Interessen.
15. Kleiden Sie sich so, dass Sie sich wohl fühlen und deutlich machen, dass Sie auf Ihr Äußeres achten. Miniröcke und knappe Pullis sind in Ordnung, wenn Sie sich darin wohl fühlen. Aber setzen Sie Ihren Sexappeal nicht ein, um Punkte zu machen. Haben Männer das Gefühl, dass Sie sie anmachen wollen, dann könnte Sie dies viele Punkte kosten.
16. Seien Sie sparsam mit Make-up. Die meisten Männer mögen es nicht und ziehen Punkte ab. Stärkt aber das Make-up Ihr Selbstvertrauen, dann gleichen die Punkte, die Sie für das gestiegene Selbstvertrauen bekommen, den Punktabzug für das Make-up bei weitem aus.
17. Grummelt er, dann sollten Sie ihn in Ruhe lassen, statt ihm ermunternd auf die Schulter zu klopfen. Vermeiden Sie alles, was nach Bemuttern aussieht. Mitgefühl mag er nicht, und wenn er sich wirklich ärgert, dann gibt er viele Strafpunkte.
18. Zeigen Sie Zuversicht bezüglich seines Erfolgs. Äußern Sie keine Bedenken, solange er nicht konkret um Ihre Hilfe bittet. Wünschen Sie ihm gut gelaunt viel Erfolg und heimsen Sie fünf Punkte ein.
19. Zollen Sie ihm angemessene Anerkennung für seine Leistungen. Vermeiden Sie Lobhudelei, aber gehen Sie auch nicht wortlos über seine Erfolge hinweg.
20. Bietet ein Mann Hilfe an, dann lassen Sie ihn helfen und sprechen Sie ihm dafür Ihre Anerkennung aus. Kann ein Mann einer Frau helfen und ist sie ihm dankbar dafür, dann stärkt dies seine Verbundenheit mit ihr.
21. Machen Sie nicht viel Aufhebens von seinen Fehlern. Unterläuft ihm ein Fehler und Sie reden nicht lange darüber, dann schätzt ein Mann diese Unterstützung sehr. Je größer der Fehler war, desto mehr Punkte bekommen Sie.
22. Loben Sie ihn in der Öffentlichkeit. Möchten Sie ihn auf einen Fehler hinweisen oder um eine Änderung seines Verhaltens bitten, dann tun Sie dies unter vier Augen. Je nach-

dem, wer einen Tadel mitbekommt, können Sie sehr viele Punkte verlieren.
23. Wenn Sie hinausgehen, um sich ein Glas Wasser zu holen, bieten Sie ihm an, ihm eines mitzubringen.
24. Wenn er in Eile ist, sollten Sie ihn nicht mit privaten Problemen behelligen. Damit gewinnen Sie vielleicht keine Punkte, aber andernfalls könnten Sie sehr viele verlieren.
25. Seien Sie entspannt und nachsichtig, wenn er in seiner Höhle ist. Fragen Sie bitte nicht, ob alles in Ordnung ist. Unterbrechungen zur falschen Zeit kosten Sie viele Punkte.
26. Üben Sie sich in Besprechungen in der Kunst höflicher Unterbrechung. Sagen Sie nicht: »Darf ich auch einmal etwas sagen?« Nehmen Sie stattdessen einfach an der Diskussion teil und sagen Sie freundlich: »Stimmt, ich glaube...«
27. Reden Sie über Probleme am Arbeitsplatz in einem entspannten und ruhigen Ton. Männer mögen es nicht, von Emotionalität überwältigt zu werden. Zu viel Emotion in der Stimme, vor allem negative, kostet eine Frau viele Punkte.
28. Konzentrieren Sie sich auf die aktuelle Aufgabe und lassen Sie Ihre persönlichen Gefühle beiseite. Halten Sie Privates und Geschäftliches getrennt.
29. Achten Sie darauf, keine rhetorischen Fragen zu stellen, und versuchen Sie nicht, Fragen mit negativen Emotionen Nachdruck zu verleihen. Das kann Sie zehn bis zwanzig Punkte kosten.
30. Wenn Sie um Unterstützung bitten, lassen Sie Ihre Emotionen beiseite und formulieren Sie einfach, was Sie möchten. Begründen Sie Ihren Wunsch, wenn Sie gefragt werden, warum Sie etwas verlangen.
31. Lernen Sie, schlicht »nein« zu sagen. Es stößt einen Mann ab, wenn ihm eine Frau erklärt, wie viel sie zu tun hat, statt einfach nein zu sagen. Aus seiner Sichtweise genügt ein »Ich habe im Moment keine Zeit dafür« vollkommen. Möchte er mehr wissen, dann fragt er schon. Je mehr Sie Ihr Nein recht-

fertigen, indem Sie über Ihre Schwierigkeiten und Probleme reden, desto mehr Punkte kostet Sie dies.
32. Es gibt Punkte, wenn man marsianische Witze hinnimmt, die man nicht lustig findet. Ist ein Witz misslungen, dann bekommt eine Frau Punkte, wenn sie nicht darüber spottet oder ihre Missbilligung zeigt.
33. Seien Sie objektiv, wenn Sie sich bei Ihrem Vorgesetzten oder bei einem Kollegen beklagen, und fällen Sie keine Werturteile wie »Das ist ungerecht« oder »Er macht seine Arbeit nicht.« Sagen Sie vielmehr: »Er kam drei Stunden zu spät. Ich war alleine da und musste die Arbeit für zwei machen.« Je ruhiger und objektiver Sie sind, desto mehr Punkte bekommt Ihr Anliegen. Es mag noch so berechtigt sein, aber wenn Sie es emotional vorbringen, dann schwächen Sie es.
34. Wird von Ihnen zu viel verlangt, dann bitten Sie um die erforderliche Unterstützung, aber beklagen Sie sich nicht. Männer denken: »Vergeude keine Zeit mit Jammern; unternimm lieber etwas, um die Unterstützung zu bekommen, die du brauchst.«
35. Gibt ein Mann Ihnen seine Karte, dann werfen Sie einen Blick darauf und lesen Sie sie mit einem anerkennenden Kopfnicken.
36. Hat ein Mann Bilder oder Auszeichnungen an der Wand hängen, dann stellen Sie Fragen dazu oder nehmen Sie sie in einem interessierten oder beeindruckten Ton zur Kenntnis.
37. Machen Sie in einer Diskussion von Zeit zu Zeit anerkennende Bemerkungen wie zum Beispiel »Das leuchtet mir ein« oder »Gute Idee«.
38. Zeigen Sie als Zuhörerin keine übertriebene Zustimmung, wenn er ein Projekt vorstellt oder etwas erörtert. Geben Sie in einer natürlichen Weise zu erkennen, dass Sie ihm folgen und zustimmen können. Übertriebener Beifall führt zu Punktabzug.
39. Seien Sie nachsichtig, wenn ein Mann Sie enttäuscht. Geben Sie Männern ausreichend Gelegenheit, sich zu beweisen. Auf dem Mars hat man immer drei Versuche, bevor man

»aus« ist. Je schwerer sein Fehler ist, desto mehr Punkte bekommen Sie, wenn Sie es ihm nachsehen.
40. Überstürzen Sie nichts. Sagen Sie einem Mann, nachdem Sie ihm zugehört haben, dass sein Vorschlag hilfreich ist, bevor Sie weitere Fragen oder Probleme vorbringen. Macht ein Mann in einem Gespräch auf etwas aufmerksam und überhören Sie es, dann gibt er Ihnen einen Strafpunkt. Lassen Sie laufend Ihre Zustimmung erkennen, während ein Mann redet, dann können Sie zehn Punkte einheimsen, während Sie ihm zuhören.
41. Hält sich ein Mann nicht an Ihren Rat und misslingt dann etwas, dann können Sie Punkte sammeln, wenn Sie der Versuchung widerstehen zu sagen: »Ich habe es Ihnen ja gesagt.« Verlieren Sie darüber kein weiteres Wort, dann denkt er umso mehr an den Rat, den Sie ihm gaben, und schätzt es umso höher, dass Sie es ihm nicht unter die Nase reiben.
42. Bleiben Sie freundlich und gelassen, wenn ein Mann sie enttäuscht. Sagen Sie: »Kein Problem« oder »Ist nicht so schlimm, dann machen Sie es eben morgen.«
43. Sorgen Sie dafür, dass er es hört, wenn Sie über ihn oder andere Männer positiv reden.
44. Berufen Sie sich auf Ihre eigenen Erfahrungen, um einem Wunsch Nachdruck zu verleihen, statt Experten zu zitieren. Sagen Sie zum Beispiel nicht: »John Gray findet, dass Sie mir besser zuhören sollten«. Sagen Sie vielmehr: »Ich wäre Ihnen dankbar, wenn Sie ein wenig länger zuhören würden, bevor Sie mir eine Antwort geben.«
45. Zitieren Sie keine Experten, um einem Mann zu sagen, was er tun sollte oder besser machen könnte, sofern er nicht konkret darum bittet.
46. Stellen Sie keine Fragen über Ihr Ansehen am Arbeitsplatz. Sagen Sie zum Beispiel nicht: »Glauben Sie, dass ich gute Arbeit leiste?« Sagen Sie stattdessen: »Waren Sie mit diesem Bericht zufrieden?« Indem Sie Ihre Bitte um Bestätigung weniger persönlich formulieren, verlieren Sie keine Punkte.

47. Lassen Sie einen Mann vorab wissen, wie lange eine Besprechung dauern wird. Zusätzliche Punkte gibt es, wenn Sie beim Thema bleiben und die festgesetzte Zeit nicht überschreiten.
48. Sind Sie in einer leitenden Stellung, sollten Sie Anweisungen auf das absolut Notwendige beschränken. Je mehr Unabhängigkeit er hat, desto mehr schätzt er Sie.
49. Formulieren Sie als Vorgesetzte Ihre Anordnungen unpersönlich, indem Sie zum Beispiel sagen: »Wir müssen ...« oder »Man hat mir gesagt, dass wir ...« Bitten Sie dann um das Gewünschte: »Würden Sie bitte ...«
50. Vermeiden Sie einen herablassenden Ton; schelten Sie einen Mann nicht. Sagen Sie zum Beispiel nicht: »Sie hören mir nicht zu.« Sagen Sie vielmehr: »Lassen Sie es mich noch anders sagen.«
51. Grüßen Sie einen Mann persönlich mit seinem Namen, wenn Sie am Arbeitsplatz ankommen. Dann stellen Sie freundlich eine geschäftliche Frage.
52. Sparen Sie nicht mit Anerkennung bezüglich seiner Leistungen am Arbeitsplatz: »Ich habe Ihren Bericht gesehen. Er hat mir sehr gut gefallen.«
53. Nutzen Sie Gelegenheiten, in Gegenwart anderer etwas zu erwähnen, was ihm in letzter Zeit gelungen ist.
54. Stehen Sie auf, wenn ein Mann in das Zimmer hereinkommt, und schütteln Sie ihm kollegial die Hand.
55. Zeigen Sie auch Interesse an seinem Privatleben, aber erkundigen Sie sich nur in den Pausen danach, nicht während der Arbeitszeit.
56. Sehen Sie über seine Mängel hinweg und akzeptieren Sie seine Schwächen. Vermeiden Sie es zum Beispiel, ihn auf seine Müdigkeit oder seinen Stress anzusprechen. Sagen Sie nicht mitfühlend: »Sie sehen aber müde aus« oder »Haben Sie etwas?«
57. Wenn bei ihm die Anzeichen von Stress zunehmen, dann tun Sie so, als ob alles in Ordnung wäre. Sich um ihn Sorgen zu machen, kann beleidigend wirken. Mit einer entspannteren

Haltung bringt man Vertrauen ihm gegenüber zum Ausdruck: »Ich bin mir sicher, dass Sie es schaffen.«

58. Macht er einen unerwünschten Annäherungsversuch oder anzügliche Bemerkungen, ersticken Sie dies im Keim, indem Sie ihm unmissverständlich deutlich machen, dass Sie nicht interessiert sind, ohne aber eine missbilligende oder beleidigte Haltung einzunehmen. Je beleidigter Sie sind, desto mehr Punkte verlieren Sie.

59. Bringen Sie seinen Lieblingsverein in Erfahrung. Gewinnt seine Mannschaft, dann gratulieren Sie ihm. Er hat zwar nicht selbst gewonnen, aber er fühlt sich so. Je wichtiger der Sieg war, desto mehr Punkte können Sie bekommen.

60. Übersehen Sie es nicht, wenn er sich ein neues Auto gekauft hat. Sehen Sie sich das Auto zumindest an und lassen Sie sich von ihm etwas darüber erzählen. Damit verdienen Sie sich mindestens zehn Punkte. Wie Frauen gerne Geheimnisse miteinander austauschen, so lieben es Männer, Neuerwerbungen zu zeigen.

61. Wenn Sie für ihn Verantwortung tragen, tun Sie nicht alles im Stillen, sondern fragen Sie manchmal freundlich: »Kann ich für Sie ...« Dadurch nimmt er wahr, wie viel Sie für ihn tun, und kann Ihnen die verdienten Punkte geben.

62. Achten Sie darauf, Ihre eigenen Leistungen für sich in Anspruch zu nehmen und sie nicht dem Zufall oder jemand anderem zuzuschreiben. Sie bekommen einen Punkt dafür, dass Sie auf Ihre Leistung stolz sind, und viele weitere Punkte für das, was Sie geleistet haben. Für ein kleines Projekt sind es vielleicht fünfzig Punkte, für einen größeren Erfolg hundert. Nehmen Sie die Leistung nicht für sich in Anspruch, dann bekommen Sie zwar keinen Abzug, aber die einhundert verdienten Punkte bekommen Sie auch nicht.

63. Jammern Sie nicht, wenn es schwierig wird. Sie bekommen einen Punkt dafür, dass Sie dranbleiben und sich nichts anmerken lassen.

64. Wenn er auf einer Geschäftsreise ist, dann sorgen Sie dafür, dass er im Hotel mit einer Nachricht begrüßt wird und dass

ihm Informationen zur Verfügung gestellt werden wie zum Beispiel eine Wirtschaftszeitung, eine Tageszeitung, ein Programmheft für das Fernsehen, der Lageplan eines Fitnesscenters oder Informationen über aktuelle Sportereignisse.
65. Denken Sie an seinen Geburtstag und schicken Sie ihm eine Glückwunschkarte. Laden Sie ihn zum Essen ein oder machen Sie eine kleine Party im Büro, bei der alle »Happy Birthday« singen und es etwas zum Naschen gibt.
66. Bieten Sie auf Geschäftsreisen an, das Auto zu fahren, und gehen Sie nicht davon aus, dass er es tut, weil er ein Mann ist. Wenn er fährt, dann bedanken Sie sich am Ende der Fahrt. Vermeiden Sie Kommentare vom Beifahrersitz.
67. Vermeiden Sie es, ihm nahe zu legen, dass er sich Anweisungen geben lassen soll, wenn er einmal nicht weiter weiß. Er könnte es persönlich nehmen und als Hinweis darauf, dass Sie ihm nicht zutrauen, sein Ziel selbstständig zu erreichen.
68. Ist er einmal ratlos, machen Sie das Beste daraus. Beklagen Sie sich nicht und reden Sie nicht mit anderen darüber. Je größer seine Schwierigkeiten waren, desto mehr Punkte bekommen Sie.
69. Wenn Sie wütend werden, reden Sie nicht weiter. Atmen Sie einige Male tief durch und trinken Sie ein Glas Wasser. Halten Sie Ihren Zorn zurück, dann wird er Sie umso mehr schätzen. Es zeigt ihm, dass man sich auf Sie verlassen kann und dass Sie ihn nicht für ihre eigenen Gefühle verantwortlich machen. Muss er nicht das Gefühl haben, getadelt zu werden, dann ist er umso mehr bereit zu tun, was Sie ihm sagen.
70. Fragen Sie einen Mann nicht, welches Gefühl er bezüglich einer bestimmten Sache hat; fragen Sie ihn vielmehr, wie er darüber denkt. Zeigen Sie ihm, dass Sie auf sein logisches Denken vertrauen, bekommen Sie dafür einen Punkt.
71. Lassen Sie einen Mann bei jeder Gelegenheit wissen, dass er Recht hatte. Dafür bekommen Sie jeweils einen Punkt.
72. Wenn Sie ihm etwas mitteilen, vermeiden Sie es, ständig

noch etwas hinzuzufügen. Sagen Sie nicht: »Ähm, ich wollte Ihnen doch noch etwas sagen ...« oder »Ach ja, noch etwas.« Präzise Mitteilungen bringen Punkte, ständige Ergänzungen führen zu Punktabzügen.

73. Wenn Sie eine schriftliche Nachricht hinterlassen, versehen Sie die einzelnen Punkte mit Nummern und schreiben Sie deutlich.
74. Wenn bei einem geschäftlichen Anlass viele Menschen vorgestellt werden, stellen Sie sich selbst vor, damit der männliche Gastgeber sich nicht alle Namen merken und alle einzeln vorstellen muss.
75. Stellen Sie einen Mann anderen vor, dann erwähnen Sie immer auch seine Leistungen, seine Fachkenntnisse und seine Rolle in der Firma.
76. Lernen Sie, Ihren eigenen Aufgabenbereich innerhalb einer Minute klar darzustellen, so dass jeder genau über Ihre Fähigkeiten Bescheid weiß. Sich vorzustellen und andere über die eigenen Fachkenntnisse zu informieren bringt sofort einen Punkt.
77. Achten Sie beim zwanglosen Gespräch während der Pausen darauf, dass er wirklich interessiert ist und nicht nur höflich zuhört.
78. Wenn Sie beim Plaudern hauptsächlich das Wort führen, weil er eher schweigsam ist, können Sie punkten, wenn Sie sagen: »Es hat mich sehr gefreut, mich mit Ihnen zu unterhalten.«
79. Achten Sie bei Besprechungen darauf, seinen Beitrag zu würdigen, bevor Sie Ihre eigene Fassung vorbringen.
80. Wenn Sie in einer Besprechung anderer Meinung sind oder andere Ihre Meinung nicht teilen, dann verteidigen Sie Ihre Auffassung und schweifen Sie nicht ab, indem Sie über Ihre persönlichen Gefühle reden. Je ärgerlicher und beleidigter Sie reagieren, desto mehr Punkte verlieren Sie. Selbst wenn Sie die besseren Argumente haben, setzen Sie sich nicht durch, weil Sie Ihren Standpunkt ungeschickt vertreten.

81. Hat er Bilder von seinen Angehörigen auf seinem Schreibtisch, erkundigen Sie sich nach ihnen und erzählen Sie kurz etwas von Ihrer eigenen Familie.
82. Erwähnt er auf einer Geschäftsreise seine Angehörigen, dann fragen Sie ihn, ob er Bilder dabei hat, und zeigen Sie Interesse, wenn er sie aus seiner Brieftasche hervorholt. Ist ein Mann stolz auf seine Familie, dann können Sie damit viele zusätzliche Punkte gewinnen.
83. Wenn er niest, sagen Sie: »Gesundheit.« Es kann Sie allerdings Punkte kosten, wenn Sie sich näher über seine Erkältung erkundigen und ihm Ratschläge geben.
84. Verschüttet er etwas, dann stehen Sie auf und holen Sie einen Lappen, um ihm beim Aufwischen zu helfen. Sofern Sie nicht gerade dafür zuständig sind, machen Sie es aber nicht alleine. Achten Sie darauf, dass er ebenfalls beim Aufräumen hilft. Wenn Sie sagen: »Ich mache das schon«, dann neigt er dazu zu glauben, dass dies eben Ihre Aufgabe sei. Sagen Sie vielmehr: »Lassen Sie mich helfen.«
85. Wenn er erkältet ist, bieten Sie ihm ein Papiertaschentuch an, aber geben Sie ihm keine Gesundheitsratschläge. Sagen Sie zum Beispiel nicht: »Wenn Sie nicht so viel arbeiten würden, dann wären Sie nicht krank geworden.«
86. Wenn in einer Auseinandersetzung Emotionen an die Oberfläche kommen, dann sorgen Sie für eine Unterbrechung. Sagen Sie etwas in der Art wie: »Lassen Sie mich noch mal darüber nachdenken, und reden wir dann noch einmal darüber.« Erliegen Sie nicht der Versuchung zu sagen: »Sie sind nicht fair« oder »Sie hören mir überhaupt nicht zu.«
87. Erzählen Sie eine Geschichte, in der viele Personen vorkommen, dann sollten Sie die Namen immer wieder erwähnen. Männer haben manchmal Schwierigkeiten, sich zu merken, wer all diese Leute sind.
88. Macht ein Mann einen Vorschlag oder bietet er eine Lösung an, die Sie selbst schon im Auge hatten, dann machen Sie ihm dies in einer Weise klar, die ihn sein Gesicht wahren lässt. Andernfalls hält er sich allein die Lösung zugute. War

die Lösung offensichtlich und kommt er zu der Meinung, dass Sie seine Hilfe brauchten, dann verlieren Sie Punkte.
89. Ist ein Mann mürrisch, dann ignorieren Sie es und tun so, als ob alles in bester Ordnung sei. Er wird Ihnen später sehr dankbar dafür sein, dass Sie auf seine schlechte Laune nicht eingegangen sind. Je mürrischer er war, desto mehr Punkte bekommen Sie.
90. Muss er nur einmal fragen, damit etwas erledigt wird, dann bekommen Sie viele Punkte. Auf dem Mars wie auf der Venus werden Punkte abgezogen, wenn man mehrmals bitten muss. Der Unterschied liegt darin, dass man auf dem Mars keine Punkte einbüßt, wenn man etwas Kleines vergisst und dafür etwas Großes tut.
91. Hat eine Frau Punkte eingebüßt, weil Sie sich zu Emotionen hinreißen ließ, dann kann sie dies wieder gutmachen, indem Sie sich kurz entschuldigt und sagt: »Entschuldigen Sie meinen Gefühlsausbruch.« Hält sie sich aber zu lange mit der Entschuldigung auf und gibt sie langwierige Erklärungen, dann macht sie alles nur noch schlimmer.
92. Seien Sie sich darüber im Klaren, dass sich Männer nicht gerne Anweisungen geben lassen. Nehmen Sie dies aber nicht persönlich. Wenn Sie aufgrund Ihrer Dienststellung Anweisungen geben müssen, dann können Sie die unvermeidlichen Spannungen dadurch verringern, dass Sie ihn vorbereiten und sagen: »Wäre es jetzt für Sie ein guter Zeitpunkt, über bestimmte Änderungen zu reden?« oder »Können wir einen Zeitpunkt für eine Besprechung abmachen? Ich möchte gerne einige Änderungen vornehmen.«
93. Machen Sie Ihre Wünsche deutlich, wenn Aufgaben geteilt werden müssen. Sie bekommen Punkte, wenn Sie wissen, was Sie wollen, und noch mehr Punkte, wenn Sie einen guten Kompromiss vorschlagen. Keine Punkte gibt es, wenn eine Frau unsicher ist und auf alles eingeht, was er vorschlägt.
94. Sprechen Sie einem Mann dafür Anerkennung aus, wie er Verantwortlichkeiten aufgeteilt hat, bekommen Sie einen Punkt.

95. Wenn Sie ihn einige Zeit nicht gesehen haben, dann lassen Sie ihn wissen, dass seine Mitarbeit geschätzt wird, indem Sie ihm sagen, dass er gefehlt hat. Sagen Sie zum Beispiel: »Letzte Woche haben wir Sie sehr vermisst. Niemand wusste, wie ...« Aber achten Sie darauf, dass dies nicht wie eine Klage darüber klingt, dass er abwesend war.
96. Feiern Sie den Abschluss kleiner und großer Projekte. Alle Menschen lieben kleine Anlässe, bei denen man Menschen und ihrer Leistung Anerkennung zollen kann. Verteilen Sie Auszeichnungen, Belobigungen oder kleine Geschenke. Wenn es große Belohnungen gibt, dann geben Männer mehr Punkte.
97. Wenn ein Mann etwas herstellen muss, dann bieten Sie ihm an, ein Foto von ihm mit dem fertigen Produkt zu machen. Je bedeutsamer das Produkt, desto mehr schätzt er es, wenn jemand ein Foto macht.
98. Wenn Sie am Telefon eine Frage nicht beantworten können, dann sollten Sie nicht seine Zeit vergeuden, indem Sie versuchen, sich zu erinnern. Sagen Sie einfach: »Ich habe diese Informationen im Augenblick nicht; ich rufe gleich wieder zurück.«
99. Machen Sie viele Punkte, indem Sie ihn persönlich unterstützen, wenn er seine Höhle wieder verlassen hat.
100. Lassen Sie es sich nicht so schnell anmerken, wenn Sie einmal keine Antwort haben. Bleiben Sie immer selbstbewusst. Sagen Sie nicht: »Das weiß ich nicht.« Sagen Sie vielmehr: »Ich bin noch am Überlegen.«
101. Zeigen Sie Stolz auf Ihre Leistungen, indem Sie an der Wand Ihres Büros Auszeichnungen und Diplome aufhängen. Hängen Sie Bilder auf, auf denen Sie mit erfolgreichen Menschen oder bei der Arbeit an verschiedenen Projekten zu sehen sind. Zeigt ein Mann Interesse, dann reden Sie selbstbewusst über Ihre Erfolge.

Diese Liste ist eine Zusammenfassung der vielen Ideen zur Zusammenarbeit mit Männern, die in diesem Buch vorgestellt wurden. Frauen können hier nachschlagen, wenn sie sich (wieder) einmal über die Verhaltensweisen ihrer männlichen Vorgesetzten, Kollegen oder Mitarbeiter wundern. Eine kluge Frau vermeidet es, bei Männern Punkte zu verlieren, und sorgt dafür, dass ihre Leistungen voll und ganz anerkannt werden.

13
Sich der Unterschiede bewusst sein

Wenn Sie das andere Geschlecht wieder einmal verärgert oder frustriert, dann sollten Sie sich einfach an das erinnern, was Sie in diesem Buch gelesen haben. Nehmen Sie es zur Hand und blättern Sie ein wenig darin. Dies wird Ihnen zu einer neuen Sichtweise verhelfen. Machen wir uns hin und wieder einmal klar, dass Männer und Frauen unterschiedlich sind und dass dies auch so sein muss, dann befreien wir uns von unnötigen Vorurteilen und gelangen stattdessen zu mehr gegenseitigem Verständnis und gegenseitiger Achtung. Bekennen wir uns zu unserer Verpflichtung, uns selbst zu ändern, statt darauf zu warten, dass andere sich ändern, dann entdecken wir plötzlich die Fähigkeit, am Arbeitsplatz ein positives und förderliches Klima zu schaffen.

Wenn Sie nun diesen Ratgeber zur Verbesserung der Kommunikation durchgearbeitet haben und ihn am Arbeitsplatz anwenden, dann werden Sie Ihre Ziele besser verwirklichen können. Die bloße Einsicht, dass wir verschieden sind, kann schon zu verstehen helfen, warum Menschen so reagieren, wie sie dies eben tun. Dadurch kommt man mit verwirrenden Aktionen und Reaktionen viel besser zurecht. Man kann andere ebenso wie sich selbst besser akzeptieren.

Andererseits erlauben es diese Erkenntnisse auch, die eigenen Verhaltensweisen gegenüber anderen anzupassen. Machen wir uns klar, von welchem Planeten Männer einerseits und Frauen andererseits kommen, dann gelingt es uns immer besser, bei anderen Menschen die Achtung und das Vertrauen zu erringen, das wir verdienen.

Auf einer dritten Ebene schließlich verbessert sich für alle das Klima am Arbeitsplatz. Gehen Sie mit gutem Beispiel voran und zeigen, wie sich die Gegensätze zwischen unseren beiden Welten überbrücken lassen, dann ebnen Sie anderen den Weg, dies auch ihrerseits zu versuchen. Je mehr Männer und Frauen in größerer Harmonie und gegenseitiger Wertschätzung zusammenfinden, desto mehr kann auch der Arbeitsplatz zu einem Ort werden, an dem wir unsere besten Hoffnungen für die Menschheit verwirklichen können.

Aber ein besseres Klima am Arbeitsplatz genügt nicht. Diese beflügelnden Ergebnisse können nur dann in ihrem vollen Umfang erreicht werden, wenn wir auch ein erfüllendes Privatleben haben. Es wäre unrealistisch zu erwarten, dass wir allein am Arbeitsplatz unsere Erfüllung finden. Das richtige Gleichgewicht zwischen dem Leben am Arbeitsplatz und dem Leben zu Hause ist entscheidend.

Mit dem festen Willen, ein solches Gleichgewicht zu erreichen, und den hier vorgestellten neuen Erkenntnissen, wie man die Achtung und das Vertrauen des anderen Geschlechts gewinnt, sind Sie gut gerüstet. Sie können sich berechtigte Hoffnungen machen, Ihre Ziele zu verwirklichen. Machen Sie sich immer wieder die Unterschiede zwischen Mars und Venus am Arbeitsplatz bewusst, dann wird es gelingen, ein neues Gefühl des Vertrauens und der Inspiration zu erwecken.

Ich habe es erlebt, wie Tausende von Männern und Frauen durch die Anwendung dieser Erkenntnisse große Erfolge erzielt haben. Nach einem Mars-Venus-Workshop, der nur wenige Tage dauert, stellen die Menschen immer wieder fest, dass sich die Kommunikation und die Zusammenarbeit am Arbeitsplatz entscheidend verbessert. In dieser Weise gelingt es allen zu bekommen, was sie möchten. Was bisher als große Herausforderung erschien, ist mit einem Mal gar nicht mehr so schwierig. Denselben Erfolg können jetzt auch Sie genießen, indem Sie die in diesem Buch vermittelten Erkenntnisse anwenden und sich immer vor Augen halten, dass Männer vom Mars und Frauen von der Venus sind.

Aber jeder Lernprozess braucht natürlich eine gewisse Zeit. Es genügt nicht, nur etwas über diese Gedanken zu lesen und sie anzuwenden. Damit man wirklich neue Denk- und Verhaltensformen entwickelt, muss man Dinge viele Male vergessen und wieder neu lernen. Auch wenn die in diesem Buch vorgelegten Ideen sofort einleuchten, ist es doch nicht so einfach, sie sich wirklich einzuprägen und sie in der Praxis anzuwenden. Wenn Sie noch einmal in diesem Buch blättern, werden Sie sehen, wie viel Sie schon wieder vergessen haben. Ist man unter Druck, dann handelt und denkt man instinktiv und gewohnheitsmäßig. Männer verhalten sich instinktiv in einer Weise, die auf dem Mars geschätzt wird, Frauen so, wie man es auf der Venus hält. Um sich am Arbeitsplatz die Achtung und das Vertrauen des anderen Geschlechts zu verdienen, müssen wir uns Verhaltensweisen angewöhnen, die dem Instinkt gerade widersprechen. Glücklicherweise kann man dies lernen – aber man muss es üben.

Mit der Anwendung dieser neuen Erkenntnisse verhält es sich wie mit dem Snowboardfahren. Fährt man einen Hang hinunter, dann muss man sich nach vorne neigen, weil sich das Snowboard sonst nicht dreht. Aber es widerspricht unserem Instinkt, sich auf einem steilen Hang nach vorne zu neigen. Der Körper sträubt sich. Diesen Reflex kann man aber durch Üben überwinden, und schließlich gewöhnt man sich daran. Dies ist nicht »natürlich«, aber trotzdem wird es zu einer selbstverständlichen Körperhaltung.

Wenn Männer und Frauen am Arbeitsplatz Erfolg haben wollen, müssen sie zu verschiedenen Zeiten in verschiedene Rollen schlüpfen. Manchmal muss man in einer Weise reagieren, die das andere Geschlecht versteht, und manchmal kann man sich zurücklehnen und sich so verhalten, wie es auf dem eigenen Planeten akzeptiert wird. Dies verlangt Beweglichkeit einerseits und Standfestigkeit andererseits. Übt man sich in der Anwendung dieser neuen Erkenntnisse, dann gelingt dieser Wechsel aber bald so mühelos und elegant wie die Richtungswechsel beim Snowboardfahren.

Heute haben wir eine großartige Chance zu positiven Veränderungen. Je mehr Männer und Frauen am Arbeitsplatz zusammenfinden, um sich dieser Herausforderung zu stellen, desto mehr müssen wir aus uns selbst heraus neue Möglichkeiten des gegenseitigen Austausches erproben. Wenn wir uns bemühen, uns gegenseitig die verdiente Achtung und Unterstützung zu geben, dann werden wir die Arbeitswelt nicht nur für uns selbst, sondern auch für künftige Generationen zum Positiven verändern.

Empfehlen Sie dieses Buch Ihren Freundinnen und Freunden, Ihren Vorgesetzten und Kolleginnen und Kollegen, aber nicht in einer Weise, die ihnen unterstellen würde, dass sie es dringend nötig hätten. Gibt eine Frau einem Mann dieses Buch, dann sollte sie es in einer respektvollen Weise tun. Ihm zu sagen, dass er es braucht, klingt nach Kritik, und dies würde ihn abschrecken. Bitten Sie ihn stattdessen, einige der Punkte zu markieren, die seiner Meinung nach Frauen gegenüber Männern besser beachten sollten.

Fragen Sie ihn, ob das, was hier über Männer gesagt wird, wirklich so stimmt. Lassen Sie ihn einfach die Liste der 101 Arten lesen, wie Frauen bei Männern Punkte machen können, und fragen Sie ihn, welche der Punkte für ihn zutreffen. Statt ihm zu sagen, wie sehr er dieses Buch braucht – was selbst dann falsch wäre, wenn es zutrifft –, sollten Sie ihn bitten, Ihnen zu helfen, Männer besser zu verstehen. Männer möchten gerne Experten sein. Wenn er einmal mit diesen Erkenntnissen konfrontiert wurde, dann kann er selbst entscheiden, ob er weiterlesen will.

Es warten viele positive Überraschungen auf Sie. Ich danke Ihnen, dass Sie mir die Möglichkeit gegeben haben, in Ihrem Leben etwas zu verändern. Ich wünsche Ihnen, dass Ihr Arbeitsleben befriedigender wird und Sie weiterhin viel Erfolg haben. Und ich hoffe, dass dieses Buch ein kleines Licht sein wird, das Ihnen trotz aller Unsicherheiten und Vorurteile auf dem Weg zu Klarheit und Mitgefühl voranleuchtet. Ich danke Ihnen für Ihre Bemühungen. Jeder Schritt, den Sie unternehmen, bringt uns alle einer Welt näher, in der Frieden, Gleichberechtigung und Gerechtigkeit herrschen.

Danksagung

Ich danke meiner Frau Bonnie Gray, dass sie auf dem Weg zu diesem Buch meine Reisebegleiterin war. Als Partnerin in unserer Firma war sie eine unschätzbare Quelle der Einsicht und Inspiration. Ich danke ihr dafür, dass sie meine Fähigkeit schulte und erweiterte, den Standpunkt einer Frau zu verstehen und zu respektieren.

Ich danke unseren drei Töchtern Shannon, Juliet und Lauren für ihre beständige Liebe und Unterstützung. Vater zu sein ist nicht nur außerordentlich erfüllend, sondern bildete für mich auch die Grundlage meines dauerhaften beruflichen Erfolges.

Ich danke meinen Lektorinnen Diane Reverand und Meaghan Dowling bei HarperCollins für ihr großartiges Feedback und ihren Rat. Weiterhin danke ich meiner Presseagentin Leslie Cohen, Matthew Guma für seine redaktionelle Unterstützung, Carrie Kania und Rick Harris von HarperAudio und all den anderen fantastischen Mitarbeitern von HarperCollins.

Ebenso danke ich meiner internationalen Agentin Linda Michaels, die dafür sorgte, dass meine Bücher weltweit in über fünfzig Sprachen erscheinen konnten. Monique Mallory von der New Agency danke ich für ihren großen Einsatz bei der Organisation meiner vielen Medientermine.

Ich danke meinen persönlichen Mitarbeitern Rosie Lynch, Michael Najarian, Donna Doiron und Jeff Owens für ihre unermüdliche Unterstützung und den großen Einsatz bei der Vermarktung meiner Bücher und Kassetten und der Planung meiner Seminare und öffentlichen Auftritte.

Meinen vielen Freunden, Freundinnen und Angehörigen danke ich für ihre Unterstützung und hilfreichen Vorschläge: Robert Gray, Virginia Gray, Clifford McGuire, Jim Kennedy, Alan Garber, Renee Swisko, Robert und Karen Josephson, Jon Carlson, Pat Love, Rami El Batrawi, Helen Drake, Ian und Ellen Coren, Martin und Josie Brown, Bob Beaudry, Malcolm Johns, Richard Levy, Chuck Gray, Ronda Coallier und Eddie Oliver.

Ich danke den vielen Trainern der »Mars & Venus im Büro«-Seminare, die mich direkt bei der Abfassung dieses Buchs unterstützt haben: Bart und Merril Berens, Darren und Jackie Stevens, Joyce Dolberg Rowe, Brad Rowe, Greg Galati, Nancy Stokes, Bob Schwarz, Gerald und Joyce Oncken, Debra Burrell, Melodie Tucker, Wendy Allison, MJ Fibus, Linda Grande, Edward Shea, Margaret Johnson, Margie Thomas, Lynne Feingold, Elaine Braff, Janice Hoffman, Phyliss Lane und Mitzi Gold. Ihre Erfahrungen und ihr Feedback aus den Seminaren über Mars & Venus im Büro stellten einen unschätzbaren Beitrag zur Entstehung dieses Buchs dar. Ich danke auch den übrigen Mars-Venus-Trainern und den vielen Teilnehmern an den Workshops in aller Welt, die über ihre Geschichte berichteten und mich ermunterten, dieses Buch zu schreiben.

Ich danke weiterhin meinen Eltern Virginia und David Gray für all ihre Liebe und Unterstützung. Sie sind nicht mehr unter uns, aber ihre Liebe trägt mich weiterhin. Und ein Dankeschön schließlich an Lucile Brixey, die immer wie eine zweite Mutter war.